公共管理案例系列教材

社区管理原理与案例

魏　娜　主编

中国人民大学出版社
·北京·

前　言

呈现给读者的《社区管理原理与案例》一书，是编者多年来探究社区管理理论和追踪社区管理实践发展而形成的一部有特色的教材。该教材有以下特点：

第一，融理论与实践为一体。每章先用 5 000 字左右的篇幅介绍基本原理，再介绍 3～9 个案例，并附有案例分析，因而内容上丰富全面，既避免了一般的原理（导论）类书籍只有原理没有实践案例，显得枯燥无味的弊端，又避免了多数案例教材只有案例介绍，没有原理指导和案例点评的缺陷，实现了原理、案例、点评的有机结合。读者既能从中学到基本的理论知识，又能从中获得丰富多彩的实践知识，还能从点评中得到启发。

第二，信息含量大，知识丰富。全书共分 11 章，内容涵盖社区管理的基本概念、社区管理主体、社区管理的实践创新、社区管理的基本内容、社区非营利组织、社区参与、社区自治、社区志愿服务、国外及中国港澳台地区的社区管理实践，可以说反映了我国社区建设与改革发展的基本情况和国外社区管理的经验特色。

第三，精心选取案例，并进行恰当分析。案例的选取采取全面性与典型性相结合的原则，首先广泛搜集案例，尽量使所选择的案例能够全面反映社区建设与社区改革的全貌，然后在此基础上精挑细选，保留最具代表性的案例。对案例的点评分析遵循客观、恰当的原则，以期起到画龙点睛的启发作用。

总之，这是一本信息含量大、融理论与实践为一体、严谨规范而又不失活泼风趣的案例教材，值得社区管理的研究者、实践者、教师、学生和对社区管理感兴趣的读者参考阅读。

本书是集体智慧的成果。主编对本书的写作思路与风格、案例选取标准与内容以及案例分析的具体要求等进行总体把握，并重点撰写了原理部分，在进行反复研讨的基础上由其博士研究生和硕士研究生们分别搜集案例，最后由主编审定完稿。各章案例具体的分工是：雷尚清：第一、三、四章；蒋书娇：第二章；王靖：第五章；刘蕾：第六、十一章；肖莎：第七章；崔玉开：第八章；路广通：第九章；蒋书娇、肖莎、王靖、路广通：第十章。博士研究生雷尚清协助主编进行了全书的统稿工作。

由于社区管理实践发展很快，因此这本教材还远远不能满足大家的要求。加之编者水平有限，难免会有遗漏和缺陷，故敬请读者和同仁不吝赐教！

本教材的出版得到了中国人民大学出版社政治与公共管理出版分社副社长朱海燕女士及其同事们的支持和帮助，在此一并表示感谢！

魏　娜

2012 年 8 月 8 日

于中国人民大学求是楼

目　　录

第一章 社区与社区管理

第一节 基本原理

一、社区的基本概念

最早提出“社区”概念的是德国社会学家滕尼斯。在1887年出版的《社区与社会》(*Gemeinschaft and Gesellschaft*)一书中，滕尼斯首先提出了Gemeinschaft[①]这一概念，用来表示一种由具有共同价值观念的同质人口所组成的关系密切、守望相助、富有人情味的社会关系的社会团体。后来，美国的查尔斯·罗密斯把Gemeinschaft译成了英文community。1933年，费孝通将community译为汉语的“社区”。自此，“社区”成为community在中国的通用学术术语。

据统计，自滕尼斯提出“社区”这一概念以来，关于社区的定义有140种之多。概括起来，国外学者主要从地理概念与结构形态、心理概念或互动关系、行动计划及福利功能、综合体系等角度认识社区。[②]而在中国，虽然学者们的界定各有差别，但是都倾向于将社区界定为“聚居在一定地域范围内的人们所组成的社会生活共同体”[③]。

社区是一种地域性的社会生活共同体，通常包括以下要素：(1)地域要素——社区都存在于一定的地理空间内；(2)人口要素——任何社区都有以一定的社会关系为基础进行共同生活的人群；(3)生态要素——社区都有一定的地理条件和资源条件，拥有自己的生产和生活设施；(4)结构要素——社区都有一定的组织结构和制度；(5)社会心理要素——社区一般具有独特的文化心理

① 德文，一般译为共同体、团体、集体、公社、社区等。

② 参见魏娜：《社区组织与社区发展》，3～4页，北京，红旗出版社，2003。

③ 中共中央办公厅、国务院办公厅：《在全国大力推进城市社区建设》，载《人民日报》，2000-12-13。

特征。

按照不同的标准，社区有不同的种类。滕尼斯认为，社区有空间社区、精神社区、血缘社区三种。按照社区功能，社区可分为农业社区、工业社区（油田、矿山、工厂等）、政治社区、文化社区（如大学）、军事社区和特殊社区。根据社区的形成机制，社区可分为血缘社区、业缘社区、趣缘社区等。根据规模大小，社区可分为巨型、大型、中型、小型、微型五种。根据形成方式，社区可分为自然形成的社区和人为划定的社区。近年来，随着互联网的发展和普及，又出现了真实社区和虚拟社区。

关于社区，我们还要注意它的区域范围。关于城市社区的范围，目前主要有三种看法：第一，以城市街道的区划来界定“社区”的地域范围；第二，以现代化的居民小区或没有调整前的居民委员会（简称居委会）辖区作为“微型社区”；第三，“一般是指经过社区改革后做了规模调整的居民委员会的辖区”，经过调整后的居民委员会是指“街道办事处管辖范围以下又大于原有居民委员会规模”这样一个地域范围，通常的规模是 1 000～3 000 户。这三种划分标准各有利弊。我们认为，在对城市社区地域范围进行界定时应注意以下几点：第一，社区地域范围不能完全等同于行政区域。第二，在调整社区地域和社区规模时应照顾社区居民历史形成的认同感，不能因整齐划一而忽略或割裂了居民在长期生活中建立的联系和认同。第三，由于城市之间在规模、发展程度、居民习惯等方面的差异，应当允许不同层次、不同规模的城市在社区建设中对社区地域范围的认定有一定的灵活性和特殊性。第四，城市社区建设的主体区域应当是在区、街、居三个层级展开，因为它们与社区地域的界定既有联系又有区别。

二、社区与社会

1. 何为社会

在西方，英语 society 和法语 societe 均源于拉丁语 socius 一词，是“伙伴”的意思，所以社会（society）就具有了人群共同体的含义。在中国传统文化中，社会有两种含义，一是把社会理解为集会活动，二是把社会理解为志趣相同者结合的团体。

2. 社区与社会的区别与联系

从社区定义的外延来看，社区可被看做地区社会，它是作为社会的一部分而存在的，因此二者既有联系又有区别。社区与社会的联系是：社区是社会的组成部分，是社会的缩影，是具有相对完整意义的社会实体；社区组织不能脱离社会

而存在，社会结构与社会制度的变化与调整直接影响和决定着社区组织与社区结构的变化，同时也会对社区内人们的交往与互动方式产生一定的影响。

社区与社会的区别在于：第一，社区强调“共同”，强调共同的亚文化和共同的社区意识等；而社会关系则纷繁复杂，并不强调“共同”。第二，社会不注重地域概念，社会空间是指人们活动的内容范围以及活动的社会组织；而社区空间则是社会空间与地理空间的结合，它强调地理活动区域。第三，社区关系比社会关系更密切。第四，社区的功能与社会相比更具有明确性和专门化的特征。①

三、社区管理与社区建设

1．社区管理的含义、特征与功能

社区管理是指在政府的指导下，社区职能部门、社区单位、社区居民对社区的各项公共事务和公益事业进行的自我管理。这一定义有以下要点：（1）社区管理的范围主要是指经过社区改革后做了规模调整的居民委员会辖区；（2）社区管理的主体是多元的；（3）社区管理的内容是社区的各项公共事务和公益事业，如社区服务、社区卫生、社区文化、社区教育、社区环境、社区治安、社区经济等；（4）社区管理本质上应是群众性的自我管理；（5）社区管理的目的是促进社区经济的发展，满足社区居民的物质和文化生活需要，提高居民的生活质量和素质。

社区管理具有区域性、互助性和复杂性等特征。② 区域性是指社区管理的具体内容大体局限于社区范围内，管理方式也是发动社区内的各类管理主体进行自我组织、自我服务和自我管理。互助性是指生活在社区中的居民之间以及其与社区单位、群众团体之间有着十分复杂、密不可分的关系，且这种复杂、紧密的关系建立在社区成员间平等的基础上。复杂性是指由于社区人口密度高，流动性较大，社区结构异质性强，社区的社会交往意识比较淡薄而造成的社区管理内容繁杂、工作千头万绪。

社区管理具有独特的功能，它不仅能够实现决策、计划、组织、协调和控制的目的，还在社区建设中发挥着不可忽视的作用，有助于社区经济的发展、社区文化的繁荣、社区环境的美化。

---

① 参见郑杭生：《社会学概论新修》，365页，北京，中国人民大学出版社，1993。

② 参见张塑、何云峰编著：《社区管理概论》，30～32页，上海，上海三联书店，2000。

2. 社区建设

（1）社区建设的提出与意义。

1986 年，民政部第一次提出了开展社区服务的要求，随后在全国选择了若干城市作为社区服务的试点。20 世纪 90 年代初，民政部又提出“社区建设”的思路，专门下发了《关于听取对“社区建设”思路的意见的通知》，并选择若干城市进行试点。从此，我国开始了社区建设的历程。在我国，社区建设具有重要意义，有助于解决转型期的社会矛盾，完善城市社会管理体制，满足群众需要，促进经济发展；有助于繁荣基层文化生活，维护社会稳定，加强社会主义精神文明建设；有助于巩固城市基层政权，扩大基层民主，进而提高城市管理的现代化水平。

（2）社区建设的主要目标与基本原则。

社区建设的主要目标是：加强社区党组织和自治组织建设，理顺社区运行机制，合理配置社区资源，提升社区服务品质，充分吸收民间力量参与社区建设，提高居民素质和社区文明程度，努力建设管理有序、服务完善、环境优美、治安良好、生活便利、人际关系和谐的新型现代化社区。为了实现这一目标，必须遵守以下原则：以人为本，服务居民；资源共享，共驻共建；责权统一，管理有序；扩大民主，居民自治；因地制宜，循序渐进。

（3）社区建设的主要内容。

第一，社区组织和队伍建设。包括加强社区党组织、社区居民自治组织建设，逐步建立社区工作者队伍。第二，社区服务。主要是开展面向老年人、儿童、残疾人、社会贫困户、优抚对象的社会救助和福利服务，面向社区居民的便民利民服务，面向社区单位的社会化服务，面向下岗职工的再就业服务和社会保障社会化服务。第三，社区卫生与社区环境建设。发展社区卫生，以社区卫生服务站点为基础，开展以疾病预防、医疗保健、健康教育和计划生育技术服务等为主要内容的社区卫生服务；美化社区环境，建设整洁美好的社区。第四，社区治安建设。建立社会治安综合治理网络，组织开展经常性、群众性的法制教育和法律咨询、司法调解工作，加强对刑满释放、解除劳教人员的安置帮教工作和流动人口的管理，消除各种社会不稳定因素。第五，社区文化建设。积极发展社区文化产业，加强思想文化阵地建设，不断完善公益性群众文化设施。

四、社区管理的概况

社区管理是一项复杂而系统的社会工程。从目前我国的城市管理体制来看，

主要是根据“小政府、大社会”的管理框架，在市、区、街道三级层面上进行分工，按照行政、执法、作业相分离的原则，实行“政府推动、街道支持、居委会操作、各方参与、社区共建”① 的社区管理模式。事实上，许多时候居委会也被纳入这一体系，因此社区管理逐渐形成了覆盖“市—区—街办—居委会”的四级社区管理体系。在具体运行过程中，社区管理形成了“党委和政府领导、民政部门牵头、有关部门配合、社区居委会主办、社会力量支持、群众广泛参与”的机制。不过，从总体上看，目前我国的社区管理是弥补单位制衰落后城市管理缝隙的活动，本质上仍是国家羽翼下的政府调适行为，自治色彩整体上比较薄弱。为了提高社区管理绩效，我们必须遵循以下原则：重心下移，立足基层；条块结合，以块为主；党政主导，各方参与；管理与服务相结合。

第二节　典型案例

案例 1

北京市海淀区华清园社区②

1. 案例介绍

华清园社区位于北京市海淀区中关村，东至财经学院东路，西邻中关村街道科馨社区，南至清华园货场，北至成府路；占地 16.37 公顷，总建筑面积 41.4 万平方米，居住面积 33.6 万平方米。该社区有两个居委会，第一居委会成立于 2003 年，第二居委会成立于 2004 年 3 月 18 日。2006 年，社区划归中关村街道办事处管辖，下辖几十栋楼。其中，华清嘉园 11 号楼为双语幼儿园，12 号楼为商用楼，17 号楼为中关村二小。东升园公寓 5 号楼为明天第五幼儿园，7 号楼为物业办公楼。华清园社区的特点是流动人口、外籍人口较多（外籍人口中 80% 是韩国人）。

组织设置

华清园社区主要的机构是党支部、居委会和服务站，其中党支部领导居委会和服务站，起核心作用；居委会是自治机构，履行政府交办的各项事务，同时指导物业部门的工作；服务站主要为居民提供社区公益类服务，向居委会、居民负

① 张宝峰：《社区管理》，55 页，郑州，郑州大学出版社，2006。

② 本案例来自 2010 年 5 月 24 日编者对华清园社区的调查访谈材料。

责，接受其指导和监督。为了防止相互扯皮，居委会主任兼任服务站站长。此外，社区内还有社区民意协调委员会和五名常务居民代表，前者的召集人是党支部书记，业委会主任、片警、重要机关负责人参与，主要负责协调民意；后者来自居民代表大会，负责搜集、反映民意。

资金来源

在北京，居委会资金分两块——办公经费和社区公益金。在社区公益金方面，如果社区住户小于2 000户，政府每年拨款8万元；如果大于2 000户，在此基础上每户每年增加40元。华清园社区因为参加北京市的社区改革试点工作，因此基数是每年15万。在社区公益金的使用上，华清园采取由居民代表大会讨论决定的办法。不过，由于现实中许多居民的参与意识不强，因而居委会会根据工作中遇到的实际问题，汇总后向居民代表大会提出使用动议，由居民代表大会进行审议。如果居民代表大会通过该项动议，则可以动用社区公益金，如果居民代表大会不同意某项动议，则不使用社区公益金。

公共服务

这是中国社区的基本任务，华清园也不例外。在华清园，公共服务的供给由居委会和社区服务站共同负责。社区服务站成立于2007年6月，办公楼设在社区内东升园公寓10号楼，一楼右边是公共服务大厅，主要为居民提供“一窗式”便民服务；左边是老年活动室，老人们可以在这里打牌娱乐。沿楼梯进入二层，是接待室、活动室、办公室以及活动宣传板。服务站主要负责提供公共服务、公益服务和便民服务，公共服务主要是为居民办理一些相关的手续；公益服务是指一些社区公益活动；而便民服务则是针对社区居民生活中的一些问题找出解决办法，从而为社区居民提供便利。

为了维护社区治安，华清园居委会规定如果居民出租房屋，需到居委会登记，业委会也会提醒居民签订安全责任书。在人口管理上，华清园社区的工作重点是老年人和小孩，中间人群主要靠工作单位。对于流动人口，居委会采取了一些临时性的针对措施，如汶川地震后给社区内的四川籍农民工发放慰问金，邀请社区内的律师为他们提供法律及其他咨询服务。

在社区邻里互助上，华清园通过志愿者队伍建立一帮一的互助小组，增进邻里感情，为空巢老人提供买菜、读报、聊天等服务。此外，现代社会人们的生活压力较大，因此社区还不定期开展心理咨询工作。如果遇到常规的、简单的心理问题，由居委会工作人员给予安抚治疗。如果问题比较复杂，社区会联系专门的心理咨询师，为心理病人提供相应的服务。

为了丰富社区文化生活，华清园将居民分为青少年组、老年组和社区组，并配备了三名专职工作者负责此事。通常，他们会根据服务人群的特点开展有针对性的活动，如组织老年人举办趣味运动会，在儿童节举办少儿互动活动等。

在华清园社区，民间组织、志愿者十分活跃，他们组建了“小黄莺合唱团”、“老年舞蹈队”、“老年电脑培训班”、“乒协”、“老年合唱队”、“京剧社”等十几个群众团体，内容涵盖合唱、舞蹈、模特、钢琴、太极、晨练等。这些民间团体虽然规模不定，最大的合唱队有40多个人，最小的钢琴班仅8个人，但他们都定期开展活动。为了使对公益组织的管理常态化、规范化、合法化，华清园不定期对其进行培训，并互相交换资源。除此之外，社区还有巡逻队、环境监察队等组织，在重要的日子开展相关的活动。

社区参与是事关社区居民的大事，为了调动居民的参与积极性，吸引他们参与社区活动，华清园根据不同的群体，采取不同的对策。组织方式是提前通知，发布告，介绍工作的亮点，在活动现场举办能吸引居民亲身参与的活动，如有奖竞猜，而不是单纯地讲解宣传。对于社区内的能人，居委会会在每年的户籍交接工作中从派出所获得相关信息，通过上门探视与之交流，了解其情况，在需要时调用。为了提高社区志愿者的技能，提升社区服务水平，华清园社区定期开展相关的培训活动，帮助他们提高技能，如与社区卫生站联合培训急救技能，以便老人发生意外时能及时开展急救工作。

工作成效

通过努力，华清园的群众满意度高达90%，社区党组织、居委会地位明显增强，工作能力提升，服务专业化水平逐渐提高，反应速度也不断加快。而且，社区参与率也升至70%，参与度提高，民间组织发展较快，居民社区认同度提高，社会责任感增强。

2. 案例分析

华清园社区作为北京市社区管理工作的样板区，是北京市高等学校人才培训基地，北京市魅力社区之一。该社区的特点是：第一，管理规范化。强化党组织的领导功能和社区服务功能，积极为社区居民提供公共服务、公益服务和便民服务。第二，运行项目化。其工作流程是“需求评估、项目策划、项目申请、项目审批、项目实施、项目评估”，基本原则是“以人为本、规范化、科学化”，目标是“提高服务水平、居民参与、居民满意、促进社会和谐”。在项目管理过程中，华清园主要采取政府扶持项目的模式，具体方式有购买、补贴和奖励

三种类型。第三，队伍专业化。首先，与中国青年政治学院社会工作学院合作，培训居委会工作人员，帮助他们通过社会工作助理工作师、社区专职工作者考试；其次，以街办购买岗位的形式从中国青年政治学院引进专业社会工作人才，利用其专业素养，通过“党员带领社工，社工带领义工，义工带领群众”的做法，整合社区资源，培育民间组织，壮大志愿者队伍，为社区居民提供公共服务。

可以看出，华清园在社区管理上还是下了很大的功夫，其最大的特色在于与大学合作，引进专业的社会工作人才，提升社区服务水平。众所周知，社会工作是一项科学的助人活动，目的在于以个人与其环境互动所形成的社会关系为基础，帮助人们解决个人、群体和社区问题，寻求关系的改善和功能的增强，因而华清园社区的做法和经验具有领先时代的远见卓识，值得学习和推荐。不过，扩大社会工作的社会认同度、提升社会工作者的待遇水平、突破现有体制的束缚是我国社会工作事业面临的主要问题，也是华清园模式能否维持下去的关键。

案例 2

国际化社区：浦东新区陆家嘴滨江社区①

1. 案例介绍

浦东新区陆家嘴滨江社区位于陆家嘴金融贸易区，紧靠黄浦江东岸，北到张杨路，南至浦电路，西至浦明路，东至浦城路。该区核心区面积 1.7 平方公里，规划建筑面积 400 万平方米，外资金融机构众多，是上海中央商务区的重要组成部分。滨江社区有着高品质的生活居住环境，其高档小区备受外籍人士尤其是欧美人士的青睐，早期的任恒滨江园，素有小联合国之称，而后期的世贸滨江花园，则备受港台地区客户的喜爱。

社区设施

滨江社区内居住面积较大，现代化程度较高，停车场和现代信息技术的使用也较多，如宽带信息通信系统、一卡通系统、无线传呼系统、门禁系统、家庭防盗报警系统、电子巡警系统、节能系统等，生活空间的便利度、舒适度和安全度较高。

---

① 参见戴春：《社会融入：上海国际化社区建构》，104～113 页，北京，中国电力出版社，2007。

在配套设施上，由于滨江社区所在的陆家嘴金融贸易区是上海城市空间的重要副中心，因而社区交通便利发达，各类服务与办公设施都是国际一流。在生活上，社区内的每个小区都有完善的餐饮、洗衣、超市、物业管理、学校等服务体系，休闲娱乐设施如室内游泳池、多功能运动场、网球场、台球室、高尔夫球馆、酒吧、KTV、桑拿中心、美容室等一应俱全，且服务较好。在日常娱乐上，社区内居民常去户外运动场、公园、绿地、酒吧、咖啡馆等，而小区内的酒吧、咖啡馆、茶馆等的使用率较低，年轻人则倾向于选择去更有风情的市中心娱乐地带。

社区成员

经过长时间的发展，滨江社区包括任恒滨江园、世贸滨江花园、菊园、汤臣海景、盛大金槃等高档、成熟的住宅小区。在这些小区中居住的外籍人士占40%，其中欧美籍15%，港澳台地区之外的亚洲人12%，港澳台地区的人士占10%，其他地区的境外人士占3%，可见，该社区人口的国际化程度较高。从年龄结构看，45岁以下的占91.3%。所有人都拥有本科以上学历，其中一半以上有硕士以上学位，且大多数成员为跨国公司高管或技术主管、外企老板、自由职业者（建筑师）、律师、会计、工程师，收入和社会地位较高，属于高收入阶层。成员的家庭结构比较稳定，1/3的家庭拥有3～4人。

在消费结构上，基本生活支出和教育文化医疗娱乐支出各占11%～30%，社区内的居民整体消费能力较高。在交通工具上，几乎所有的居民都拥有自己的私人轿车，且上班地点离居所较近。不过，大多数居民休闲时间较少，工作繁忙。在周末等休闲时间，他们把主要精力用在个人和家庭内部事务上，较少参与公共事务。如果说有业余爱好，他们也是钟情于健身锻炼和旅游。

社区互动

在滨江社区，社区成员趋于同质，即收入较高，欧美籍较多，年轻人较多，社区成员的生活方式、形式和范围具有阶层同构性。在文化上，该小区更多地表现出异质性，这是由小区内国际化程度较高决定的，因此滨江社区很难形成较高的认同感，多元化程度较高。在归属感上，超过九成的居民视工作情况而定，这与其跨国公司的雇员身份相符，因此虽然形成了一定的归属感，但总体程度较低。在对社区的了解形式上，居民更喜欢书面的沟通方式，黑板报、告示栏也比较受欢迎，社区广播等传统的传播渠道和网站影响较弱，社区成员多不知晓。

在社区参与上，他们更关心与自己利益密切相关的事务，因而与物业公司接触最多；虽然有参与意愿，但由于工作繁忙和语言沟通障碍等，他们对社区参与和公共活动的关注都较少。在日常交往上，近七成的居民和邻居偶尔有交往，日常交往的频度和深度都较低。

社区组织管理

在众多的小区中，只有任恒滨江园设有小区居委会，且居委会中拥有两位外籍人士，而其他的小区均没有居委会，社区组织管理较为松散。在任恒滨江园中，共有居民 1 936 户，居住率 86%，40%的居民来自 40 多个国家和地区。居委会成立于 2003 年。首届选举中，澳大利亚籍的杰森·波汉先生和新加坡籍的吕丽莲女士当选为居委会委员，成为境外人士的代言人。其组织结构也较有特色，由居民代表选举出来的居委会是议事层，7 名委员不必坐班，但要定期开会，对本社区的大小事务作出决策；街道聘请 5 名社区工作者组成执行层，执行议事层的决策，接受居委会的监督。居委会委员是兼职，不拿工资津贴。波汉负责策划、组织文娱活动，吕丽莲负责联络外籍人士和调节境外人士之间的纠纷。小区居委会下还设有 11 人组成的调解委员会，其中有 3 名洋调解，诸如业主与保姆、邻里装修的矛盾等，都因为他们的调解而迎刃而解，因此他们惊讶于自己的能力。要知道在国外，芝麻大的事情都要经过法院。

由于涉外高档社区没有卫生治安、民政救济等职能，因此居委会的工作重心在“服务为先、文化传媒”上，如介绍家政服务、定期上门收集废品、帮助境外人士就医、解决境外人士孩子入托上学等问题。而夏天一同纳凉、中秋举行晚会、开西式生日派对、中式包饺子大赛等丰富多彩的娱乐活动，也使小区形成了较好的团体氛围，初步营造了有事找居委会的理念。3 年之后，第二届居委会换届选举，境外人士积极报名，希望用自己的力量为居民服务。国际化的小区正逐步走向融合。

2. 案例分析

滨江社区的最大特点是国际化，因而表现出如下特色：人口聚集，社区成员异质性强，但在生活上又表现出同质的特征；社区生活设施豪华、健全、舒适，居民的日常空间相对隔离，自成体系，内部别有洞天；社区内社会经济单元、社会结构、组织体系比较复杂；社会生活系统运转迅速，变化大；社会关系与文化体系多元化。由于其成员来自五湖四海，因而这类社区的一个主要问题是以地域为基础的认同感较低，难以形成较强的凝聚力和向心力。而在其日常运行过程中，这类社区面临的最大问题是如何调和各种不同文化背景下的居民，使其与中国文化和谐共荣。因此，冲突与融合是这类国际化社区演替变迁的必然过程，不同语言、习惯、文化、观念间时常表现出侵入、交替和更新过程，思想观念剧烈

激荡，一致性难以形成，为社区组织与管理工作带来了新的挑战——如何在中西文化融合交流过程中构建和谐的社区环境，提升居民的公共生活品质。

另一个挑战是如何处理国家治理和社区自治之间的关系。西方国家的组织结构和社会动员机制不同于传统的中国。在那里，人们依赖志愿参与、企业公益和市民自治，在法律的精神下履行参与职能，过公共生活，而中国是一个志愿参与不太发达、社区自治不太成熟、公民社会根基不深的国家。在上海社区管理行政主导的总体背景下，如何改变政府直接干预、非营利机构缺乏、公民自治滞后、法律法规不健全的状况，既考虑社区内公民的特点，又与中国的基层管理无缝对接，是滨江社区公共管理面临的一大挑战。

不过，作为一个国际性大都市，开放与多元是其特色和发展动力，二者相互融合，彼此影响，有利于其创造出适合自己的社区管理模式。任恒滨江园的居委会运作就让我们看到了希望，它不仅塑造了“洋人”的世界观，使其看到了中国式调解的巨大魅力，也让中国城市的典型自治组织——居委会看到了自己的工作重心所在：为外籍人士提供符合其利益的切身服务，丰富他们的精神文化生活，使其在紧张繁忙的工作之余得到身心休憩。这样，两个截然不同的文化观念与生活方式，在社区这个区域空间内找到了结合点，实现了互利共赢的良好局面。这告诉我们，在异质性较强、文化多元的国际化社区内，培育社区的社会空间网络是社区融入的关键，在此过程中，政府的角色不再是传统的包办一切，而是规则制定者、社区自治的推动者和间接管理者。惟其如此，才能在不同的文化背景下找到共同点，实现政府、居民、社会的合作共治。

案例 3

城乡接合部社区——广州南景村①

1. 案例介绍

南景村位于广州市海珠区新窖镇凤和村，距广州市中心约 6 公里。新中国成立前是一个典型的农村，约 200 间房屋挤成“T”字形，两旁是田园和菜园组成的空阔地，30 个池塘散布其间，一条小溪流经村子的东南部，西边和北边是连

① 参见周大鸣、高崇：《城乡结合部社区的研究——广州南景村 50 年的变迁》，载《社会学研究》，2001（4）；魏娜：《城乡结合部管理体制改革：思路与政策建议——公共物品提供的主体、责任与机制》，载《北京行政学院学报》，2004（3）。

绵的小山。农民们过着“日出而作、日落而息”的生活，主要的娱乐活动是看电影、下棋、讲故事。宗族力量庞大，深深影响着村民的生活。虽有少数人外出打工，但整体上村子仍属农村社区。

20世纪80年代以来，南景村与外界的联系日益增多。新港路、广州大道相继建成，村民们进城更加便利。大批企事业单位，如广州电器科学研究所、广东卫生防疫站等迁入南景村，它们通过招工、转户口等方式“圈占”了大量土地，南景村的人口逐渐增加，人口异质性增强，人口结构发生了巨大变化。此外，由于临近广州，租房者也慢慢增多。本村女子与城市男子结婚后大多把家安在村内，这样，南景村的人口主要由五部分构成：本村原居民、因征地转为城市户口者、因迁入事业单位变为城市居民者、租房居村的城市居民、因婚姻而流入的城市居民。大批事业单位的迁入和外来人口的进入，为南景村带来了巨大变化，使其由封闭走向开放、由乡村走向城市。第一，大量外来人口的迁入使村子的人口结构呈现多元格局，带来了城市的思想观念、生活方式，村民的城市化进程加快。第二，企事业单位的征地费用为本村发展提供了启动资金，村庄兴建了大量企业，各种福利制度也因之逐渐健全，村民的生活水平提高。第三，村庄教育、医疗等使村民受益匪浅。

不过，一个现实的问题是，随着村内企事业单位的增多，南景村的土地越来越少，而人口却持续增多。为了适应这一形势，村庄调整产业结构，向非农化方向发展，一个主要的措施是鼓励剩余劳动力进入村办的刺绣、铸造、铁窗等企业，其结果是农业就业人口逐渐少于非农就业人口，村民的生活水平大幅提高，许多指标甚至比广州市区还高，消费习惯和消费品位也与城市没有什么差别。

进入20世纪90年代，南景村的发展大不如前，基本停滞。首先，农业、工业、服务业并举的格局不复存在，房地产业异军突起，农业收入的比重甚至可以忽略不计。而村办企业由于大锅饭、产品粗糙、经营管理不善，大多走向破产，被迫转卖或歇业。为了发展经济，村里决定兴建厂房用来出租，许多村民也开始兴建洋楼出租，这样，一个“食租阶层”诞生了，至少有一半以上的家庭以此为生。

其次，从职业结构看，南景村就业渠道越来越少，待业人口不断增加。20世纪80年代还有一半的人从事农业生产，随着城市化进程的加快和农业收益较低，村民们宁愿把土地租出去也不愿自己耕种。而本村的企业大多处于停产状态，无力吸纳新的就业。即使有机会进厂，大多数年轻人还是嫌工作太累太脏、

工资又低，宁愿买摩托车搭客或经商，也不愿意进厂当工人。而上一辈进厂的工人，由于企业效益不好，自身年龄偏大，难以获得新的满意的工作。新的一代由于有房租收入有分红，多半忽视自身教育，素质较低，难以在就业市场中谋得满意的工作。因此，据保守估计，南景村有一半的人处于半失业或失业状态。

最后，在思想观念上，南景村人接受了城市的生活方式，但在开放度和进步度上仍与城市有差距。上一代人的开拓进取精神消失了，新一代人大多不思进取，安于现状。村内受过良好教育的人完全接受了城市的生活方式，且看不起那些无所事事的人，很少相互交往。许多家庭对子女的教育只满足于在学校不出事，曾经式微的宗族势力又开始复兴，既得利益者和守旧势力成为城市发展的重大障碍。

目前，南景村的基本状况如下：

“楼房越建越多，外来人越来越多”。该村土地急剧减少的主要原因是建筑用地的上升，已建和在建的楼房一栋一栋地向耕地推进，距离本村土地的最南边界不过50米左右。由于缺乏整体有效的规划，村里道路狭窄，交通拥挤，乱搭乱建成风。大量外来人口的涌入更使村里显得拥挤和混乱。据统计，外来人与本村人的比例高达8：1，成为典型的人口倒挂村。这些外来人一般可分为三类：一是居住和工作地点都在本村的；二是只在本村租房居住，工作地点在本村以外的；三是只在本村范围内工作、活动，而在其他地方居住的。

外来人口的流入给该村带来了巨大好处，为本地村民提供了大量的住房租金。据调查，本村90%的村民家庭有空闲房屋出租，租金收入成为村民们最稳定的经济来源。外来人在本村从事的职业有制衣、纺织、五金、百货、饮食、建筑、装修、发廊等，他们的到来提供了较为廉价的劳动力，方便了当地人的生活，活跃了市场，促进了本村的发展。不过，大量外来人的涌入也给当地带来了不少负面效应，如治安混乱，脏、乱、差问题突出等。虽然针对上述情况，凤和村成立了“外来工与出租屋管理小组”，直接接受政府公安机关和村委会的领导，但是，最终效果却令人不太满意，各种问题依然如故。

城乡接合部地区的社会治安问题也十分突出。除了外来人口带来的犯罪活动外，本地人的发案率也在上升。据调查，本村青年中吸毒、嫖娼、赌博者越来越多。原因很简单，村中大部分家庭有房、有存款、有分红，青年们大多无心向学，无意工作，整天吃喝玩乐，穷极无聊，以寻求刺激为乐趣，搞点违法犯罪的事情正好可以弥补心灵的空虚。这种青少年的“自发性堕落”在整个珠江三角洲富裕地区很常见，成为该地区进一步发展的一大隐患。

总之，新世纪以来，南景村在经济上陷入缓慢增长、甚至停滞状态，此外，本村人特别是青少年犯罪问题，出租屋及外来人口问题等各种社会问题层出不穷。由于村里生活环境的恶化，不仅原村民怨声载道，连原来迁入单位的居民也满腹牢骚，有很多人表示一有机会就要离开这里到其他地方居住。虽然有一次又一次的综合整治，但收效甚微。像南景村这样的城乡接合部社区所遇到的种种问题正成为我国现代化进程中亟待解决的难题。

2. 案例分析

南景村是典型的城乡接合部社区，这样的社区在转型期的中国十分普遍。

（1）所谓“城乡接合部社区”，是指介于城乡之间的第三种社区类型。这类社区既是中国都市化过程中普遍存在的一种社区类型，也是中国特有的土地征购政策、户籍管理政策体系下的产物。这些社区地处城乡接合部，兼有城乡生活方式的特征，因而不同于一般概念中的郊区或农村。比如人口密度高，人口异质性强；仍保留一些农业生产，但农业生产已不是主要的经济生活方式；全部的耕地或部分土地被征用，但个人仍拥有宅基地或少量自留地；社区中一部分人成了城市人，一些人仍为农村户口；个人的谋生手段开始多样化。这类社区总的特征就是亦城亦农，且处于动态发展过程中，是城市边缘地区由乡村走向城市这一都市化过程中的中间阶段。通常，城乡接合部社区要经过三个发展阶段：第一阶段，农村土地开始被征用，一些人转为城市户口，但二者的比例均在30%以下；第二阶段，非农用地、非农产业和非农人口均超过30%，人口密度和异质性明显增加；第三阶段，各项指标均达到60%以上。

（2）城乡接合部社区由于处于“城市边缘”，城、乡混杂，农、居混杂，居住条件差，卫生环境恶劣，刑事犯罪频繁，存在诸多问题与隐患：第一，失去土地的农民由于没有得到相应的保障，引发各种信访、上访事件，群体性冲突越来越多，直接影响了区域内乃至社会的稳定。第二，基础设施条件差，环境脏乱，与现代化大都市的形象很不适应。第三，外来人口聚集，缺乏有效的管理和疏导，带来了环境卫生变差、就业压力增大、社会治安变坏等问题。第四，城乡接合部社区物质生活相对富足，精神生活比较贫乏，特别是对下一代的教育重视不够，引发了一系列问题。

（3）存在上述问题的原因在于：长期以来实行的城乡分离的户籍制度，造成了非农业人口和农业人口的差别，也带来了分别管理两类人的机构——村委会和居委会，增加了协调和管理难度；城乡分离的土地制度使得城乡接合部利用土地集体所有的制度便利获取巨大的物质利益，阻碍了城乡接合部的城市化进程；缺

乏规划、混乱、高密度的住宅环境恶化了城乡接合部的生活环境。由于上述原因，城乡接合部社区一般存在公共物品供给严重不足，多头管理，以致成为“三不管”的边缘地带，社会建设滞后。

（4）因此，对城乡接合部的管理可从以下几个方面入手：第一，建立综合协调机构，改变过去多元管理、各自为政的局面。第二，加强对出租屋、闲置土地的管理，整治社区环境。第三，明确社区公共物品的供给主体和各自的职能分工。第四，加强道德风尚教育，建设文明新村，帮助青少年树立现代文明观念，使其成为适应都市生活的合格居民。

第二章 社区管理主体及其关系

第一节 基本原理

社区管理的主体是多元的，包括：对社区进行宏观管理的各级政府组织，作为主导的街道党工委和街道办事处，以及政府各职能部门在社区的派出机构，如派出所、工商所、税务所、环卫所等；社区自治组织，如居民委员会和业主委员会；社区非营利组织，如社区环境保护组织、社区文娱组织等；社区范围内的企事业单位，如物业管理公司、学校、商店等；广大社区居民。

一、政府组织

社区管理中的政府组织主要包括各级政府组织及各派出机构。

（一）各级政府组织

1. 各级政府组织的性质

社区管理中的政府组织是指负责制定社区建设与社区管理的政策、规划社区发展方向、提供社区发展资源以及从事社区管理的组织。政府组织在社区管理中扮演着重要角色，它是社区管理政策与法律的制定者、社区资源与服务的配置与提供者、社区自治的引导者和社区管理的监督者。

2. 各级政府组织的职责

（1）立法机关。立法机关负责制定社区发展与社区管理的法律、制度，这些立法机关主要包括全国人民代表大会及其常务委员会、县以上地方人民代表大会及其常务委员会等。例如，我国《宪法》第一百一十一条规定：“城市和农村按居民居住地区设立的居民委员会或者村民委员会是基层群众性自治组织。”《中华人民共和国城市居民委员会组织法》对居民委员会的性质、特征、任务等做了详细的阐述。

（2）中央政府及其部门。中央政府及其部门是社区管理法律与政策的执行机

关，同时也是具体管理政策、办法的制定机关，如2000年中共中央办公厅、国务院办公厅下发《关于转发〈民政部关于在全国推进城市社区建设的意见〉的通知》，明确要求“各级民政部门要在总结试点经验的基础上，开展社区建设示范活动”根据这一要求，民政部广泛开展了城市社区建设工作，并取得了显著成效。

（3）省级政府及其部门。省、自治区、直辖市的政府部门中设有民政厅。省级政府及其部门的主要任务是落实中央政府以及相关部委制定的关于社区建设的政策与任务，并根据本地方的具体情况，因地制宜地开展工作。

（4）市级政府及其部门。我国城市政府的管理体制基本上是两级政府体制，即市级政府——区级政府，在县级市是一级政府。一般设置民政局来具体承担社区建设与社区管理的任务，也有的城市在市级层次设立社区建设的领导性或协调性机构来统辖本区域的社区工作。

（二）街道办事处

1. 街道办事处的性质

街道办事处创建于20世纪50年代，它是设区的市或市辖区人民政府的派出机关。街道办事处是政府的派出机构，而不是一级政府。它只是市辖区或不设区的市人民政府根据其职能的需要，经市人民政府批准，在某一指定区域内设立的代表机构，并接受市辖区或不设区的市人民政府的领导。

2. 街道办事处的机构设置

我国的城市街道办事处一般内设六类机构，分别是：党工委办公室、行政办公室、经济建设办、社会事务办、计划生育办和市容卫生管理办。① 党工委办公室是街道办事处的党组织中心，它的主要职责是对街道内政治、经济和社会发展进行全面宏观的领导，支持并保证行政组织、经济组织和群众自治组织充分行使职权，保证党和政府的各项方针、政策在社区内得以贯彻执行。行政办公室是各项工作的总指挥和总的执行部门，它不但要在党工委的领导下切实处理好街道内大大小小的事项，同时也要负责协调办事处各科室之间的关系，做好办事处的日常工作。在行政办公室的领导下，街道办事处一般设有以下四个负责不同具体事项的下属办公室——社会事务办公室、经济建设办公室、计划生育办公室和市容卫生管理办公室。

---

① 参见王琳、漆国生编著：《城市社区治理与保障研究》，25页，北京，北京理工大学出版社，2010。

二、社区自治组织

社区管理中的居民自治组织主要包括居民委员会和业主委员会。

（一）居民委员会

1. 居民委员会的性质

居民委员会是具有中国特色的基层群众性自治组织。我国《宪法》第一百一十一条规定："城市和农村按居民居住地区设立的居民委员会或者村民委员会是基层群众性自治组织。"《城市居民委员会组织法》第二条规定："居民委员会是居民自我管理、自我教育、自我服务的基层群众性自治组织。"居民委员会具有基层性、群众性、自治性和地域性等特点。

2. 居民委员会的机构设置

《城市居民委员会组织法》第十三条规定："居民委员会根据需要设人民调解、治安保卫、公共卫生等委员会。居民委员会成员可以兼任下属的委员会的成员。居民较少的居民委员会可以不设下属的委员会，由居民委员会的成员分工负责有关工作。"从各地的实际情况来看，居委会内部一般设置六大委员会：治安保卫委员会、社会福利委员会、文教卫生委员会、人民调解委员会、妇女代表委员会和青少年教育委员会。此外，居委会还能成立其他群众性组织机构，如社区服务志愿者分会、计划生育服务站、社会治安综合治理调解小组、外来人员管理小组、红十字分会、居委会社区服务站、居委会文化站等。

（二）业主委员会

1. 业主委员会的性质

业主委员会是指经业主大会选举产生并经房地产行政主管部门登记，在物业管理区域内代表全体业主实施自治管理的组织。一般而言，一个物业管理区域只设一个业主委员会。首届业主委员会由物业管理行政主管部门会同开发建设单位或物业管理公司、业主代表组成筹委会，由筹委会推荐本会候选人名单，提交第一次业主大会或业主代表大会选举产生。业主委员会的组织机构在设置时，根据物业规模的大小设 5～15 名委员。

2. 业主委员会的权利与义务

业主委员会的权利主要包括召集和主持业主代表大会；采取招标或其他方式，聘请物业管理公司对本物业进行管理，并与其签订物业管理合同；与物业管理单位议定管理费、房屋紧急维修基金等费用的收取标准及使用方法；与物业管理单位议定年度管理计划、年度费用大概预算、决算报告等。

业主委员会的义务包括筹备业主大会并向业主大会报告工作，执行业主大会通过的各项决议；贯彻执行并督促业主遵守物业管理及其他有关法律、政策规定，对住户开展多种形式的宣传教育；保障本物业各项管理目标的实现；执行市、区物业管理部门对本会工作提出的指令和要求；调解业主和物业使用人与物业管理企业发生的纠纷；建立本会档案制度等。①

三、非营利组织

（一）非营利组织的性质

“非营利组织”是一个从西方引入的概念，它是指那些有服务大众的宗旨，不以营利为目的，组织所得不为任何个人私有，组织自身具有合法的免税资格和提供捐赠人减免税的合法地位的组织。按照我国现行法律的规定，我国非营利组织主要包括社会团体、基金会和民办非企业单位三类。

我国城市社区的非营利组织可以划分为两种类型：一类是社区社团，即由社区居民自愿组成并开展活动的非营利性的社团组织；另一类是社区民办非营利服务组织和机构，其活动领域涉及社区文化、社区服务、社区卫生、社区环境、社区治安等社区事务。

（二）非营利组织在社区发展中的作用

非营利组织在社区发展中发挥着重要作用，是推动社区发展的重要力量，提供直接、具体和人性化的公共服务，能够吸引、动员志愿者参与志愿活动，提升社区参与水平。

四、企业组织

企业组织是以营利为目的的组织，在社区中主要是物业管理公司。社区物业管理的内容十分广泛，归纳起来主要包含工程维护管理、社区安全管理、环境卫生管理、园林绿化管理和车辆道路管理等内容。

（一）物业管理公司的性质

物业管理公司是指具备相应资质条件并按照法定程序成立的从事物业管理服务的经营性法人企业。物业管理公司实行总经理负责制，总经理室是最高一级的指挥决策机构。总经理室下辖职能部门、管理处和下属企业，物业管理公司的职能部门主要有办公室、财务部、公共关系部、工程部、管理部和服务部等。

---

① 参见唐晓阳：《城市社区管理导论》，115～116页，广州，广东经济出版社，2000。

（二）物业管理公司的权利与义务

根据《城市新建住宅小区管理办法》及有关政策，物业管理公司的权利是：（1）根据有关法规，结合实际情况，制定小区管理办法；（2）依照物业管理合同和管理办法对住宅小区实施管理；（3）依照物业管理合同和有关规定收取管理费用；（4）有权制止违反规章制度的行为；（5）有权要求管委会协助管理；（6）有权选聘专营公司承担专项管理业务；（7）可以实行多种经营，以其收益补充小区管理经费；（8）根据实际需要，制定物业的大修计划，并经业主委员会审核同意，申请使用物业维修基金。

物业管理公司在享有上述权利的同时，也必须履行以下相应义务：（1）履行物业管理合同，依法经营；（2）接受管委会和住宅小区居民的监督；（3）重大的管理措施应交管委会审议，并经管委会认可；（4）接受房地产行政主管部门、有关行政主管部门及住宅小区所在地人民政府的监督指导。

五、驻区单位组织

（一）驻区单位组织的性质

驻区单位组织是以城市社区居民福利最大化和部分服务效用最大化为目标而进驻社区内的组织。这类组织既包括社区内的营利性组织，即以市场交换的方式为社区居民提供服务，通过竞争机制使服务效用最大化的主体，如超市、酒店、餐饮企业等；又包括政府各职能部门在社区的派出机构，如派出所、工商所、税务所、环卫所等；还包括社区内的非营利性组织，即以再分配交换和互惠交换的方式为社区居民提供服务，如学校、医院等。

（二）驻区单位组织的现状

过去由于我国社区意识淡薄，再加上驻区单位组织绝大多数也都并非为社区所有，导致这类组织一般都采用封闭式的管理模式，并且与自己所在的社区隔绝开来，并没有真正参与到城市社区的治理实践中。随着社会主义市场经济体制的建立，在探索和谐社会的社区治理结构时，必须让这些驻区单位组织能积极主动地参与社区治理，并与社区保持一种和谐互动关系。①

六、社区居民

社区居民是社区参与的重要主体，是具有社区认同感和归属感，并具有社区

① 参见王琳、漆国生编著：《城市社区治理与保障研究》，43～44页。

公共责任的民众。社区居民对社区事务的积极参与直接推动了社区发展。不过目前我国城市居民的社区参与状况总体上无法适应社区建设的客观需要。例如，居民参与意识比较淡薄，参与人员主要是老年人和妇女，参与内容也不够深入、广泛。因此，我们必须以社区需求为本位，强化宣传教育，培育社区意识，通过建立和完善参与机制，提高社区居民参与社区管理的积极性和水平。

第二节　典型案例

案例1

南京市白下区街道管理体制改革的实践①

1. 案例介绍

白下区是南京市的中心城区之一，以商贸和居住为主，有众多的商业、事业性单位和组织。2002年3月初，在白下区委、区政府刚刚出台《关于街道管理体制改革试点的实施意见》后，白下区淮海路街道就进行了街道与社区体制变革创新。

淮海路街道位于新街口商业中心，面积0.55平方公里，人口约1.8万，下辖5个社区。淮海路街道的社区管理体制改革可归结为“理顺一个关系、实现两个依法和两个归位”，其中，“一个关系”是指如何处理政府、社会、市场与社区的关系；“两个依法”是指政府依法行政、社区依法自治；“两个归位”是指，第一，政府行政管理职能归位，即把那些涉及行政执法、行政管理的工作一律归位给政府的职能部门，第二，政府社会化职能的归位，即把原来由政府管理的社会化职能归位给社区，把一些社会公益性服务工作转交给专业化的社区工作者。

具体而言，淮海路街道管理体制改革的做法是：

(1) 建立社区党工委，全面发挥党的领导职责。

首先，淮海路街道设立了社区党工委。作为区委的派出机构，党工委用来加强对社区基层党组织的领导和指导，监督社区内各种政务活动的实施，支持和保障社区自治，维护地区稳定。党工委下设“两办一部”，即工委办公室（具体负责组织、宣传、纪检、群团以及其他有关行政性工作的综合协调工作）、社会治安综合治理办公室（负责辖区内信访和社会稳定工作）、武装部（负责本地区的

---

① 参见张明巍：《一场静悄悄的实验：撤销街道设立社区中心》，载《社区》，2002（21）。

人民武装工作)。社区党工委对所在辖区的党的工作负全面责任。

(2) 街道各科室摘牌，撤销办事处。

在街道职能的转变上，淮海路撤销了其原有办事处内设的经济管理科、城建城管科、社会事务科等科室，具体做法是：

第一步，建立淮海路社区行政事务受理中心，主要负责在撤销街道办事处的过渡期间有效履行各项职责，为最终建立“小政府、大社会”做准备。作为区政府有关职能部门在辖区开展政务活动的服务性平台，该中心由劳动、民政、计生、城建、市容、司法六个与居民生活密切相关的职能部门派出人员组成，专门受理和处理社区内的各项行政事务。与此同时，街道不再承担任何经济管理职能，原有的街属企业一律按照政企分离的原则，通过产权制度改革全面走向市场。原街道所属的 26 名在编人员，除了党工委保留 12 名以外，其余人员进行调配、转员或者退养，同时对借调人员也进行了清理。

第二步，对街道的行政职能进行全面移交。根据白下区委、区政府出台的《关于淮海路街道行政管理职能移交的实施意见》的规定，淮海路街道分别对原街道办事处承担的行政职能进行梳理和剥离，然后按照“费随事转、权随责走”的原则，把属于行政管理和行政执法的 57 项职能全部移交给 13 个职能部门，余下的社会性、群众性工作全部由社区来承接。

第三步，撤销街道办事处。原街道办事处涉及的行政职能所属的各个科室全部撤销，同时还明确规定社区党工委不再承担有关的行政职能。

(3) 成立社会工作站和社区服务中心，促进社区自治。

淮海路街道把改革的重点放在推进社区工作社会化上，积极培育和发展社区服务实体、培育各种社会中介组织和专业性社会工作机构，还自治于社区。为此，该区建立了“一站”、“一中心”。

“一站”是淮海路社会工作站。作为一个拥有独立法人资格的工作站，该站是专业社区工作者、社区工作志愿者参与的民办非企业单位，其经费主要来自政府投入、社会资助以及非营利性的各项服务收费。一方面，社会工作站通过切实的服务满足社区老人、儿童、青少年、残疾人和失业人员等社区弱势群体的需要，另一方面，通过开展就业培训、职业中介、低保救助、医疗康复、社区照顾、社区教育、社区文化建设等各种专业性的社会福利服务项目，并引导社区中介组织及志愿者组织充分发挥其职责，增强居民对社区事务的参与和对社区的归属感。

“一中心”是指淮海路社区服务中心。它也是一个民办非企业单位，一方面

立足社区，嫁接社会的服务单位，开展各类便民利民和形式多样化的志愿者服务活动，走网络化、产业化、社会化的发展路子；另一方面，中心也主动顺应市场经济发展的需要，按照市场化的运作方式，将社区的环境卫生、保洁等适合市场运作的社会事务交由社会承担。

在此基础上，按照“议行分离”的原则，淮海路扩大了社区规模，重构社区组织机构，建立社区党组织和居民代表会议组织。社区居委会由社区居民选举产生，委员一般为15～20人，设专职主任一名、副主任两名。社区党支部书记兼任社区居委会主任。社区居委会根据工作需要，招聘5～7名专业化和职业化的社区工作者，使社区居委会逐步过渡到民主决策程度较高的轨道上来。社区居委会对社会工作站和社区服务站提出工作要求和服务项目，并进行服务质量的评估和考核。

白下区淮海路街道管理体制的改革取得了明显的成效。据调查，改革一年多来，居民对社区建设的综合满意率已达84%，比两年前增加了28%，“社区是我家，建设靠大家”的理念已深入人心。

2. 案例分析

南京市白下区淮海路街道的管理体制改革对社区管理的两大重要主体——街道办事处和居民委员会进行了较大程度的调整，改变了社区规模，理顺了条块关系，构建了新的社区管理组织体制和运行机制，实现了社区主体的多元化。从案例中可以看出其改革的总体思路是：“理顺一个关系，坚持两个依法，实现两个归位，强化社区自治功能，实现社会的有效管理”，实现政府依法行政，社区依法自治。

（1）目前中国社区改革和实践中的主要问题体现为街道与社区的关系问题，即在街道和社区层面上如何理顺政府与社会的关系。南京市白下区通过撤销街道办事处建立社区行政事务受理中心的方式，使政府职能的有效行使与社区自治事务的落实做到了有效衔接，这种改革经验值得深化与总结。

（2）从淮海路街道改革的实践中可以看出，当前我国城市社区管理中存在的一个重要问题是政府特别是街道办事处仍存在着“职能越位”，主要表现是街道办事处虽是政府的派出机构，不是一级政府，但大量的行政事务、社会事务沿着各级政府自上而下的配置体系，最终都落在了街道办事处身上，街道办事处实际上扮演着一级“准政府”的角色。但是实际上，街道办事处却没有相应的法定权利和地位来承接这些事务。它们不仅在财政和人员编制上受制于区级政府，而且没有独立的行政执法权和完全的行政管理权，只能接受各职能部门的委托，或充当行政职能“传递者”的角色。

此外，街道办事处习惯于将非政府组织作为依附于政府的附属单位。这样，居委会又变成了街道办事处的“腿儿”而失去作为自治组织的功能，影响了居民的民主参与和自我管理。

（3）南京市白下区淮海路街道的改革是对健全社区管理主体及其运行机制的有益尝试，但也面临着诸多挑战。比如，如何在社区内做到既体现自治，又坚持党的领导，既避免行政化倾向，又避免完全市场化，即如何协调党、政府与企业等主体之间的关系。再如，随着市场经济的发展和社区利益主体的多元化，如何培育社区意识，增强社区的认同感和归属感，也是社区管理者面临的一个重要课题。

案例 2

南天一花园状告前“管家”[①]

1. 案例介绍

南天一花园小区位于深圳市体育馆南侧笋岗路边，由 3 栋 18 层大厦组成，居民 1 140 户。南天一花园业主委员会于 2000 年 11 月成立。近几年来，小区里陆续发生的一系列业主维权事件再度让南天一花园声名鹊起。先是开发商开发、物业公司监管的模式致使物业公司管理不善、公用面积产权不明、账目不清、不重视业主意见；继而业主采取行动时，物业公司进行分化瓦解，直至发生暴力冲突；当业主炒掉它之后又面临审计难、本体维修基金及非法出租所得追讨难等一系列问题。

业主炒掉物业之后发生了哪些事？2002 年 5 月，小区业主集体投票成功地炒掉了当时的“管家”，但炒掉前“管家”之后，小区也并未恢复安宁。小区的前“管家”及其所属的开发商此前已将架空层及两栋公用配套小楼改为商铺出租，入驻小区架空层内的发廊多达数十家，这里成了远近闻名的“红灯区”，小区居民深受困扰。2002 年 11 月，小区又成功地借助国土部门的力量将长期占据架空层的近百家商铺和发廊清拆一空，实现了小区的全封闭。

① 参见唐娟主编：《城市社区业主委员会发展研究》，54～55 页，重庆，重庆出版社，2005；《深圳南天一花园维权路上三场官司》，见 http://www.21cbh.com/HTML/2004-03-25/14590.html，2011-05-04。

而自始至终，小区业主委员会都未放弃对开发商及其下属物业公司多年来出租所得的追讨。在多次协商未果之后，2002年11月19日，南天一花园业主委员会获得业主大会授权，作为原告向深圳市中级人民法院提起诉讼，要求法院判令前物业公司及开发商停止仍在进行的对小区两栋公用配套小楼的出租行为，并索回其历年来出租所得共计800万元。

深圳市中级人民法院于2003年3月31日作出裁定："因原告（南天一花园）业主委员会不拥有本案所涉及的南天一花园相关房地产的产权，与本案的侵权纠纷没有直接的利害关系，不能作为本案的适格原告"——驳回了南天一花园业主委员会的起诉。

对此，各方反应不一。"根据目前法律法规的规定，业委会属于合法的民事主体，其组织性质和业务宗旨是代表和维护全体业主的公共利益。"南天一花园代理律师吴耀鸿介绍说，"但它是否具有民事诉讼主体资格，理论界和实务界向来都有争论。"

相关专家在接受相关采访时表示，经业主大会表决决定，业主委员会有权以自己的名义代表全体业主提起民事诉讼。"当业主的集体权益遭受侵害时，否定业主委员会的民事诉讼主体资格，将导致出现'有人侵权、无人维权'的局面。"该专家解释，在共有物业利益受到侵犯时，业主们没有办法获得任何司法救济，"共有物业权益是由全体业主共有的，个体业主起诉行不通。此时不给业主委员会民事诉讼主体资格，就等于变相剥夺了全体业主维护共有物业权益的司法救济权利，不符合法治精神。"

在实践中，业主委员会作为法律主体参与民事诉讼，在上海、南京等地已有先例。2002年上海市高院整理发布了七类纠纷疑点的审理意见，其中明确，凡涉及全体业主公共利益的事项，业主委员会有权作为原告提起诉讼，但应由业主大会以多数表决的方式对诉讼与否作出决定。2003年，南京市星汉城市花园业主委员会在南京市鼓楼区法院起诉，请求归还被小区开发商侵占的业主对于该小区地下停车库的权益，鼓楼区法院一审判决全体业主享有小区地下停车场权益。南天一花园的一位业主表示："业委会在民政部门无法取得社团登记，我们提起诉讼的前期工作都是参照南京、上海等地的做法进行的。"

起诉被驳回后，南天一花园业主委员会不服，于2003年4月16日向省高院提起上诉。广东省高院于2003年12月23日作出裁定，裁定书称：上诉人系经南天一花园业主大会选举产生并已在深圳市福田区建设局备案的组织，是南天一花园业主大会的执行机构，可履行业主大会赋予的其他职责；上诉人在南天一花园业主大会赋予的职责范围内以自己的名义代表全体业主提起本案诉讼于法有据，其是本案适格原告；原审法院以上诉人与本案的侵权纠纷没有直接的利害关系为由驳回上诉人的起诉不当，本院依法予以纠正。

由于法院系统对于业主委员会能否作为民事诉讼主体一事有争议，所以广东省高院的裁定书于 2004 年 3 月才送达南天一花园业主委员会手中。这等于确定了业主委员会的法律主体资格。

南天一花园的业主对前来采访的记者说："获得民事诉讼主体的资格是我们维权道路上的重要胜利，但以后的路还很漫长。"

2. 案例分析

本案例反映出我国当前社区物业管理中存在的诸多问题和矛盾。通过案例可以看出，冲突各方主要涉及四种组织：一是业主委员会；二是房地产开发商；三是物业管理公司；四是人民法院。但也让我们看到了社区居民公民意识的觉醒。

（1）业主委员会的法律地位仍存在争议。

业主委员会是不是独立的法人，有没有独立的民事权利义务，可不可以成为独立的诉讼主体，行使民事诉讼权利，关于这些问题，由于在各地的成立程序、制度规定不同，因而在实践中存在着不一致的做法，各地对此没有明确、具体的规定。但目前普遍认为业主委员会可以作为民事诉讼的当事人。《中华人民共和国民事诉讼法》第四十九条规定："公民、法人和其他组织可以作为民事诉讼的当事人。"业主委员会经业主大会或业主代表选举产生，经政府房管部门核准登记成立，是《民事诉讼法》的其他组织。它虽然不具有法人资格，但作为合法的组织，它可以行使民事权利，承担民事责任。广东省高院的裁定即是对南天一花园业主委员会行使民事权利的肯定。

（2）业主在维权的过程中实现了公民权利的"自我启蒙"。

在成立业主委员会之前，南天一花园的业主们并不关心有关社区法规的制定，对于业主的言论表达渠道、司法是否公正，也都视若无睹。业主委员会的成立成为了联系业主个体的聚合剂。它使得业主之间松散的维权行为转变成了相对有组织的维权行为，充分发挥出集体的力量。在业主委员会的推动下，经过一次次维权，再通过媒体的报道，南天一花园小区成了深圳业主维权运动的关注点。每个业主都尝到了理性维权的果实，培养了民主习惯和自治能力，并且逐步对民主和公民权利有了深刻的认识。这种维权产生的热情有转化成政治参与的可能性。

（3）业主维权需要掌握合适的方式、方法。

业主维权的范畴通常有理性维权与非理性维权两大范畴，分为以下四种方

式：行政途径；法律途径；非暴力不合作的对抗手段；暴力手段。南天一花园的业主采取法律途径维护权益是一种较为理性的维权途径。但有些小区的业主们在不能容忍物业公司和开发商的侵权时，往往采取拒交物业管理费或过激的暴力方式来维护自己的权利。这些方式是违法的，是不受法律保护的。业主的维权行动应控制在一个法制、理性的框架内，将维权行动限制在非暴力、不影响公共安全和不侵犯他人权利的限度之内，最终通过与开发商和物业公司的谈判、协商来解决矛盾问题。从这一方面讲，南天一花园业主委员会的行为是可取的，值得其他地方借鉴。

案例3

新加坡：物业管理专业化的典范①

1. 案例介绍

绿树草坪、繁花似锦、清洁卫生、明朗优美，花园城市新加坡的这些特质，很大程度上得益于其卓有成效的物业管理工作。该城市物业管理的特点就是通过政府法制化的渗透和引导，使整个物业管理行业高度专业化和简约化。

新加坡政府有关部门针对居民住宅及物业管理都制定了很细的规章制度，并形成法律，不管是物业管理公司还是居民都必须依法遵章行事。所以，不管是高级公寓楼还是政府组屋区，管理都是井井有条，同时避免了各种矛盾或纠纷的发生。

新加坡的住宅一般统称为“共管公寓”。“共管公寓”由政府和私人开发商共同经营、共同管理。一般新的小区在头两年内主要由开发商管理，两年后才聘请专门的物业管理公司管理。

政府对“共管公寓”及物业管理制定了详尽的规章制度。如规定所有建筑每隔五年都需进行外部清洗刷新；物业管理执照每年审批核发；物业管理从业人员需接受两年的房地产管理培训，并需通过专业考试才能上岗。

此外物业管理部门还配合政府编写了《住户手册》、《住户公约》、《防火须知》等章程，制定出公共住房室内外装修、室外公共设施保养等规定。法律明确规定了业主的各项义务，如不得侵犯公共空间，否则将课以重罚。再如由装修引

① 参见城市开发编辑部：《聚焦国外物业管理模式》，载《城市开发》，2007（9）；金磊：《漫话国外物业管理》，载《社区》，2004（2）。

起楼下住户漏水等，当事人需赔偿经济损失等。

在法制化背景下，“共管公寓”物业管理采取分别承包的方法，选择合适的专业公司来承担公寓的维修和清洁等专项服务，公司则只直接负责保安设施、保安人员管理及住户的日常投诉。以某花园公寓为例，住户500多户，物业管理公司派3人管理：从保安公司聘13名保安，从绿化公司请4名花工，另有15名清洁工。他们每天定点到公寓上班工作，经理在旁监督。每天早晨居民上班前，清洁工人就开始打扫卫生，当居民乘电梯下楼上班时，可以闻到电梯里喷洒过的香水味；有时夜深回家，值班门卫会向你道晚安……此外，经理还负责安排公共设施的维修和更换，请专门的维修公司为业主上门服务；业主有任何要求（条例规定范围内的）都可向经理提出。

由于社会专业化程度高、分工明确，物业管理处能够腾出更多的时间和精力，开展促进邻里友好、倾听居民意见等活动，形成了居民和小区管理者皆大欢喜的共赢局面。据介绍，目前新加坡很多物业管理公司的主营业务已不仅仅限于物业管理，其收入很大一部分来源于房屋租售等经营活动。有的物业管理公司已经成为上市公司。

另外，按照政府的要求，新加坡物业管理已经形成了一些行业规范，充分体现了物业管理的专业化。“共管公寓”的公共标识就是其中之一，包括公布栏、垃圾桶、草坪灯、公园椅等的颜色要相一致，楼层引路标识要很清晰。有些通用的标识，如设备房、泳池救生标识等都有统一的规范。尤其是一些涉及权益纠纷的问题，如在游泳池旁注明没有救生人员，在停车场提醒车辆风险业主自负等。这些清晰地表明了物业管理和业主各自所承担的责任和义务，减少了不必要的争议和诉讼。

在业主方面，新加坡法律充分保障了房屋拥有者的权利，同时也明确规定了各项义务。新加坡《土地所有权法案》规定，每个新建住宅区必须在两年内成立管理委员会，由全体业主投票选出委员会成员。该委员会将代表全体业主管理社区，每年召开一次全体大会，讨论制定社区行为规则以及聘请物业管理公司等重要事务。社区或公寓的公共事务，如是否要增添公共设施，公共设施的使用是否要收费、收多少，是否要增加或减少物业管理费等，最终都以投票方式决定。在这种机制下，物业公司只是被雇用的对象，一切依照合同办事。如果表现不好，社区管理委员会有权立即将其解聘。

2. 案例分析

新加坡的物业管理模式符合该国的国情特点，这种模式为社区居民提供了高

质量的物业服务，推动了当地社区的发展，也为我国的社区物业管理发展提供了借鉴。从上述案例可以看出，新加坡的物业管理模式具有以下特征：

（1）物业的所有权与管理权分离。

物业管理公司与业主的关系是雇佣关系，业主通过业主大会以投票的方式选择物业管理公司，认真考察公司的信誉、专业知识背景及管理、财务、法律水平，管理费用的高低以及社区活动能力。物业公司面临市场竞争的压力，必须注重自我形象，不断改善经营管理，提高效率，尽量让业主满意，否则会有被淘汰或被解聘的危险。

（2）物业管理方式灵活。

物业管理公司人员精干，效率高，固定人员少，一些项目尽可能临时聘请，可承包的项目不设固定人员以节约开支。日常服务、社区活动等由物业公司内部人员完成，而保安、保洁等工程一般采取承包方式承包给专业公司。物业管理公司的管理费来源渠道多，有租金收入、服务费，甚至有政府补贴。物业公司的利润来源渠道多样化，有利于提供全方位的优质服务。

（3）物业管理专业化程度高。

物业管理已经成为社会化的服务行业。自负盈亏、自主经营的独立的物业管理公司迅速发展。物业管理领域分工明确，行业规范完备，并通过行业规范引导物业管理朝专业化方向发展。

（4）政府统筹型的物业管理模式。

政府在物业管理中发挥了重要作用，但政府一般不直接干预物业管理收费的具体标准。相反，政府以详尽、完善的法律法规规范物业管理各方面关系人的行为与权、责、利。完善的法律体系促进了物业公司、业主、政府部门的良性互动，避免了各种矛盾、纠纷的发生。

案例 4

美国：社区实现从开发商控制到业主控制①

1. 案例介绍

物业小区实现从开发商控制到业主控制，是一个极其重要的权利和责任的交接过程。如果权利和责任交接得不好，小区业主将面临各种困境，并将长期困扰

① 参见周树基：《美国物业产权制度与物业管理》，69～72 页，北京，北京大学出版社，2005。

小区的业主和业主委员会。从某种意义上来说，小区控制权的交接，实际上也就是由小区业主委员会代表全体业主，对整个物业小区的建设质量进行全面验收，同时检查在开发商控制阶段，开发商是否有在经济上损害业主利益的行为，即是否按照法律的规定合法地使用小区的资金，是否按照法律的规定收取和妥善保管维修准备金等。经过这样一个交接过程，小区和小区业主委员会才能够独立，并逐渐走向成熟和健康发展。在美国，一旦物业小区的业主从开发商手中取得对小区的控制权，新成立的小区管委会通常会首先做好以下四项工作：

（1）聘请小区业主协会律师。

即聘请一位独立和有经验的律师作为小区业主委员会的法律顾问。聘请的律师一般应熟悉所有物业产权的有关法律，并具有处理小区业主委员会各种事务的经验，特别是处理物业小区由开发商控制到业主控制过渡有关事务及向开发商索赔的经验。新聘请的法律顾问应帮助业主委员会做的最为重要的几项工作之一，就是协助业主委员会搜集资料和办理与开发商的移交手续。需要接管和搜集的最重要的资料包括：完整的业主委员会法律文件和其他文件资料、开发商的销售材料、各种合同材料以及所有财务资料和档案。虽然根据法律的要求，开发商必须向业主办理移交，但如果业主不采取非常积极主动的行为，是不可能把完整的资料拿到手的。除了物业小区资料的接收以外，法律顾问要协助业主做好的其他两项非常重要的工作，就是物业小区共有部分的验收和对开发商控制时期的业主委员会的财务情况的审计。

（2）对物业小区共有部分进行全面验收。

聘请独立的工程师或建筑师，在仔细阅读小区有关文件和资料的基础上，对小区的共有部分进行全面检查，包括建筑物有无结构上的缺陷，建筑物的设计、施工及所用材料是否存在问题等，然后写出工程质量报告。工程质量报告应指出小区的共有部分与原定小区设计方案及建设施工方案之间存在的差距或不符之处，以及任何明显的建筑施工缺陷，并根据实际情况，提出进一步调查和评估的建议。小区业主委员会将根据工程师的建议采取进一步的措施。此外，工程师提出的小区工程质量报告，还应就如何对发现的工程质量缺陷采取相应的补救措施提出具体建议。小区业主委员会将根据工程师的建议，并在律师的协助下，向开发商提出交涉，以寻求妥善解决。

（3）对物业小区的财务状况进行全面审计。

聘请独立的会计师或审计师，负责对开发商代管期间小区的财务情况作全面的审计，例如审查开发商在代管期间，是否按照法律和小区法律文件的规定，为

开发商尚未售出的房屋足额缴纳管理费及维修准备金，开发商是否将维修准备金妥善保管，有无挪用小区管理费和维修准备金等情况。如果发现问题，小区业主委员会将委托聘请的律师，根据独立会计师提供的审计报告，向开发商提出交涉，并予以解决。例如在伊利诺伊州墨克物业小区业主委员会诉吉姆斯基房地产开发公司一案，以及得克萨斯州理查德吉尔公司诉杰克逊物业小区业主委员会一案中，业主委员会因开发商在其控制阶段未缴纳尚未卖出的房屋单元的管理费和维修准备金、滞纳金、利息以及业主委员会支付的律师费而对相关的被告提出诉讼，并请求赔偿相关费用。

（4）选聘物业管理公司。

选聘一个好的物业管理公司，对于保障物业小区业主委员会正常有效的运作至关重要，而且能够在物业小区由开发商控制到业主控制的过渡阶段给业主委员会和管委会以极大的帮助。因此，美国物业小区业主在成立了自己的管委会并取得物业小区的控制权之后所做的第一件事，就是看开发商指定的物业管理公司与开发商有无瓜葛。物业管理公司与开发商的关系越密切，例如是开发商的子公司或关联公司，就越要尽快依法解除与开发商指定的物业管理公司的物业管理合同，并尽快聘请一家独立的物业管理公司。

2. 案例分析

在美国，社区管理基本实现了业主自主控制。

（1）开发商利用物业小区的控制权进行寻租谋利的现象普遍存在。

开发商是物业小区的开发建设者，同时也是物业小区的设立者。开发商在开发物业小区的过程中，或是在物业小区设立的初期，掌握着小区的管理控制权，例如管理费、停车费的收取，物业管理公司的聘请等，因此开发商往往处于强势地位。如果开发商滥用管理控制权，则必然会损害业主的利益。所以，顺利实现物业小区的管理权从开发商控制到业主控制的过渡，是减少社区矛盾、纠纷，构建和谐社区的必然要求。我国在实现物业小区的管理权从开发商控制到业主控制的过渡中还存在诸多问题，上述案例中美国的做法为我们提供了借鉴。

（2）美国能实现物业小区的管理权从开发商控制到业主控制过渡的原因就在于强有力的法律保障。

美国各州的物业产权法对物业小区如何实现由开发商控制到业主控制做了非常明确和具体的规定。例如，美国的物业产权法明确规定了开发商应向业主移交控制权的时间、开发商向业主办理移交手续的内容和范围，并且明确规定业主有权终止在开发商控制阶段由开发商代表业主委员会对外签订的任何合同或协议。

上述规定在现实生活中可操作性很强。所以美国目前已不存在开发商或开发商指定的物业管理公司拒不移交物业小区的控制权和小区档案资料的现象，更不存在物业公司“炒”不动的问题。

(3) 聘请顾问、积极寻求咨询是增强业主委员会力量的重要方式。

美国物业小区的业主从开发商手中取得小区控制权的重要原因在于小区管委会聘请了专业人士如律师、会计师、审计师来协助自己接受物业小区资料、验收小区共有部分面积、审计小区的财务状况。这一做法有利于保障和提高业主委员会的决策水平，增强业主委员会与开发商的博弈能力，顺利实现物业小区的管理权从开发商控制到业主控制过渡。

第三章 社区建设与社区管理的实践发展

第一节　基本原理

一、社区管理的发展过程

新中国成立以来，我国的社区管理的发展历经了三个阶段：第一个阶段（20世纪50年代），街居制与单位制齐头并进，同步发展；第二个阶段（20世纪六七十年代），单位制进入全盛时期，街居制在城市社区管理中逐渐被边缘化；第三个阶段（20世纪80年代以来），随着市场经济的发展，单位制日渐衰落，街居制问题重重，社区服务与社区建设兴起。

（一）街居制与单位制同步发展

1949年新中国诞生，旧的国家机器终结，其在城市的基层组织——保甲制度也随之被废除。如何通过一定的组织形式既实现政府对城市尤其是基层的控制与管理，又能把城市居民组织起来，满足其当家作主的需求，就成为一个迫切的问题。在这种背景下，街居制和单位制诞生了，其标志是1954年12月全国人大一届四次会议通过的《城市街道办事处组织条例》和《城市居民委员会组织条例》，这是新中国第一次用法律的形式确定城市街道办事处和居民委员会的性质、地位和作用。这两个条例实施后，各城市依法对混乱的街、居组织进行了整顿。至1956年，全国各地相继完成了街、居两级组织的组建工作。我国城市社区的基本组织——街道办事处和居民委员会从此正式、全面形成，成为我国城市社会管理体制的一个有机组成部分。

与此同时，以根据地时期的供给制为核心的单位制也逐步完善，并从党政军机关扩展到所有国营和集团性质的基层企事业法人，我国进入了单位社会。在单位制下，单位被赋予了特殊的功能与作用。① 第一，单位是一个政治型组织，承

① 参见魏娜：《社区组织与社区发展》，88～90页。

担着对其员工进行教育与有效政治控制的功能；第二，单位是一个资源分配和调控的组织；第三，单位又是一个社会组织，承担着职工的劳动、获取社会资源、医疗、福利、交通以及子女教育等社会职能，是一个“五脏俱全”的小社会；第四，单位也是一个教育组织，承担着一定的意识形态教育功能。这样，我国便进入了街居制与单位制同步发展的时期。

（二）单位制的全面发展与街居制的边缘化

20世纪六七十年代，通过街道社区单位化和单位社区化的双向发展，单位制度得到全面发展，作为城市法定社区的街居组织逐渐沦为城市社会的边缘地带。① 首先，20世纪50年代末至60年代初，党和政府曾尝试在城市社区中建立政社合一的人民公社组织，废除街道办事处和居委会，实现社区的单位化。然而，由于协调困难，效果不佳，各地的城市人民公社于1962年先后被撤销，街道办事处重新恢复，街道社区的单位化转型半途而废。不过，我国很快又开始了单位社区化进程。所谓“单位社区化”，一是指单位和社区在城市地理空间上的重叠，二是指用单位的多元化功能取代社区功能。因此随着单位制度的强化，街道和居委会等城市社区组织的作用日益衰落，我国的城市社区管理进入了以单位制管理为主、街居制管理为辅的时代。

（三）单位制的衰落与社区制的兴起

1979年7月1日通过的《中华人民共和国地方各级人民代表大会和地方各级人民政府组织法》重新确定了街道办事处的性质。1980年1月8日，人大常委会确认《城市街道办事处组织条例》继续有效。在此前后的一段时间里，城市社区组织的作用开始显现出来。然而，随着经济体制改革的深入，我国的社会结构发生了巨大变化，单位制受到了强烈的冲击。一方面是民营企事业蓬勃兴起，另一方面是国营企事业的“非单位化”，单位制逐渐萎缩、衰落。单位制的衰落首先意味着政府通过单位控制社会的基础发生了动摇，因此如何在市场经济条件下建构政府与基层社会的关系是各级政府迫切需要解决的一大现实问题，单位制向社区制转变就是顺应这一形势的结果。社区取代单位，成为基层城市整合社会秩序、配制各种资源、提供各种服务、开展群众自治的主要载体。社区制逐渐兴起，其标志是街道办事处和居委会在基层城市的作用越来越大。一直到现在，虽然某些单位还在发挥作用，但社区的力量不断壮大，已成为我国城市区域（甚至在农村）的主要管理载体，不可替代。

① 参见华伟：《单位制向社区制的回归》，载《战略与管理》，2000（1）。

二、社区服务与社区建设的实践

（一）社区服务的历程

20 世纪 80 年代，在借鉴国外社区发展理念的基础上，我国的社区服务与社区建设工作也逐步发展起来。其中，在民政部的积极倡导下，我国的社区服务经历了酝酿产生、普及推广和巩固提高等阶段，取得了显著的效果。①

1. 酝酿产生阶段（1983—1987 年）

1984 年，民政部明确了“社会福利社会办”的指导思想。在此基础上，民政部于 1986 年在沙州会议上首次正式提出在城市开展社区服务工作的构想与要求。1987 年，民政部在武汉举办了第一次全国社区服务工作会议，会上提出“面向社会，发展社区服务”的总方针，标志着我国社区服务的兴起。

2. 普及推广阶段（1987—1993 年）

1987 年武汉会议召开后，武汉、上海、北京、天津、重庆、常州、益阳等地开始在街办、居委会有计划、有步骤地推行试点工作。试点的主要内容是：（1）建立社区服务的指导、协调机构；（2）制定社区服务发展规划；（3）探索基层社区服务模式。

1989 年，民政部在杭州召开了全国社区服务工作会议，总结推广了全国各地开展社区服务的经验，形成了进一步开展社区服务的新思路。同年 12 月，修改后的《中华人民共和国城市居民委员会组织法》第四条规定：“居民委员会应当开展便民利民的社区服务活动”。这进一步推动了社区服务向微型社区的延伸。

3. 巩固提高阶段（1993 年至今）

社区服务在全国推广后，资金短缺与服务亟待扩展的矛盾日益突出。为此，原国家计委、民政部、原体改委、财政部等 14 个部委于 1993 年 8 月联合下发了《关于加快发展社区服务业的意见》，明确了社区服务业的发展目标和基本任务，制定了相关的扶持政策。1995 年，民政部颁布了《全国社区服务示范城区标准》，在全国开展了创建示范城区的活动。1998 年，民政部命名了 46 个“全国社区服务示范城区”。2000 年，民政部颁布《关于在全国推进城市社区建设的意见》，该文件把社区服务作为今后十年城市社区建设的首要任务。2006 年 4 月，《国务院关于加强和改进社区服务工作的意见》发布，进一步明确了新形势下社区服务工作的指导思想、基本原则和主要任务，着重强调了政府、社区

---

① 参见汪大海等：《社区管理（第二版）》，92～94 页，北京，中国人民大学出版社，2009。

居委会、民间组织、驻社区单位、企业和居民等各类主体在社区服务中的重要作用。2007 年 5 月，民政部和国家发改委联合制定了《“十一五”社区服务体系发展规划》，部署了“十一五”期间我国社区服务的四项重点任务。这是我国社区服务体系建设领域的第一个国家专项规划，标志着社区服务已成为政府和社会的共识。

（二）社区建设的探索历程

20 世纪 90 年代初，在社区服务广泛开展的基础上，民政部提出了“社区建设”的概念。随后，民政部广泛征求意见，并在天津市河北区和杭州市下城区展开试点工作。1998 年 3 月，第九届全国人民代表大会第一次会议通过的国务院机构改革方案中，明确赋予民政部“指导社区服务管理工作，推进社区建设”的职能。为此，民政部在原基层政权建设司的基础上建立基层政权和社区建设司，具体管理和指导全国的社区建设工作。

1999 年 8 月，民政部在全国城市社区建设实验区工作座谈会上提出了社区建设的基本思路和发展方向：（1）建立与社会主义市场经济体制相适应的社区建设管理体制和运行机制；（2）在加强社区功能的基础上建设环境优美、治安良好、生活便利、人际关系和谐的文明社区；（3）扩大基层民主，实现社区居民的自我管理、自我教育和自我服务。随后，民政部先后在北京、上海、南京、青岛、石家庄、沈阳、天津等 26 个社区开展社区建设的试点工作。

2000 年 11 月 9 日，中共中央办公厅、国务院办公厅转发《民政部关于在全国推进城市社区建设的意见》，明确了社区的含义和推进社区建设的指导思想、基本原则及主要内容，这标志着我国城市社区建设由试点阶段进入全面推广普及阶段。为贯彻意见的精神，民政部于次年 7 月发布《全国城市社区建设示范活动指导纲要》及《全国社区建设示范城基本标准》，社区建设广泛开展起来。

三、社区管理的发展趋势

从宏观层面看，主要有：第一，社区管理日益全球化、国际化，即“社区运动”从发展中国家向全球扩展，社区服务组织越来越趋于联合，朝着国际化的方向发展；第二，社区管理逐步转向协调的、可持续发展的道路，既注重为本地发展打下坚实的基础，又主张促进社会的整体进步；第三，注意将社区发展与社会发展融合起来，促进二者的和谐共生。从微观层面看，包括：第一，组织体系趋于自治化、公众化；第二，社区经济管理趋于市场化、多元化；第三，社区管理日趋法制化、规范化。

第二节　典型案例

案例 1

上海市卢湾区五里桥街道的社区“增肥”改革[①]

1. 案例介绍

上海是改革开放较早的城市，经济的迅速发展和社会主义市场经济体制的逐步确立与完善，引起了社会生活各方面的巨大变化。尤其是单位制的逐渐解体和社会政治经济等形势的日益复杂，使得社区在城市基层管理中的地位逐渐显现，成为城市基层管理的重点。从 1996 年开始，上海开展社区建设与管理试点，并于 1999 年形成了“两级政府、三级管理、四级网络”的城市管理模式——上海模式。其中，“两级政府”指市政府、区政府，“三级管理”指市级、区级和街道办事处三个管理层级，“四级网络”指居民委员会组织。而在这些探索中，卢湾区五里桥街道的做法最为典型，该街道按照“两级政府、三级管理、四级网络”的要求，形成了“以块为主、以条为辅、条块结合”的管理机制和三个层面的组织管理系统——领导系统、执行系统和支持系统。

(1) 社区管理领导系统：街道办事处＋城区管理委员会。

在“两级政府、三级管理”体制下，街道办事处成为一级管理实体的地位得到明确。随着权力下放，街道办事处具有以下权限：部分城区规划的参与权、分级管理权、综合协调权、属地管理权。街道办事处成为街道行政权力的中心，“以块为主、条块结合”。与此同时，为有效克服“各块分割”，建立由街道办事处牵头，派出所、房管所、环卫所、工商所、街道医院、房管办、市容监察分队等单位参加的城区管理委员会。城区管理委员会定期召开例会，商量、协调、督

---

① 参见汪大海等：《社区管理（第二版）》，288～290 页；王振华、陈怡：《“三三制”——上海市卢湾区社区管理模式的新探索》，载《党政论坛》，2003 (11)；桑玉成等：《从五里桥经验看城市社区管理的体制建设》，载《政治学研究》，1999 (2)；潘小娟：《中国基层社会重构——社区治理研究》，75～84 页，北京，中国法制出版社，2004；丁茂站：《我国城市社区管理体制改革研究》，116～122 页，北京，中国经济出版社，2009；王青山、刘继同：《中国社区建设模式研究》，127～138 页，北京，中国社会科学出版社，2004；彭勃：《路径依赖与治理选择：当代中国城市社区变革》，226～228 页，北京，中国社会出版社，2007；侯伊莎主编：《透视“盐田模式”——社区从管理到治理体制》，165 页，重庆，重庆出版社，2006。

查城区管理和社区建设的各种事项，制定社区发展规划。城区管理委员会作为“条”与“块”之间的中介，发挥着重要的行政协调功能，使“条”的专业管理与“块”的综合管理形成了有机的整体合力。

（2）社区管理执行系统：四个工作委员会。

上海模式在街道内设定了四个委员会：市政管理委员会、社区发展委员会、社会治安综合治理委员会、财政经济委员会（见图3—1）。具体分工是：市政管理委员会负责市容卫生、市政建设、环境保护、除害灭病、卫生防疫、城市绿化；社区发展委员会负责社会保障、社区福利、社区服务、社区教育、社区文化、计划生育、劳动就业、粮籍管理等与社区发展有关的工作；社会治安综合治理委员会负责社会治安与司法行政；财政经济委员会对街道财政预决算负责，对

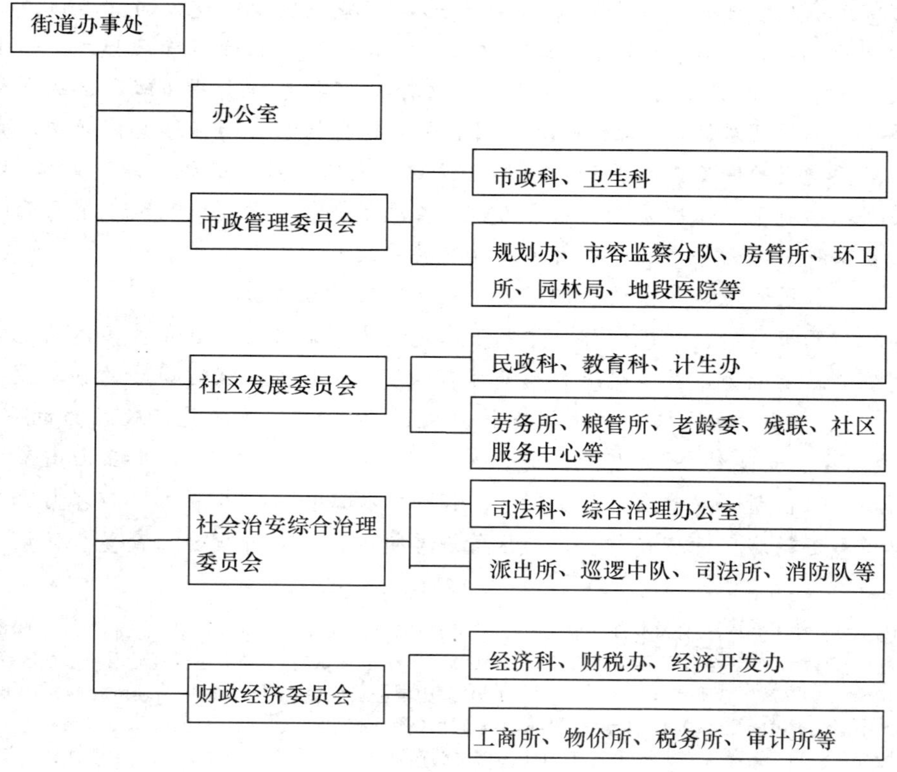

图3—1　上海市社区管理执行系统组织结构图

街道内经济进行工商、物价、税收方面的行政管理，扶持和引导街道经济。以街道为中心组建委员会的组织创新，把相关部门和单位包容进来，使得街道在对日常事务的处理和协调中有了有形的依托。

(3) 社区管理支持系统：辖区内企事业单位＋社会团体＋居民群众及其自治性组织。

社区管理支持系统由辖区内企事业单位、社会团体、居民群众及其自治性组织构成（见图 3—2），它们通过一定的组织形式，如社区委员会、社区事务咨询会、协调委员会、居民委员会等，对社区管理提供有效的支持。上海模式还将居民委员会这一群众性自治组织纳入“四级网络”，抓好居民委员会干部的队伍建设，充分发挥居委会的作用，推动居民参与社区管理，维护社区治安稳定，保障居民安居乐业。

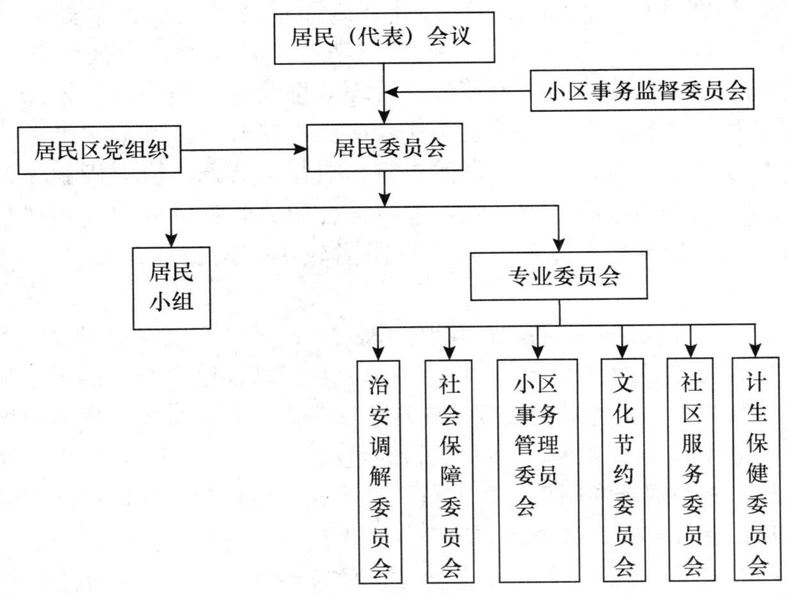

图 3—2　上海市社区管理支持系统组织结构图

2. 案例分析

上海市经济发展水平较高，改革力度相对较大。社区建设一方面强调党和政府的领导作用，以保持政治经济生活的稳定发展；另一方面，它没有忽略高度经济发展之上的政治民主水平的提高，重视社区的行政支持力量，即社区内社会性

组织的发展。这是一场自上而下的改革，它依靠行政力量推动社区建设，在居民的内生需求和共同体意识尚处于发育阶段的情况下，在短期内迅速取得了成效。上海模式的特点是：（1）将街道办事处作为社区的载体，强化街道办事处的权力、地位和作用，形成“街道社区”，并注重政府在社区发展中的主导作用，强调依靠行政力量，通过“街居联动”发展社区的各项事业；（2）以社区党建为核心，坚持党的核心作用；（3）与城市管理体制改革相统一，以街道办事处为基础构建“两级政府、三级管理、四级网络”的城市管理体制。

因此，上海模式具有积极的借鉴意义。第一，立足现有的政府体制，转变政府职能，在街道建立大部制和整体性管理体系，赋予街道办事处对社会管理、社会服务、社会治安综合治理、精神文明建设、街道经济发展等的组织领导、综合协调和监督检查权，使得其能够对地区性、社会性、群众性的工作负全面责任，打破条块分割带来的碎片化，因而增强了街道办事处的职权、威信，具有“指挥统一、控制有力、决策迅速；事权集中、责任明确、便于协调；政令统一，指挥有力，统筹兼顾；管理效率较高”等特点。第二，以满足居民需要为目标，打造专业的社会工作者队伍，提升社区服务水平。第三，理顺关系，建立科学有效、运转协调的决策、执行、监督、协商机制。第四，立足我国“官本位”的政府管理实际，改革符合相关公务员的期望和利益，因此操作简便，执行成本低，且易于操作，阻力较小。这是其他改革应该学习的地方。

然而，上海模式是典型的“强政府”模式，改革内容也仅限于政府体系内的行政调整，因此在实践过程中面临以下瓶颈：如何解决政府行政层级之间、条块之间的矛盾和冲突，平衡管理幅度与管理层次张力；规避行政主导一切极易出现的首长事务过重和草率武断、个人专制的危险；改变“上面千条线，下面一根针”的格局，避免居委会职责过多，负担过重，人事权和审核评价制度依赖于办事处的弊端；在政府管理和公民自治间找到平衡点，培育社会中介组织和成熟的公民。因此，未来的上海应该突破强势政府的单一管理范式，摒弃政府与社会非此即彼的线性思维，注意引入公民社会这一外部激励因素，形成二者间的有效对接和良性共治。

不过，虽然上海模式有一些缺陷，但它是一个具有中国特色、时代特征和上海特点的社区建设模式，是党领导城市社区建设的典型，对目前党政主导下的社区管理具有较大的借鉴意义，我们不可忽视其历史贡献。

案例 2

沈阳市社区管理的自治探索①

1. 案例描述

沈阳市辖 9 区（其中有 5 个中心城区，4 个城乡两种职能区）、3 县、1 市，共有 112 个街道办事处、141 个乡镇。全市总人口 720 万，其中城市人口 500 万。随着经济社会的发展，沈阳市旧的社区管理体制存在着许多弊端，如职能单一，对社区内涉及居民切身利益的许多问题无力协调解决；规模过小，服务功能不完善；干部年龄老化，不适应新形势下社区工作的需要；缺乏凝聚力和吸引力，居民对社区没有认同感和归属感等。在此背景下，沈阳市在 1997 年开始将社区建设工作提上重要议事日程，通过大力加强居委会建设夯实城市工作的基础。1998 年下半年起，在和平、沈河两区试点的基础上，沈阳全面展开了新社区改革。1999 年，沈阳大力推进社区建设，全市由原来 2 753 个居委会重新划分为 1 277 个社区，适合沈阳市实际情况的基层社会管理体制——沈阳模式初步形成。

沈阳模式的指导思想是：(1) 遵循“社区是我家、建设靠大家”的基本社区理念；(2) 充分考虑国情和市情，借鉴国内外经验；(3) 坚持“小政府、大社会、大服务”的发展方向，建立自上而下政府指导与自下而上大众参与相结合的运行机制，以实现政府的宏观协调与社会发展之间的良性互动。以上述思想为指导，沈阳市重新调整了社区规模，理顺了条块关系，构建起新的社区管理组织体系和运行机制，形成了颇具特色的沈阳模式。

(1) 明确社区定位。

沈阳将社区定位在“小于街道办事处，大于原来居委会”的层面。由于原有居委会规模过小，资源匮乏，若将社区定位在居委会，则不利于社区功能发挥。街道办事处是政府的派出机关，若在街道层面上组建社区，则又影响社区的自治性质。因此，将社区确定在街道与居委会之间的层面上，既可克服这两方面弊端，又有利于社区资源的利用与功能的发挥。

---

① 参见汤晋苏、王时浩：《社区体制改革——沈阳模式专家论证会观点综述》，载《中国行政管理》，2000 (4)；汪大海等：《社区管理（第二版）》，291～293 页；王青山、刘继同：《中国社区建设模式研究》，164～175 页；吴志华、翟桂萍、汪丹：《大都市社区治理研究：以上海为例》，86～94 页，上海，复旦大学出版社，2008。

（2）合理划分社区。

沈阳市以自然地缘关系、资源状况、人口因素和人们的心理认同感为基础，按照“有利于居民安居乐业，有利于社区民主自治，有利于社区资源共享，有利于社区科学管理，有利于社区功能发挥”的原则，将社区分为四种类型：一是按照居民居住地和单位自然地域划分的“板块型社区”，有 976 个；二是以封闭型的居民小区为单位的“小区型社区”，有 99 个；三是以职工家属聚居区为主体的“单位型社区”，有 170 个；四是根据区的不同功能特点，以高科技开发区、金融商贸开发区、文化街、商业区等划分的“功能型社区”，有 32 个。调整后的社区平均规模为 1 246 户，社区内的资源得到了有效配置。

（3）建立新型的社区组织体系。

这个组织体系由决策层、执行层、议事层和领导层构成。“决策层”为社区成员代表大会，由社区居民和社区单位代表组成，定期讨论决定社区重大事项。“执行层”为社区管理委员会，它与规模调整后的居委会实行一套班子、两块牌子，由招选人员、户籍民警、物业管理公司负责人组成，对社区成员代表大会负责并报告工作，职能是教育、服务、管理和监督。“议事层”为社区协商议事委员会，由社区内人大代表、政协委员、知名人士、居民代表、单位代表等组成，在社区成员代表大会闭会期间行使对社区事务的协商、议事职能，有权对社区管理委员会的工作进行监督。“领导层”为社区党组织，即根据党章规定，设立社区党委、总支和支部，充分发挥党建组织的领导和党员的先锋作用，加强社区党建工作。

（4）坚持民主自治。

首先，建立健全组织体系，规范民主自治的载体。其次，明确社区职权。社区具有自治权（社区干部选免权、社区事务决策权、日常工作管理权、财务自治权、不合理摊派拒绝权等）、协管权（协助管理部分行政事务）和监督权（监督政府部门的执法行为、服务情况等）。再次，明确社区职能，社区拥有管理职能、教育职能、服务职能和监督职能。最后，理顺党组织、政府部门、街道办事处、社区、居民之间的关系，改善外部环境，为社区民主自治建立制度和政策保障。

（5）立足服务居民。

沈阳市社区建设的最大特色在于坚持民主自治，因此服务居民是其改革过程中的基本立足点。总体上看，沈阳市各级社区服务居民的主要做法有：通过“低保”扩面，为社区贫困群体提供救助服务；通过健全区、街、社区三级服务体系，发展社区中介组织，为下岗职工、老人、青少年、残疾人等提供服务；通过

建立社区警务室，设置人民调解员，维护社区治安；通过开展文化、教育、体育、科普、法制等活动，丰富社区文化生活；通过开展环境卫生服务，提升社区人居环境。

2. 案例分析

沈阳市作为老牌重工业城市，在经济体制转轨中，把社区作为改革后的“生存空间”，实现社区自治建设的重大突破，是其制度变迁的重要动力。沈阳模式体现了“社区自治、议行分离”原则，符合现代社会民主政治的发展方向。沈阳模式的最大特点是社区组织体系的建设，按照类似于国家政权机构的设置，创造性地构造社区决策层（社区成员代表大会）、执行层（社区管理委员会）、议事监督层（社区协商议事委员会），从而形成了“议行分离、相互制约”的互动运行机制。具体而言，沈阳市的社区改革具有以下特点：（1）克服了将社区定位在居委会和街道办事处的弊端，将社区定位在二者之间，并明确社区成员是社区建设的主体，民主参与、自我管理、自我教育、自我服务是社区建设的生命力。（2）从社区体制改革入手，首先科学定位社区，合理划分社区规模，然后建立相应的组织体系，制定相关的政策、制度，规范社区民主自治，从而形成以现代组织体系为载体、以民主自治为核心、以社区党建为根本的社区建设模式。这在全国是首创。（3）通过组织载体、内部规则体系、外部保障体系理顺各方面关系，立足服务民众、实现民主自治。（4）鲜明的政治性。仿照我国政体结构，实行“一会两委”（社区成员代表大会、社区管理委员会、社区协商议事委员会）制度，类似于人大和政府的关系；探索社区体制与人民代表大会制度对接，如和平区试行人大代表深入选区联系选民，沈河区实行人大常委会在社区聘请人民联络员。

由于这一改革充分发挥了社区成员的积极性，优化了资源配置，提高了运作效能，因而具有鲜明的成效。第一，沈阳市构建了包括一个大会、两个机构和社区党组织为内容的组织体系，既整合了现有力量，也为政府指导、民主参与创造了条件，因此组织体系建设是比较成功的。第二，初步理顺了党、政府、社区与居民的关系，增强了社区自治职能。第三，沈阳市充分认识到社区建设既非单纯的政府行为，也非单纯的民间行为，只有将辖区内的所有资源和力量都动员和组织起来，形成合力，才能共同建设美好社区。因此在建设社区的过程中，沈阳市扩大了对资源的整合，初步解决了社区面临的共同问题，即在单位制解体和人民自由度逐渐增加的今天，如何将城市分散的居民重新组织起来，并为之提供更多更好的服务，满足居民需求，提高居民的生活质量，促进社会稳定。第四，通过建立自律机制、社区公开制度、健全民主政治生活，沈阳市对城市社区民主自治进行了有益的尝试和推动，为我国城市基层政治体制改革提供了借鉴。

然而，沈阳市的社区改革也有一些缺陷，主要是政府角色的“越位”、“缺位”，社区组织及其运行机制有待完善，资金供给与运行机制不健全，社区居民主动参与管理程度不足。这些都是沈阳市需要进一步改进的地方。然而，沈阳市开创的社区民主自治尝试和自下而上的监督机制，是我国社区体制改革中不可忽视的精彩之笔，必将在我国的社区管理中拥有自己的一席之地。

案例3

武汉市江汉区的社区创新改革①

1. 案例介绍

1999年10月，针对居委会职能错位、城市管理体制滞后于经济社会发展，难以适应经济发达、民主进步的要求这一弊端，武汉市江汉区正式启动社区建设。2000年9月，这一实践被命名为江汉模式，即以社区为平台，通过制度变迁，在每一个社区范围内，建立一种政府行政调控与社区自治机制相结合、政府行政功能与社区自治功能互补的社区治理模式。经过12年的发展完善，主要进行了以下改革：

（1）规模调整。

与沈阳模式一样，江汉区首先将社区定位为“小于街道办事处、大于原来居委会”。以此为指导，按1 000～1 500户的规模标准将辖区内的旧社区调整为112个新社区。

（2）机构重组。

仿效沈阳模式，江汉区对原有的社区管理架构进行了调整。改革后的社区管理机构包括领导层——社区党组织、决策层——社区成员代表大会、执行层——社区居委会、议事监督层——社区协商议事会。在机构的产生上，江汉区按照公开公平公正的原则，通过民主选举，产生组建上述机构。尤为重要的是，通过面

① 参见吴志华、翟桂萍、汪丹：《大都市社区治理研究：以上海为例》，94～99页；尹维真：《中国城市基层管理体制创新：以武汉市江汉区社区建设实验为例》，北京，中国社会科学出版社，2003；张平：《中国和谐社区——江汉模式》，北京，中国社会出版社，2010；王青山、刘继同：《中国社区建设模式研究》，175～188页；丁茂站：《我国城市社区管理体制改革研究》，127～130页；汪大海等：《社区管理（第二版）》，293～295页。

向社会公开招聘以及笔试、面试、预选、正式选举等程序，社区居委会成员崭新上岗。

（3）制度创新。

第一，成立社区自治组织。

为了实现社区自治，江汉区成立了社区成员代表大会作为社区的权力机构，同时成立社区协商议事会和居委会，作为社区成员代表大会闭会期间的常设机构和常设执行机构。为了保证居民自治的顺利实现，江汉区推行了以转变、转移、剥离政府职能为内容的改革。社区自治的内容包括：议事会的民主协商、居民小组自治、外来人口管理中的自治、居民公决、居民论坛、社区中介组织参与管理、费随事转的财力保障机制。

第二，转变政府职能。

社区自治的关键在于政府职能转变，江汉区深刻认识到了这一点，因此进行了政府改革和自我创新。改革的原则是：面向社区、重心下移；事权下移、责权利配套；以人为本、资源整合；扩大民主、依法自治。为了减少改革阻力，江汉区采取了“外出学习、深入调查、掌握信息、会议协商、取得共识、制定政策与方案、逐步推进”的改革策略。改革的内容是：

理顺关系。理顺社区、街办、区直部门的关系，社区与区直部门、街办是指导与协助、服务与监督的关系，而不是领导与被领导的关系。

界定职责。将辖区内的公共职能进行划分，明确各自的行动边界。划分后的公共职能包括以下三个部分：街办、区直部门单独负责的，社区单独负责的，区直部门负责、社区协助的。这样避免了权责交叉、相互推诿等弊端，有利于各司其职、权责对等，保证了公共服务职能的顺利履行。

划分权限。通过对各项职权进行重新界定，尤其是明确区直部门、街办、社区的管理权限，规范其运作，使得社区拥有“社区工作者选免权、内部事务决定权、财务自主权、民主管理监督权和不合理摊派拒绝权”，有效保证了社区公共服务、民主自治作用的发挥。

第三，政府与社区互动运行。

为了实现政府与社区的融合，不至于出现各自为政，江汉区创新政府管理，实行了如下措施：改造外部环境，制定相关法律、政策，借助新闻媒体和社会舆论，为社区治理创建适宜的外部环境，减少改革阻力；实行“五个到社区”：人员配置到社区、工作重心到社区、服务承诺到社区、考评监督到社区、工作经费到社区，其特点是任务、人员、经费、目标管理下沉，实现了双重领导和双重监督；通过双向服务承诺制、双向公示制、多形式的功能互补机制、多层次的民主评议和考核机制，实现政府与社区互动；建立社区评议街道和政府职能部门的考核监督机制；发展居民参与网络，对政府部门、街办和社区的工作进行监督。

江汉模式实施后，取得了显著成效，主要表现在：居民生活环境大大改善；居民生活设施、社区安全防护、社区办公设施等公益性基础设施从无到有、从小到大，改善较为明显；社区主体组织完善优化，居民自治组织逐步健全；社区就业、保险、医疗卫生、养老助残、社会救助等公共服务覆盖面扩大，功能增强；基层社层管理趋于有序，居民自治生动多样，居民对政府的满意度和认同度稳步提高。

2. 案例分析

江汉模式是以“明确提出转变政府职能，提升社区自治功能，建立新型的政府调控机制与社区自治机制相结合，政府管理功能与社区自治功能互补的城市基层管理体制”为内容的社区管理模式，在制度上它主要体现在：完成了社区调整划分，社区组织体系得以重构；社区主体组织日趋健全，民间组织逐步发育；社区基础设施逐步完善，空间配置趋于合理；社区服务范围得到拓展，社区服务方式更加多样；社区工作者队伍不断壮大，工资待遇不断提高；政府与社区关系逐步理顺，合作共生的机制逐渐形成。这使得江汉模式具有以下特点：社区建设从转变政府职能入手；理论先行，理论与实践相结合；目标在于创建政府依法行政、社区依法自治相结合的社区治理模式，因而具有较大的借鉴意义。

第一，开辟了中国城市社区建设实验中的体制创新新途径。总体上看，我国城市社区建设有两条途径：一是上海模式所开创的市政府向区政府、区政府向街道办事处、街道办事处向社区让权放利，提升社区自治能力的路径；一是江汉模式所开创的“合理定位各方职能——区街部门向社区放权让利——政府与社区良性互动——推动城市管理体制的变革”路径，这是一种不同于前者的改革策略，自此之后，社区自治、界定职能、各方协同治理的城市社区管理理念，成为我国社区管理与改革的重要内容。

第二，理论与实践结合探索改革道路。在成为社区改革试点地之后，江汉区与华中师范大学城市社区建设研究中心合作，开拓了理论先行、理论与实践相结合的新做法。具体而言，先由华中师范大学社区建设研究中心进行理论研究，再由江汉区把研究成果运用到实践中，同时实践中好的做法也能够及时得到总结和升华。这样，逐步形成了独具特色的江汉模式，实现了理论与实践的完美

结合。

江汉模式带给我们的经验是：社区建设与改革应以创新基层社区治理结构为目标、以理顺权责关系为重点、以机制创新为动力；转变政府职能，理顺政府组织与社区组织的关系；创新模式，在体制中体现“小政府、大社会”理念。不过，江汉模式也有一些问题，比如社区行政化程度较高，社区居民参与度较低，社区公共服务设施配套率不高，这与日益增长的居民需求不相适应，需要在今后的改革过程中不断加以完善。

案例4

北京市石景山区鲁谷社区的管理体制创新[①]

1. 案例介绍

鲁谷地区位于北京市石景山区东部，原隶属于石景山区八宝山街道。随着石景山区城市化进程不断加快，中央、市属有关单位陆续迁入，八宝山街道行政管理和社会管理负担日趋沉重，不能适应经济社会发展的需要。主要表现在：(1) 街道职能模糊，越位错位缺位严重；(2) 区直部门与街道的条块关系混乱，街道有责任无权力；(3) 街道结构臃肿，成本高，效率低。

从2002年年初开始，石景山区用近一年的时间进行相关论证、考察、研究和筹备，先后召开了36次专家学者座谈会，对在全国有一定影响的“青岛浮山后模式”、“南京白下区模式”、“阳小河模式”的经验和做法进行了细致考察研究，还在鲁谷地区进行了居民调查。经过上下结合、专群结合的反复论证，区委常委会于2003年年初最终确定了改革方案。2003年7月18日，根据北京市民政局的京民划［2002］475号文件批复精神，石景山区委、区政府决定在鲁谷街道层面进行“突破式”的管理体制创新，成立鲁谷社区。新成立的鲁谷社区辖区近7平方公里，4万余户，6万余人，社会单位300余家，其中中央部属及市属单位20多家，是北京首家称为“社区”的街道办事处，也是北京市在街道层面上进行城市管理体制改革的试点单位之一。

---

① 参见于燕燕主编：《2007年：北京社区发展报告》，北京，社会科学文献出版社，2007；陈雪莲：《从街居制到社区制：城市基层治理模式的转变——以“北京市鲁谷街道社区管理体制改革”为个案》，载《华东经济管理》，2009 (9)；王勇兵：《从街道管理走向社区治理：鲁谷社区管理体制改革的启示》，载《社区》，2006 (9)；王春杰：《从鲁谷社区体制改革实践探讨城市基层社会管理体制的创新》，首都师范大学硕士学位论文，2009；丁茂站：《我国城市社区管理体制改革研究》，145～148页。

鲁谷社区管理体制改革的基本思路是：理顺一个关系、坚持两个依法、构建三个体系、实现两个归位。具体说，“理顺一个关系”就是通过体制改革，在社区进一步理顺政府、社会和市场的关系，实现“政事分开”、“政社分开”。“坚持两个依法”就是政府依法行政，社区依法自治。“构建三个体系”就是建立坚强有力的社区党的核心——社区党工委；建立精干、勤奋、务实、高效的社区行政管理机构——社区行政事务管理中心；建立充满生机与活力的社区自治工作体系——社区代表会议。“实现两个归位”，一是政府行政管理职能归位，把目前街道本不应该承担的各项带有行政审批和执法的职能，经梳理后归位于政府相关职能部门，建立“责、权、利”相统一的新型“条块”关系；二是将部分社会管理职能归位，把原来由政府直接管理的有关社会事务归还社会，逐步交由社区自治组织和社团组织承担，实现政府、群众自治组织和社会组织的有机结合，共同实施科学有序的高效管理。

具体而言，鲁谷社区管理体制创新主要包括以下三个部分：

(1) 构建社区党的领导、行政管理和社区自治相结合的组织体系。作为区委的派出机构，社区党工委在新体制中处于核心领导地位，内设办公室、党群工作部门，下辖19个居民党组，对辖区内地区性、社会性、群众性工作负全责。作为区政府的派出机构，社区行政事务管理中心内设社区事务部、城市管理部、办公室，对辖区城市管理、社区建设及社会事务实施管理、协调、指导、监督和服务，下辖19个居民委员会。社区代表会议及其委员会作为代表鲁谷社区广大居民和社会单位利益的群众性自治组织，承接政府剥离出来的部分社会事务，监督政府依法行政。其中，社区委员会是这次体制改革的重点，该委员会是社区各居委会、驻社区单位和社区居民推选代表，通过召开社区代表会议选举产生的社区自治组织，是社区代表会议的常设机构，下设社区服务、人民调解、文教体卫、环境卫生、计划生育、共驻共建六个专业工作组和办公室。社区委员会与社区内19个居民委员会、各中介组织和群众团体，构成了一套比较完善的社区群众自治工作体系。

(2) 形成“三部二室一厅”的工作体系和工作机制。与社区三个组织体系相对应，鲁谷社区在机构设置上改革了街道办事处传统的自上而下“一对一”的模式，首先调整政府职能部门在社区的管理职能，将劳动监察、私房翻建审批、文教体卫、殡葬管理、城管、高考报名、体检等专业事务分别移交给劳保局、规划局、社区自治与中介组织、民政局、教育招生考试中心，设立社区统计所，归区统计局垂直领导。在此基础上，鲁谷社区将街道17个科室精简合并为“三部二

室一厅”，即党群工作部（主要负责社区相关党务工作）、城市管理部（主要承担城建管理和综合治理等城市管理职能）、社会事务部（主要承担民政、计生、劳动、文教等社区行政职能）、综合办公室（主要承担原街道行政办和财政科职能）、社区委员会办公室（是社区委员会的常设办事机构，承担社区代表会议闭会期间有关地区性、群众性的日常自治事务）和居民事务服务大厅。

（3）在社区建设的实践中逐渐形成七项运行机制：以社区党建为龙头的主导机制；搭建社区民主平台，形成居民广泛参与的民主机制；以“民生、民心、民服、民安”工程为重点的社区建设服务机制；社会化、市场化运作的城市长效管理机制；以发挥“四自功能”为主要内容的社区建设机制；传播先进文化的精神文明建设机制；社区各类中介服务社会组织的培育机制。

2. 案例分析

鲁谷社区的体制改革主要是对城市行政管理体制的改革，改革的根本原因是现行城市社会管理体制与社会主义市场经济的发展不相适应。利用街道成立的契机，鲁谷将社区概念定位在街道层面，对现行街道管理体制进行深层次改革，从而为我国社区建设进行了创新实践。鲁谷社区新体制的创新点主要体现在：

（1）机构设置新。

新机构取消“街道”二字，冠名“社区”，成立了街道级的大社区。同时根据社区发展需要，在社区内部实行“大部制”，优化了城市基层管理机构，促进了政府工作人员素质的提升。

（2）管理理念新。

鲁谷社区不再延续“以行政为中心”的思想，而是坚持“三由四从”的理念，即由管理型政府向服务型政府转变，由无限责任政府向有限责任政府转变，由单一行政管理向社会化公共服务管理转变；从政府主导的理念转变为还政于民的理念，从政府单一的管理主体理念转变为社会多元合作的理念，从无限责任政府的理念转变为科学、民主、依法行政的有限责任政府的理念，从政府管理成本过高转变为精心计算管理成本的理念。

（3）组织体系新。

在城市基层社会管理组织方面实施了“三驾马车”体系：社区党工委、社区行政事务管理中心和社区代表会议（社区委员会）。特别是在全市率先设立了群众自治组织——社区代表会议（社区委员会），并通过社区代表巡视制度、议政听政制度、建议议案制度等一系列制度，切实保障社区代表和委员参与社区管理、决策、监督的权利。

鲁谷社区体制改革的意义在于：创建完善社区群众自治工作体系，强化社区自治；政府职能转变，减少政府层级，节省行政成本，提高管理效率；理顺政府、社会、市场在社区中的关系。因此其值得借鉴的地方在于：创建大部制，改革街区社区管理体制；理顺政企关系、政社关系。

不过，鲁谷社区的体制创新也存在一些问题，比如，机构精简后出现一人“身兼数职”、“超额工作”的情形，这如何保证政府职能的正常履行，并培育出社会组织以承接政府转移或剥离出去的职能？如果社会没有培育出相应的承接主体，政府机构就存在着反弹的可能。再比如，社区的核心内容是民主自治，如何细化社区代表会议制度，提升社区民主水平，也是现有体制下亟待解决的难题。

第四章 社区管理的创新实践

第一节　基本原理

一、管理体制创新实践

在我国的社区建设实践中，许多城市根据其城市规模、管理体制以及社区建设的实际情况，创造性地探索出了各具特色的社区管理新体制。其中，比较典型的是以上海市卢湾区为代表的政府主导型体制、以武汉市江汉区为代表的综合型体制和以沈阳为代表的自治型体制。[①]

（一）政府主导型管理体制创新

这一模式的特点是：第一，政府组织是社区治理的主体，居委会被纳入政府体系中，其独立性和法律所规定的自治性都受到限制，街道办事处掌控居民委员会选举、经费来源和工作任务划分等社区管理的重大事项。第二，政府承担着对社区治理的无限责任和所有风险。第三，社区治理的方式主要是以行政管理手段为主，政府通过对组织与资源的控制来达到治理的目的。第四，社会组织尤其是具有一定独立性的非政府组织的发展受到了限制，其服务功能得不到有效发挥。第五，社区居民参与社区活动的主动性差、热情不高。

政府主导型的改革以上海市卢湾区五里桥街道为代表。在那里，社区被定位于街道，街道办事处的权力得到加强，“两级政府、三级管理、四级网络”的组织体制和“以块为主、以条为辅、条块结合”的管理机制得以形成，而日常管理是依靠领导系统、执行系统和支持系统实现的。

政府主导型管理体制的产生有其独特的背景：第一，单位制是政府控制社会及其成员的主要形式，单位承担了其社会成员的就业、住房、福利、教育等一切

① 参见魏娜：《我国城市社区治理模式：演变与创新》，载《中国人民大学学报》，2003（1）。

职能，社区只是“补单位之缺、拾单位之遗”。第二，政府与社会的关系表现为强政府、弱社会。第三，城市政府多采用层级管理的方式，对基层社区进行具体和微观的管理。这种体制能够发挥政府组织动员社会资源和社会力量的能力，在短时间内体现社区建设效率，但是这种模式对社区自治能力的提高和社区建设的深入开展是不利的。

（二）综合型管理体制创新——政府推动与社区自治相结合

这一模式的特点是：第一，社区治理的主体由政府组织扩展到社区内的自治组织与非政府组织。第二，社区自治组织在法律规定范围内的权利得到体现，社区自治能力得到加强。第三，社区的资源投入以政府投入为主、社会组织投入为辅，并逐渐增加多渠道的资源投入。第四，建立在半自治半行政基础上的社区委员会是社区组织的主体，它是联结政府与社区的桥梁与纽带，政府组织的权威与社区组织的权威共同发挥作用。第五，社区群众参与社区管理者的选举、社区公共事务的决策以及社区公益活动的热情普遍提高，社区参与的范围更加广泛。

综合型管理体制创新以武汉市江汉区为典型。在江汉区，社区首先按照沈阳的思路被进行了重新划分，并建立了与其类似的组织管理体制。与沈阳不同的是，江汉区吸收了上海模式的精髓，对政府职能进行了重新调整，明确规定社区与区直部门、街办是指导与协助、服务与监督的关系，而不是领导与被领导的关系，而且分清了三者的职责权限。

（三）自治型管理体制创新

这一模式的特点表现为：第一，社区组织真正成为承担社区公共事务管理与决策的主体。第二，政府与社区共同承担社区资源提供的责任，并逐渐培育吸取社会资源的能力。第三，社区民主政治高度发达。第四，社区治理主体间是一种平等合作的网络型关系。

自治型改革最先由沈阳市提出。在沈阳，社区被定位为“小于街道办事处，大于原来居委会”，且其规模根据自然地缘关系、资源状况、人口因素和人们的心理认同感等进行了重新划分，并建立了由决策层、执行层、议事层和领导层构成的新型社区组织体系。最重要的是，沈阳率先提出以服务居民为核心，理顺各部门关系，赋予社区自治权、协管权和监督权，实现了社区的自我治理。

自治型管理体制是我国城市社区建设的终极目标，不过实现这一目标还有许多障碍需要克服。例如，在政府主导的大背景下，如何划分政府行动与社区自治

的边界。再如，即使边界清晰了，如何在日常运作中真正做到不越界。这些都是考验政府管理智慧的难题。

二、管理与服务方式创新实践

除了体制机制创新，在长期的实践中，我国还形成了一系列有特色的社区管理与服务方式的创新。

（一）政府自身的调适行为

面对社区的蓬勃发展，政府自身也在努力进行调适，以适应这一形势。政府自身的实践主要包括：设置社区公共服务工作站或社区服务中心；推行为民服务代理模式。

1. 设立社区公共服务工作站（中心）

社区公共服务工作站（中心）的设立源于居委会干部的数量十分有限，而社区要处理的事务却越来越多。目前，各地设置社区公共服务工作站（中心）的做法不尽相同，但根据社区公共服务工作站（中心）与社区居委会、街道办事处以及政府职能部门的不同关系，可以归纳成以下五种模式：

（1）分设模式。这种模式以深圳为代表。2005 年 2 月，深圳市下发的《深圳市社区建设试行办法》规定，在社区设立社区公共服务工作站。新设的社区公共服务工作站完全独立于社区居委会，二者分别负担不同职能。社区公共服务工作站是区政府社区建设委员会通过街道办事处设在社区的工作机构，是政府在社区的服务平台；社区居委会则是由居民依法选举产生，实行民主选举、民主决策、民主管理和民主监督的社区居民自治组织。目前深圳已全部建立了社区公共服务工作站。上海、北京市朝阳区也模仿这一做法，在社区设置社区协管办公室。

（2）下属模式。这种模式以北京市西城区为代表。2003 年年初，北京市西城区《关于在全区范围内推进社区居委会管理体制改革试点工作指导意见》明确在社区推行“两会一站”（社区成员代表大会、社区居委会和社区公共服务工作站）管理体制和运行模式。该模式的特点是社区公共服务工作站是社区居委会的工作机构，两者是领导和被领导的关系。大连、广州、宁波、南京、常州和青岛等地的部分城区的社区公共服务工作站也采用这种模式。

（3）条属模式。这种模式以社区警务站、社区卫生站最为典型。这种社区公共服务工作站实质是职能部门在社区的外派办事机构，其工作人员由职能部门派出，并由派出单位考核、管理，工作站经费由派出机关供给。社区居委会和工作站相互协助、配合，社区公共服务工作站接受社区居委会的指导和监督。除了社区警务站、社区卫生站外，近年来，劳动保障工作站、外来人口管理部门、工会、青联、妇联等部门也纷纷在社区设置工作站，提供相应的服务。

(4) 专干模式。这种模式的特点是由基层人民政府或街道办事处出钱聘用社区专职工作人员，并与经居民选举产生的社区居委会成员一起办公，有的地方的社区专干是在社区居委会的领导下从事某一专项工作。如2003年宁波市海曙区出台的《海曙区社区专职工作者管理办法（试行）》规定，社区居委会从本社区居民中差额直选产生；社区居委会下设办公室，工作人员由社区专职工作者组成；社区专职工作者由社区居委会聘用，政府承担人力成本，主要承担居委会交办的自治性工作以及政府下达的相关的公共管理和服务工作。目前，聘用社区专干的方法已经被各地普遍采用。

(5)"三位一体"模式。这种模式就是使社区公共服务工作站与社区党组织、社区居委会形成"三位一体"的社区管理格局。其最大的特点是吸取了上述四种模式的长处，避免了其弊端。主要特点是：交叉任职、分工负责，条块结合、合署办公。杭州是这一模式的首创者。

2. 推行为民服务代理模式

为民服务代理是政府自我调适的另一种尝试。最早推行这种方式的是浙江省玉环县，目前，许多社区都实行了这一制度。所谓为民服务代理，即在每个社区设立专职代理员，由专职代理员以全权代理、陪同办理或代言的方式向个人或单位提供各类公共服务。代理员主要由各级政府的党员干部组成。为了保证代理服务的效果，各地采用了以下三大措施：第一，设置了代理服务中心、代理服务站和代理点，形成了层级节制的代理网络；第二，明确代理事务的处理流程，即申请受理、分类承办、及时回复；第三，建立问责机制，主要措施有：(1) 划分服务单元，明确职责范围；(2) 优化代理服务流程；(3) 建立登记备案制、首问负责制、服务承诺制、服务跟踪制和失责追究制。为民服务代理是克服官僚主义弊病，为社区居民提供灵活的、个性化的、成本更低质量更高的公共产品和服务的一种有效方式，有助于构建无缝隙的社区公共服务平台，提升社区服务品质，值得基层社区普及推广。

（二）制度安排与具体供给方式创新

除了上述政府组织自身的改革外，我国的社区服务在制度安排与具体供给方式上还采取了下列创新举措：

1. 政府与民间组织合作生产

上海罗山会馆的实践是这方面的典型。在社区建设中，将国家投资的公共设施委托给民间社团经营，以满足社区居民公共的需求，是上海市浦东新区社会发展局思考的重点问题。1996年，社会发展局与上海基督教青年会（简称青年会）签署协议，将罗山会馆正式委托给青年会运营和管理，开创了“政府主导、各方协作、市民参与、社区管理”的模式。罗山会馆的特色在于“社团托管、契约生产；分类管理，志愿参与”，它开创了民间组织与政府合作提供社区公共服务的先例，成为社区服务供给中不可回避的典型实践。

2. 特许经营与公私伙伴关系

这种模式的特点是：城市社区建设重视市场的力量，采用市场化运作手段，实现社区管理的企业化和公共服务的社会化；将企业效益与社区服务融为一体，思想道德建设与为群众办实事融为一体，社区党建与群众自治融为一体，物质文明建设与精神文明建设融为一体；在此过程中，政府的作用主要是宏观规划和指导，社区建设的主要实施者是企业主导，而作为服务的享受者，群众发挥监督作用。武汉市百步亭社区即是这一模式的典型。

3. 社区居民自发提供

这种方式一般发生在那些辖区内既没有大型企业，也没有闲置的土地用于商业开发，而居民中特殊群体和民政服务对象比例又比较高的社区中。为了解决社区服务的融资难题，一般由基层政府倡导组织成立慈善会，赋予独立法人地位，负责募集社会资金，组织社区互助，为辖区内的贫困人口和全体居民提供相关服务。自发提供不仅解决了社区服务资金短缺的问题，提高了辖区居民的生活质量，还有效利用了社会闲散资金，弘扬了慈善意识，促进了邻里互动，培育了自组织的环境氛围，效果堪嘉。

4. 政府购买服务

这一模式是指由基层政府向符合条件的非营利组织或企业购买特定的服务，后者负责向特定的群体提供规定的服务。其特点可概括为：政府倡导，与相关方签订协议，明确所购买的服务的种类、数量、提供方式、时间安排、品质要求等；符合资质者提供具体的服务；居民享用服务，监督服务提供者和政府的行为；社会参与。宁波市海曙区政府购买居家养老服务即是这一模式的典型。

5. 志愿者与志愿服务

志愿服务是一种发自内心、心甘情愿的付出，目的是实现个人的内在价值，其动机是利他主义、社会参与、需求满足和自我提升。中华民族很早以来就有民间邻里互助的传统，随着城市化的发展，现代都市间人际关系日益疏离和冷漠，因而“大公无私”式的志愿服务更加难能可贵。目前，社会救助、慈善活动、就业、治安管理、文教卫生、环境保护、突发事件、心理咨询、老年人服务、未成年人服务、残疾人服务、流动人口与优抚对象管理等是我国社区志愿服务的重点领域。总体上看，我国的志愿服务活动有以下特点：组织性比较强；志愿服务纳入社会服务的系统内，并与政府有关服务组织挂钩；民间自发的志愿服务逐步增多，并日益发挥重要的作用；志愿人员以青年为主。

6. 技术支持与信息化管理

社区管理网格化是这一创新的典型做法。所谓网格化，即以“责任制”为依托，按照完整、便利、均衡和差异性的原则，综合考虑“人、地、物、事、组织”等因素，将社区划分成若干小网格，每个网格配备管理员、网格民警、网格助理员等管理力量，由其为格内居民提供“精细化”服务的一种社区管理方式。网格管理以先进的信息技术和覆盖全面的监管网络为基础，借此，管理者可以清楚全面地了解社情民意，达到维护治安秩序、排查化解矛盾、提供流动人口服务等目的，是工具理性优先和管治思维的一种体现。不过，在社区人口异质性强、社区事务纷繁复杂的现状下，这一技术创新措施的积极作用要更大一些。目前，网格化管理被很多地方采用，尤其是在城乡接合部和环境比较复杂的社区，这一技术手段的运用更加广泛。

第二节　典型案例

案例 1

深圳市盐田区社区改革[①]

1. 案例描述

1998 年 3 月，深圳市盐田区成立，面积 73 平方公里，人口 20 多万。经过不断调整，现辖沙头角、盐田、海山、梅沙 4 个街道办事处，17 个居委会。从 1999 年开始，盐田区就开始以创新公共服务型政府、提高行政效率为动力，以探索理顺政府与社区关系为主线，以构建、归位政府组织和公民自治组织的社区管理体组织为内容，对社区治理体制进行了三次改革。这三次改革分别是：

① 参见侯伊莎主编：《透视“盐田模式”——社区从管理到治理体制》；汪大海等：《社区管理（第二版）》，295～300 页；侯伊莎：《激活和谐社会的细胞——“盐田模式”制度研究》，北京，中央编译出版社，2007；丁茂站：《我国城市社区管理体制改革研究》，131～136 页。

1999—2001 年，居委会与其所属企业分离；2002—2005 年年初，以“议行分设”原理为指导构建“一会两站”的管理体制，但此时会、站还未完全分离；从 2005 年开始，推行“会站分离”，居委会、工作站、服务站分别履行自治、行政、服务职能。至此，盐田区的社区治理改革基本成形。尤其是 2005 年开始的第三次改革，呈现出两大亮点：第一，“议行分离”的“一会（分）两站”模式正式形成；第二，真正在全区范围内把社区居委会直接选举的提名权交给居民。总之，盐田模式的改革逻辑是：根据“议行分设”和“会站分离”理念，分解原来由居委会承担的基层行政、自治、服务职能，创建与居委会平行的组织——社区工作站和居委会下属机构——社区服务站，将居委会改造为居民直选的、主要履行社区自治组织功能的机构，从而形成了“一会两站”的社区管理体制。改革后的社区组织框架如图 4—1 所示：

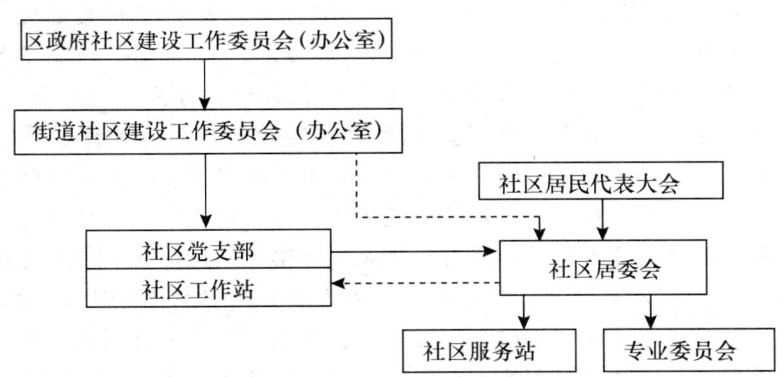

图 4—1　盐田区“一会两站”分离的社区组织结构图

注：实线箭头表示领导与被领导关系，虚线箭头表示指导与被指导关系。

那么，三个机构的性质和职责分工是什么呢？下面逐一进行介绍。

（1）社区居委会。

社区居委会在性质上是由居民依法选举产生，实行民主选举、民主决策、民主管理、民主监督的社区居民自治组织。社区居委会在社区党组织的领导下，充当居民权利的表达者和维护者，是居民权益保护性机构。其主要功能是充当政府组织、社会中介组织与居民之间的桥梁，将居民的权利要求转达给政府组织和社会中介组织，并代表居民对政府组织、社会中介组织的行为进行监督。

社区居委会的主要职责包括如下几个方面：协调社区有关组织和单位，通过开展各类活动，培育社区居民“团结、公平、互助、责任”的社区精神，逐渐在社区形成“关心、支持、参与”的良好风尚；对社区各项重大事务进行调研、评议、决策和监督；收集并反映社情民意，对居民权利进行表达和维护；进行宣传教育，发动居民参与社区公共事务和公益事业，监督社区公共服务设施的使用情况；就社区重大事项向政府组织和社区居民代表大会报告，参与向居民提供社区服务的项目及其财政预算，接受居民及居民代表大会的监督；按照“费随事转”或自愿原则，协助社区工作站做一些临时性、突发性、需居民协助完成的有关工作；组织残疾人、妇女、职工、青少年、业主、志愿者等各类专业委员会及其活动。

社区居委会的工作方式包括五方面内容：第一，社区居委会成员由居民依法选举产生。一般根据社区人口数量，由5～9人组成，逐步实行兼职化、属地化管理，主要工作通过召开议事会议和开展各项活动来进行。第二，制定各种有利于增强自治的规章制度，如居务会议，居民代表大会，居务、财务公开，调研、议事、决策、监督和公示等，调动居民参与社区活动及与各方协调等方面的制度；约束和规范自身代表居民利益的行为，在上述规章制度报经居民代表大会同意后，依照各项国家法律、社区制度规定和居民同意的原则，独立自主地开展各项工作。第三，对社区工作站等政府组织和社会组织完成交办工作的情况进行监督。第四，每年至少召开一次社区居民代表大会，对社区居委会的工作进行考核。第五，探索建立社区“评议会、协调会、听证会”的三会制度，即由社区居委会负责召集，街道办事处和各有关职能部门进行指导，对事关社区建设和居民群众利益的有关工作进行考核评议；对社区成员之间的公益性、社会性事务和一般矛盾、利益冲突进行协商解决；对政府有关部门或社区居委会在社区实施的项目和涉及群众性、社会性、公益性的重大工作在决策前进行听证，提出具体意见，使社区居委会由“听命令做动作”转向“听民意作决策”。

（2）社区工作站。

社区工作站在性质上是区政府社区建设工作委员会通过街道办事处设在社区的工作机构，是政府在社区的服务平台。它在行政上由街道党工委（街道办事处）管理，业务上由区民政局及各相关职能部门指导。社区工作站的主要工作职责包括如下五个方面：在街道党工委（街道办事处）领导下，协助完成政府各职能部门交办的各项需社区协助的行政事务，主要包括社区组织、社区卫生、社区环境、社区治安（社区安全）、社区文化和社区计生等6大项22小项工作，及所有政府常规性、临时性及突击性的各类下沉到社区的工作；实行“一门式”服务，为辖区居民提供政务服务；结合本社区实际，开展创建特色社区活动，探索具有特色的社区发展道路；对本社区公共事务进行日常管理；协助社区居委会处理各项居民公共事务。社区工作站的运作方式是按照区政府相关职能部门的要求，参照事业单位和政府工作部门的工作模式，依法、依规范运作。

（3）社区服务站。

社区服务站隶属于社区居委会，是为社区居民提供各种社会服务的民办非企业组织，属于非营利机构，利润只能用于本社区的公益事业和事务。社区服务站的主要职责包括三方面内容：根据居民的需求和就近原则开展便民利民、提高居民生活质量的低偿服务；按照政府购买服务项目的方式为群众提供社会福利、社会保障、社区残疾人服务、社区老人服务和其他社会公益性服务等无偿服务；指导社区安老、助残、文体等各类社区服务组织和队伍开展活动。社区服务站的经营范围包括图书室、健身室、棋牌室、培训室、星光老人之家、家政服务、中介服务、治安保卫、卫生环境等各类满足社区居民需要的服务项目。

总之，“一会两站”分离的盐田模式是新时期我国社区管理的一次有益尝试，它初步实现了社区内行政、服务、自治功能的合理划分，为居委会的未来发展提供了选择样本，是基层政府社会管理创新的一次壮举。

2. 案例分析

盐田改革之所以能够推行，是与下列因素密切相关的：第一，盐田区历史上自治传统较为浓厚，丰富的客家文化诞生了密切的人际关系和发达的社会资本，而且盐田人有较强的权利意识和成功的自治经验。第二，盐田与香港一街之隔，受其价值观和选举文化影响较大。第三，盐田区成立较晚，历史包袱很轻，改革的阻力较小，而且有一批敢于创新、勇于担当的政府公务员队伍。

总体上看，盐田模式的最大特点在于构建了合理有效的分权机制和分利机制。分权机制是指构建“一会两站”分离的治理模式，实现了政府与社区边界的清晰界定；分利机制是指成功实现了社区“一会两站”与政府间财政关系的合理划分，使得“一会两站”拥有了较为独立的财政自主权，拓宽了其经费来源，并用相关的制度界定了工作人员的地位、工资待遇和办公用房的产权、利益分享。因此，盐田模式取得了较好的实践绩效。第一，在政治层面，强化政府的公共服务职能，培育发展社区自治基础，建立政府与社会间的分权分利机制，探寻二者间的和谐共生路径，实现了政治控制与民主发展、政治治理与自主治理的有机统

一。第二，在行政层面，政府执行力提高，行政成本降低。第三，在社会层面，社区居委会从“听命令做动作”向“听民意作决策”转变，自治能力增强；社区精英的角色意识较为明确，实现了对民众负责；居民公共生活质量提高。第四，在政府与社区关系层面，政府与社区的协商共治关系、基层政府与社区居委会的合作关系、社区工作站与社区居委会的伙伴关系得以确立，从而践行了“强政府—强社会”的政社关系模式。

案例 2

北京市东城区的网格化社区管理实践①

1. 案例介绍

将大社区划分成若干小网格，每个网格配齐管理员、网格民警、网格助理员、督导员、支部书记和司法员、消防员七种力量，为格内居民提供“精细化”贴身服务——2010 年 7 月，一种全新的“网格化”社区管理新模式开始在北京市东城区试行。

所谓网格化社区管理模式，是以“责任制”为依托，按照完整、便利、均衡和差异性的原则，以社会各类人的管理为重点，合理划分网格管理单元，综合考虑“人、地、物、情、事、组织”等因素，进行精细化管理的一种方式。在推行网格化管理的过程中，东城区将全区的 205 个社区划分为 589 个管理网格，同时通过参考近三年网格内的治安、人文等状况，将工作网格确定为秩序“良好、一般、混乱和问题突出”四个等级。在此基础上，每个网格均配齐七类人员——网格管理员、网格民警、网格助理员、网格督导员、网格支部书记、网格司法员、网格消防员，分工承担在网格内了解社情民意、维护治安秩序、监督环境整治、排查化解矛盾、落实社区矫正和安置帮教以及服务人民群众等职责，并做好流动人口、社会组织等管理和服务工作。其中，网格管理员即“网格长”，是网格的第一责任人；网格助理员则来自整合后的各部门协管员，专门负责信息搜集和问题排查等。

---

① 参见《“精细化”贴身服务到社区 北京东城社会管理“网格化”》，见 http://news.sohu.com/20110403/n280122652.shtml，2012-05-23；黎江、董轩：《北京东城区试点“网格化”管理 信访量下降》，见 http://news.163.com/11/0303/12/6U7KV43M0001124J.html，2012-05-23；余荣华、魏薇：《北京东城实行网格化管理 细化社区居民服务》，见 http://www.chinanews.com/sh/2011/09-20/3340014.shtml，2012-05-23。

与此同时，东城区逐渐完善了网格化社区管理模式的框架体系。该体系由六大系统组成，即以民生保障为基础的建设服务系统，以现代科技为依托的信息网络系统，以高效顺畅为要求的组织指挥系统，以预警防范为先手的维稳防控系统，以快速反应为特征的应急处置系统，以真实客观为标准的考核评价系统。网格化社区管理的组织层级可以概括为："三级平台"，即区社会服务管理综合指挥中心、街道社会服务管理综合指挥分中心、社区社会服务管理综合工作站；"四个层级"，即区级、街道级、社区级、网格级，也可称为网纲、网目、网结、网格。

目前，东城区的工作网格划分工作已经基本完成，以"人、地、物、情、事、组织"为核心的9大类64项基础信息数据库也已初步建立，东花市、东直门、建国门三个试点街道的网格管理员、督导员和支部书记均已到位，按照每个网格至少一名网格助理员的要求，东城区正在积极整合流动人口、计生、工会、人保、司法等方面的协管员力量。

网格化管理实施后，信访总量和集体访量下降，社区服务更加便捷，社区更加安全，居民幸福感提升。例如网格化管理实施后，东城区万人和百户发案率均为北京最低水平。尤其是2011年春节期间，东城区以网格为作战单元，细化责任区，充分发挥"三级平台"、"四级管理"、"七支力量"的作用，确保了节日期间安全保卫和社会面防控工作组织协调到位、力量配备到位、责任落实到位、措施部署到位。东花市、东直门、建国门三个试点街道实现安全工作"零事故"。全区火警、火灾数量同比分别下降61%、81%，是全市唯一实现火警、火灾数量下降的区县。

此外，仅7个月，东城区就通过网格搜集社情民意信息8 400条，化解矛盾纠纷630起，排除案件8 400多件，为民办实事6 700余件，消除各类安全隐患300余起，真正做到把服务民生落实到网格，把排忧解难落实到网格，把人民内部的矛盾排查化解落实到网格。

晚上9点多，北京市东城区枣苑社区4号楼的居民们已经准备休息，可不知从哪儿传出的一股煳味正在楼内慢慢飘散开来。"咚、咚、咚"，急促的敲门声使张京的神经一下子有点紧张。打开门，家住15楼的邻居老太太正站在门口，焦急地问是不是楼里面着火了。张京迅速招呼网格长杜素云和民警、物业人员，并把情况向社区居委会书记进行了汇报。作为网格支部书记，张京必须为其所在的社区负责。与此同时，又有几户居民反映"着火"了。张京和杜素云等人顺着味道一层层找下去，发现问题出在楼内地下室：地下室出租房内，一住户正在使用电锯，堆在地上的锯末由于温度很高发出了焦煳的味道。张京和杜素云立即制止了该住户的行为，并联系网格民警到场，要求该住户停止在地下室使用电锯的行为，令其限期进行整改。就这样，短短半个小时内，一起可能造成严重火灾的隐患就顺利被排除了。

除了为居民排查各类隐患外，网格管理的另一大职责是化解矛盾纠纷。2010年10月11日下午，东直门街道东外大街社区综合工作站突然走进两位怒气冲冲的居民，要求居委会为自己的老父亲讨个公道。原来，两人的老父亲当天上午在小区内遛弯儿，突然被小区8号楼上掉下的一块碎玻璃砸伤。可这“飞来横祸”竟然不知道是谁家的玻璃造成的。为了查清玻璃的来源，8号楼所属的社区三号网格的管理人员集体出动，除了格长外，网格支部书记、格警、治安志愿者等一起在8号楼开始了挨家挨户的搜索。整整半天，玻璃的“出处”终于在吴某家被找到，而对碎玻璃的事情，吴某还丝毫不知情。查清事实后，格长、书记和小区物业人员立即陪同吴某来到受伤老人的家中，向老人赔礼道歉。经过耐心的调解，两家人之间因无意而产生的纠纷被化解于无形。

类似这样的矛盾纠纷化解，在社区网格内几乎每天都有。仅东直门街道开展网格化社会管理试点3个月内就成功化解了矛盾453起，信访量比去年同期减少了近52%。

除了矛盾化解，为老人服务、环境管理等各个方面，网格化管理的作用也都正在显现。在东外大街，划分网格时居委会对每个网格的特点进行了充分的研究，并在此基础上明确了网格工作重点。例如，社区一号网格以老旧楼房为主，管理难点在于邻里矛盾多，因此社区就安排了居委会内专门负责治保、调解的副主任任格长，并组织网格内的党员成立了“邻里调解小分队”；三号网格内老年居民多，社区内负责老年福利工作的主任顺理成章成了三号网格的格长，格内还成立了“爱老助老服务队”，重点做好老龄工作。

在网格化管理过程中，最大的变化是改变了过去条块分割的局面。在过去，居委会干部的职责都是按“条”划分，有的管民政，有的管计生，有的管综治。而下到“格”里之后，社区不仅要管“条”上的事情，还要管“格”里“块”上的事情，因此网格化管理事实上对社区干部的工作要求更全、更细。而这样一种化整为零的精细管理模式，不为社区留下一个死角，其积极作用很快显现出来。例如，以前的社区民警一般一人管一个数万人的大社区，网格化之后其主要职责缩小到社区的五个网格，管理范围大为缩小，注意力更加集中，真正构建了蛛网式的社会安全网，许多潜逃犯、通缉犯就是这样被抓住的，社区治安明显

好转。

事实上，网格化管理能够发挥如此巨大的作用是与其精湛的技术支撑系统分不开的。作为这种全新的管理模式的有力保障，东城区网格化社区服务管理模式引入最先进的现代科技，构建了一个天上有云（云计算中心）、地上有格（社会管理网格）、中间有网（互联网）的新型社会服务管理信息化支撑体系，极大地提高了社会服务管理工作的预警性、主动性和协同性。其中，通过建立7大类、32小类、170项信息、2 043项指标的基础信息数据库，实现“人进户，户进房，房进网格，网格进图”的工作目标，确保底数清、情况明；严谨梳理29个部门的118项业务流程，打造了“六步闭环结构”；通过建立街道社会服务特服号码和公众微博等信息技术平台，实现与辖区居民的互动交流。

“您有一条新消息。”在东直门街道社会服务管理综合指挥分中心的三维立体地图上，突然弹出一个对话框。分中心工作人员点击这条新消息后，屏幕上一张填写清楚的信息表格马上显现出来，报告在东外大街社区某处存在着堆放建筑垃圾的现象，需要街道社会服务管理综合指挥分中心帮助协调解决。接到报警后，分中心系统可以自动辨别出事发地点，随即通过控制监控探头，调取事发地的监控画面。而与此同时，预存在系统内的4大类29小类处理预案则与报送的事由完成了自动匹配，弹出解决此类问题的最佳方案。为什么能够这么快地给出解决办法呢？实际上，这是PDA信息采集机的功劳。按照管理流程，网格管理员如果在工作中发现突发情况，需要街道进行统一调配和处置的，就可以利用PDA装置进行拍照，并选择事件类别，填写相关信息，然后轻点“上报”按钮，信息便会直接发送至街道的综合指挥分中心。分中心一般下设社会服务组、矛盾纠纷调解组、治安防控组和城市管理综合执法组，接到任务单后，小组会根据自己的职责分工及时进行处置。这套功能强大的信息系统，大大提高了社区的办事效率，为社区管理立下了汗马功劳。

2. 案例分析

东城区的网格化社区管理实践之所以能够取得巨大的成就，其原因在于：

（1）科学分“格”。

这是东城区网格化管理能够成功的首要因素。东城区不是根据现有的社区界限或个人偏好划分网格，而是以“责任制”为依托，按照完整、便利、均衡和差异性的原则，以社区各类人的管理为重点，综合考虑“人、地、物、情、事、组织”等因素，合理划分网格管理单元。这样，全区205个社区被分为589个社会管理网格。不仅如此，东城区还参考网格内近三年的治安、人文等状况，将工作网格确定为秩序“良好、一般、混乱和问题突出”四个等级，分门别类地确定工作重点和管理策略。这样一种精细化、科学化的分工模式，符合古典管理学家科学分工的要求，因而有助于确立工作范围，明晰工作职责，为社区管理的成功打下了良好的基础。

（2）制度保障。

仅仅科学划分网格，而没有相应的制度作保障，划分得再精细再科学的网格也无法超越现有社区的功能，甚至可能比现有的社区更差。鉴于此，东城区从两个方面完善了相关制度。第一，为网格配备精干的人力资源系统，即网格管理员、网格民警、网格助理员、网格督导员、网格支部书记、网格司法员、网格消防员，他们分工承担网格内各项职能，这是网格化管理能够取得成功的人力保障。第二，完善组织体系。即“三级平台”、“四个层级”，这是网格化管理的组织保障。第三，逐渐完善了网格化社区管理模式的框架体系——六大系统，这是网格化管理的支撑系统，缺一不可。

（3）技术支撑。

这是网格化管理系统快速反应、精确管理的关键。东城区通过引入先进的计算机信息管理技术，构建起社会服务管理的信息化支撑体系，建立了完备的基础信息数据库，实现了“人进户，户进房，房进网格，网格进图”的工作目标。这样一种数量庞大、内容全面的数据库，为社区应急管理和日常事务的处理储备了丰富的案例库，使得管理人员能够迅速找到问题的解决办法，且出错率较低，提高了社区管理的灵活性、科学性。

（4）责任明确。

东城区社区管理能够成功的最后一个原因是责任明确。首先，七种社区力量各有分工，保证了责任制的实施。其次，每种力量管理的范围大大缩小，因而能够集中精力，快速应对各种难题。最后，改变了过去社区实行的条块分割的管理模式，新的“格”不仅要管“条”，还要管“块”，一定程度上避免了条块分割带来的推诿扯皮、效率低下现象，因而责任机制更加完善。

总之，由于科学分“格”、制度健全、技术先进、责任机制明确，东城区的网格化管理取得了巨大的成功，社区服务更加精细，社区管理鲜有死角，治安形势明显好转，邻里关系、社区认同大幅提高，居民的幸福感不断攀升，较好地实现了“加强社会建设，全面改善人民生活”的社会管理目标，是新形势下我国社区管理的一大创举。

案例3

浙江省宁波市海曙区的社区创新实践[①]

1. 案例介绍

海曙区是浙江省宁波市的中心城区，系宁波市政府所在地，也是全市政治和经济中心。截至2009年年末，全区面积29.4平方公里，下辖8个街道，74个居委会，户籍人口304 633人，地区生产总值358.17亿元，人均117 204元。一般财政预算收入50.45亿元，其中地方财政一般预算收入32.52亿元。海曙区现代服务业发达，第三产业所占比重超过80%。从2003年开始，海曙区开始了现代社区管理体系的创新之路。

(1) 建立现代社区制度。

选聘分离。主要包含社区居委会直接选举制度和聘用职业化社区工作者。其操作流程是：社区居委会由本社区成员组成，经居民差额直选产生；社区居委会下设办公室，工作人员由专职社区工作者组成，由社区居委会聘用，政府提供成本，主要承担居委会交办的自治性工作以及政府在社区层面的相关公共管理和服务工作。

居委会直选。2003年3月至11月，海曙区在全部59个社区进行了社区居委会直接选举，共有167 693名选民参加了选举，平均参选率88.5%。首次选举共选出社区居委会成员503人，社区居委会主任59名。2006年，海曙区再次全面开展社区居委会直接选举，平均参选率为91.85%。为了规范选举程序，海曙区对社区选举委员会推选、居民代表和居民小组长推选、选民登记、候选人提名和确定、候选人竞选、投票选举六个环节作了详细规定。在操作细节上，海曙区也有所创新，例如成立选举智囊团、候选人与选民全方位接触、投票日不开任何大

---

① 参见宁波市海曙区统计局：《海曙统计年鉴》，见 http://hstjnj. haishu. gov. cn/hsnj/Profiles/2010/index. htm，2011-09-18；厉云飞、黄瑞瑞：《选聘分离：我国城市社区治理的体制创新——以宁波海曙区为例》，载《宁波大学学报（人文科学版）》，2009（6）；黄卫平、汪永成主编：《当代中国政治研究报告（第7辑）》，北京，社会科学文献出版社，2009；陈伟东、李雪萍：《社区公共安全体制创新：从分割管理到整合治理——以浙江省宁波市海曙区“一块三统”的整合治理模式为例》，载《社会》，2002（12）；李雪萍、陈伟东：《社区管理：多元互动网络——以宁波市海曙区郡庙社区为例》，载《社会主义研究》，2002（3）；张国强、彭朱刚：《宁波海曙区创新社会管理的做法和启示》，载《政策瞭望》，2011（2）；吴玉霞：《政府购买居家养老服务的政策研究——以宁波市海曙区为例》，浙江大学硕士学位论文，2006；王诗宗：《地方治理在中国的适用性及其限度——以宁波市海曙区政府购买居家养老政策为例》，载《公共管理学报》，2007（4）。

会、设立室内投票站、半透明的投票箱、操作人员回避制度、选票简化、穿插商业性活动、社会参与等。在规范选举程序的同时，海曙区不断扩大选民范围，十分重视保障外来务工人员的民主选举权利，规定外来务工人员居住本社区半年或一年以上就有资格进行选民登记，体现了选举的广泛参与性。

人力资源队伍：社区专职工作者。2007 年，海曙区成为民政部社会工作人才队伍建设试点区之一。借此机遇，2008 年，海曙区制定了系列文件，对社会工作者的职业资格、岗位培训、继续教育、招聘任用、薪酬待遇、考核评估、奖励等制度作出规定，逐步形成了“党委领导、政府推动、社会运作、社会工作者引领、各方参与”的社会工作模式。当年 5 月，海曙区成立了浙江省首家区级社会工作协会，承接社会工作者管理服务、社会工作行业规范、社会工作专业服务等功能。专业机构、专业社会工作者、社区社会工作者等多种服务主体，为社区的各类需求人群提供了不同层次、不同阶段的个性化、专业化服务，直接服务对象已达 3 800 余人次。受益群体以贫弱群体为重点，逐步扩展到全体有需要的居民，并有效解决了一些“老大难”问题。不仅如此，海曙区还探索出“政府承担、定向委托、合同管理、评估兑现”的政府提供公共服务方式，如从 2008 年开始，海曙区每年向社会工作协会购买社区矫正、残障康复、心理调适等社区服务。

(2) 公共安全协同治理。

为了克服部门分割、效率低下等难题，海曙区以社区为平台，构建协调机构统一、政府管理统一、自我防范统一的治理模式。其组织架构为，设立街道社区综合治理委员会，承担社区治安形势分析、重大事项通报、信息沟通、社区安全规划、资源配置等功能。委员会下辖市场小区政府综合管理办公室与居民小区治安治理委员会，前者下设综合执法队、车辆管理队、卫生保洁队，后者下设社区民警、单位内保部门、物业保安队、社区防范组织（包括社区义务巡逻队、法律咨询队、帮教小组、调解小组、门栋治安协管员、治安信息员、外来人日巡逻队等）等具体执行部门。制度的关键在于落实，因此海曙区还相继制定了《奖惩考核办法》、《学习制度》、《考勤制度》、《经费管理制度》、《车辆装备使用管理制度》、《内务卫生管理制度》等一系列具体规则，并划分公安分局、民警的职责权限，有效维护了社区治安，为和谐文明社区的创建构筑了坚固的防线和堡垒。

此外，海曙区还大力推进基础工作信息化。以智慧城区建设为依托，海曙区大力促进信息技术在公共服务、社会管理等领域的广泛应用，建立了“数字城管”、“警务 e 超市”安全监管信息平台、楼宇经济监管服务平台、实有人口信息化服务管理平台等应用系统，逐步形成了基于海量信息和智能处理的社会管理新模式，提升了社区管理的信息化水平。

（3）政府购买居家养老服务。

针对老年人口急剧上升，养老机构无法满足需要的困境，海曙区在调查研究和试点的基础上，于2004年5月12日颁布《关于海曙区社会化居家养老工作的指导性意见》，提出按照"政府扶持、非营利组织运作、社会参与"的思路，为老年人提供安全便捷、优质高效的新型养老服务。2005年3月起，这一制度在海曙区的65个社区中全面推广。这一制度的内容如下：

建立区、街道、社区三级居家养老服务体系。首先，海曙区成立社会化居家养老服务中心，同时建立以分管副区长为组长的居家养老工作领导小组，指导各街道全面开展工作，整合居家养老服务资源，提供经费保障，指导、协调全区居家养老工作。其次，各街道成立社会化居家养老服务中心分部，同时建立相应领导小组，确定居家养老服务项目内容，审定服务对象，组织实施居家养老服务工作。最后，各社区成立居家养老服务小组，摸清社区内老人的情况，开展助老结队活动。

政府购买服务的内容。主要包括：

谁购买服务：海曙区政府。通过政府年度财政预算，每年花150万元，购买居家养老服务，每个老人每年政府拨款2 000元。

向谁购买服务：非营利机构——海曙区星光敬老协会。

谁提供服务：各社区的下岗、失业、困难人员。各社区上报后，海曙区星光敬老协会进行培训，然后上门服务，服务员每小时的报酬是5.5～5.7元。

谁享受服务：海曙区内高龄、独居、困难的老人（包括残疾人）。

谁落实服务：各社区。根据本社区的老人情况和居家养老服务员的情况，进行结队服务。

谁监督服务：海曙区星光敬老协会、各社区。

服务内容：生活照料（日常护理或者特殊护理）、医疗康复（包括陪同到医院看病、治疗、配药等）、精神慰藉（每天和老人交流，发现老人的需求，排减老人的孤独感）。

服务方式：上门服务。

服务时间：每天一小时。额外的服务要靠志愿者上门、企业捐助或自己购买。

与其他配套政策一起，海曙区政府形象地把它概括为"走进去"和"走出

来”的“两走”居家养老模式。所谓“走进去”，就是对一些高龄、独居的困难老人，通过政府购买服务，由专门的服务人员走进老人的住所，提供上门服务。“走进去”服务的方式有三种：志愿者无偿服务、有偿服务、企业购买服务。所谓“走出来”，就是让大部分行动方便的老年人走出小家庭，融入社区大家庭。老人“走出来”的载体有两种：老人“日托”中心、各种老年民间组织（独居老人联谊会、高血压保健交友俱乐部、糖尿病保健交友俱乐部等）。

政策运作机制。可概括为“政府扶持、非营利组织运作、社会参与”。政府扶持是指政府通过设立海曙区居家养老工作领导小组，完善财政投入机制，推动海曙区区、街道、社区三级居家养老服务体系的建立。非营利组织运作是指“海曙区星光敬老协会”作为开展养老服务工作的专业组织，负责提供具体的养老服务。其主要工作是：审定需要提供居家养老服务的对象，确定居家养老的服务内容，对居家养老的服务质量进行检查和监督，培训居家养老服务员和结队上门服务的志愿者。社会参与是指围绕居家养老工作，有效整合各种社会资源，挖掘现有潜力。海曙区的主要做法是：利用老年人资源，建立居家养老义工服务模式；动员社会力量，为老人购买服务；整合社区的公共卫生资源；整合社区信息资源，开通“81890”求助热线。

2. 案例分析

选聘分离、综合治理与政府购买居家养老服务，这是海曙区社区管理创新的核心内容。总体上看，海曙区的改革取得了以下实效：社区组织机构得以优化；政府管理效率提高；社区民主自治取得实质性进步；政府财政压力大大减轻，社会福利总量增加；发扬了儒家传统，彰显出政府的人文关怀和民生情结；转变了政府职能，初步建成服务型政府；重构了政府与社会的关系，创新了社会管理体制。

然而，在中国现有政治背景下，地方社区治理的决定性因素是政府，政府职能的转变可能会创造出对地方社区治理发展的有利条件，也可能成为社区管理机制创新的（最大）障碍，从而陷入“诺思悖论”。因此，如何突破现有体制的弊端，拓展地方主体的治理空间，促使政府成为职能转化、民主自治、公共服务提供的推动者和先行者，为我国的和谐社会建设提供持久的动力，是现阶段地方政府的工作重点。具体而言，如何转变执政理念，还权于民，提升非营利组织的参与能力；如何扩大政府购买公共服务的范围，制定统一的公共服务评估标准，并引入竞争机制；如何促进社会工作队伍的职业化、专业化水平，为公共服务储备高素质的持久的人力资源，是当前海曙区面临的迫切难题。

案例 4

安徽省铜陵市社区体制改革①

1. 案例介绍

2010 年 7 月，安徽省铜陵市铜官山区召开全区动员大会，部署撤销街道办事处工作。8 月 19 日，该区的 6 个街道办事处被撤销，原有的 49 个社区合并为 18 个大社区。9 月初，新社区的工作人员全部到位，正式开始运作，区里的事务直接与社区对接，无须经过街道。

社区综合管理体制和机制必须不断创新。撤销街道，成立大社区，减少管理层级，加强基层力量和居民自治，这是铜陵改革的大体方向。

哪些是属于社区的职能，哪些是政府的职能，在这次改革中都得到了明确。原街道办事处职能下放的一个原则是，“涉及为老百姓服务的职能全部下放到社区，社区层面现在的主要任务就是为社区居民服务”。改革后，街道原有的经济发展、城管执法等主体职能收归区级职能部门，而社会管理、服务事务等职能全部下放到社区，居民在社区就可直接办理民政社保、计划生育、综合治理等事务。

整合后的新社区设置社区党工委、社区居委会、社区服务中心，前者主要承担社区范围内总揽全局、协调各方的职责，社区服务中心负责对居民的事项实行“一厅式”审批和“一站式”集中办理，居委会则还原自治功能，组织居民开展各类活动。

铜官山区政府要求，涉及居民服务的事情，社区可直接与区里相关职能部门联系，区里职能部门必须快速作出反馈。同时，为了不给社区增加负担，经铜官山区各职能部门组织的“联席会议”讨论后，一些事务才能下放到社区，不适合社区做的，区里职能部门自己来完成。

少了街道这个层级，社区有权直接与区里职能部门互动，办事效率大大提高。街道取消后，经费也得以向社区倾斜。改革前，铜官山区每个小社区工作经费只有 3 万元左右，改革后每个社区工作经费在 30 万～65 万元不等。居委会有了为民服务的手段和措施，还有资金和人员可以直接支配。

---

① 参见陈荞：《撤销街道办的铜陵试水》，见 http://news.sina.com.cn/c/sd/2011-09-05/020923104161.shtml，2011-09-12；谷岳飞：《安徽铜陵试行撤销街道办　全国推行尚难确定》，见 http://news.sina.com.cn/c/2011-09-12/074923142517.shtml，2011-09-12。

突出居民自治也正是改革中力求突破的方向。此次改革中，社区居委会下设若干个专门委员会，比如调解委员会、文体委员会等。居委会还下设居民小组，小组下设楼栋长，及时搜集居民的意见，并向上反映。现在只要是涉及老百姓利益的事情，社区都要最大程度地遵照老百姓的选择，让老百姓参与进来自主决定。

改革的关键和阻力是人员分流。在此次改革中被撤销的 6 个街道共涉及 196 名工作人员，这些人中包含公务员、事业编制人员以及聘用人员。这次改革，毫无疑问涉及这 196 名工作人员的切身利益。原来街道的这些人去哪里？怎么去？

铜官山区最终给出的解决办法是，所有人身份不变、职级不变、待遇不变，全部一视同仁分流到基层。“要让人员和资源都下沉到社区。”在具体操作上，实行双向选择，个人先填志愿，再由各个社区来选择人员，最后由原街道党工委负责调配协调。除此之外，铜官山区还在区级部门号召机关干部报名下社区，双向挑选了 6 名优秀干部来加强基层社区的建设力量。这对转变干部工作观念，改变工作方法和方式，都有积极的作用。

2011 年 1 月，铜陵市在总结铜官山区的经验后，开始推广铜官山区经验，在全市大规模撤销街道办。至 8 月底，改革工作已基本完成。

2. 案例分析

铜陵市社区体制改革是基层社区管理的一次大胆尝试，其基本做法并不新鲜，南京市白下区、北京市鲁谷社区以及深圳等地，都曾试水撤销街道办事处。据北京市鲁谷社区的经验，撤销街道办事处后如果不解决如下三大瓶颈，改革将会遭遇困境：第一，减负后任务增加；第二，瘦身后身量反弹；第三，难以区分社区的自治与行政管理职能。总之，鲁谷社区陷入瓶颈的症结是“下变上不变”，因此，从一定程度上讲，铜陵模式能否取得成功，关键在于安徽省能否为之创造一个宽容适宜的外部环境，摆脱既有体制的束缚和制约。

目前，铜陵市改革的方向是向下的，资源也是向基层配置的，但在居委会功能的建立和发挥上，在社区社会组织的作用和地位上，还有进一步探索的空间。因而，除了要进一步深化居民自治外，铜陵市还需进一步理顺市与区之间的权力职责，避免因压力型体制导致社区负担过重。社区居民人人都能参与社区的管理和服务，这是铜陵市改革的终极理想，也是我国城市基层管理体制改革的目标之一。而对于如何达到这一目标，还需要城市管理者们继续探索。

第五章 社区管理的基本内容（一）

第一节 基本原理

一、社区服务

社区服务是社区建设的龙头，它对于满足居民生活需求、实现社会福利、扩大就业渠道、完善社区管理、推动社区建设具有重要意义。

（一）社区服务的含义与性质

社区服务是指在政府的指导和扶持下，在民政部门的倡导和组织下，以街道和居委会为依托，以社区居民的自助互助为基础，关注弱势群体，面向社区全体居民，以提高社区居民生活质量为最终目的的社会福利服务。①

福利性、地域性和互助性是社区服务的基本特性。福利性即社区服务首先以维护、确保社会弱势群体如老年人、残疾人及其他特殊群体的最基本生活为出发点和归宿。② 地域性是指社区服务是一种属地式服务，以特定的社区为载体。互助性是指社区服务强调通过社区成员之间的自助互助服务，以及社区组织、福利机构等与居民之间的互助服务，来满足全体居民特别是弱势人群的服务需求。

（二）社区服务的内容

根据服务对象的不同来划分，我国社区服务的内容主要有以下几方面：

1. 面向弱势群体的社会福利服务

这类服务的对象主要包括老年人、残疾人、优抚对象、社会贫困户和儿童；服务内容以提供无偿或低偿的社会福利为主。

2. 面向社区居民的便民利民服务

这类服务是指由基层团体、个人，针对社区居民日常生活经常遇到的困难和

---

① 参见李森主编：《城市社区建设概论》，135～136 页，济南，山东大学出版社，2001。

② 参见赵勤、周良才主编：《社区管理》，128 页，北京，中国劳动社会保障出版社，2007。

实际需求，结合自身条件而开展的各种有偿或低偿服务。便民利民服务主要包括咨询、代办、修配、缝纫、理发、美容、饮食、洗衣、寄存、医疗、保姆介绍、家务劳动、法律顾问等，这些项目可以根据社区实际状况和社区条件进行增减。

3. 面向社区单位的社会化服务

这类服务的对象是社区内的企事业单位及其职工。同前两项服务不同的是，这类服务提倡双向性，即在社区为其所在地的各单位提供服务的同时，社区单位也利用它们的资源为社区提供服务。就社区而言，这类服务内容主要是承接单位向社区转移的教育服务、后勤服务、娱乐服务、医疗服务，以发展公益性设施，如兴建社区服务中心、各类活动站、卫生站等为主要形式。

（三）我国社区服务的运作模式

我国社区服务的运作模式可以简单地归纳为“政府推动，基层组织主办，社会各界广泛参与”①。政府推动是指我国的社区服务工作是以政府搭台、民政牵头、有关部门相互配合的方式开展的，政府在社区服务的设施建设、项目开发、资金投入、宣传动员、政策指导等方面发挥主要作用。基层组织主办是指社区服务是以街道（镇）和居委会等社区组织为依托，以基层社区为单位开展的。社会各界广泛参与则指除街道和居委会外，社区居民、民政公安工商等社区内的机构团体和社区外的机构团体也参与到社区服务的提供中来。

二、社区卫生

（一）社区卫生的含义

社区卫生是指在政府领导、社区参与、上级卫生机构指导下，以基层卫生机构为主体、全科医师为骨干，以妇女、儿童、老年人、慢性病人、残疾人等为重点，以解决社区主要卫生问题、满足基本卫生服务需求为目的的基层卫生服务。社区卫生服务有两个显著特点：一是服务对象广泛，二是具有综合性，即预防、治疗、康复和健康促进相结合，院外服务与院内服务相结合，卫生部门与家庭社区服务相结合。

（二）社区卫生的服务机构与人员

1. 社区卫生服务机构

社区卫生服务机构是社区卫生服务工作的主要载体，它是非营利性、公益性的医疗卫生机构，主要由社区卫生服务中心和服务站组成。社区卫生服务中心和服务

---

① 贾征：《社区服务与社会保障》，70～75页，北京，中国劳动社会保障出版社，2001。

站的设置，应当以当地规划和群众需求为根据。社区卫生服务中心一般根据街道办事处所辖范围设置，可由基层医院（卫生院）或其他基层医疗卫生机构改造而成。社区卫生服务中心服务区域过大的，可下设适量的社区卫生服务站。

2. 社区卫生服务人员

全科医生是社区卫生服务人员的主体。全科医生是指接受过全科医学专门训练的、具有全科医学知识结构和诊疗思维的医生。全科医生是综合程度较高的医学人才，主要在基层承担预防保健、常见病多发病诊疗和转诊、病人康复和慢性病管理、健康管理等一体化服务，被称为居民健康的“守门人”。目前，我国全科医生的培养和使用尚处于起步阶段，全科医生数量严重不足，因此 2011 年 6 月我国提出建立全科医生制度。这有助于形成以全科医生为主体的基层医疗卫生队伍，提高社区卫生服务水平。

（三）社区卫生服务的基本内容

概括起来是“六位一体”，“六位”是指社区预防、社区医疗、社区保健、社区康复、社区健康教育和社区计划生育技术服务，“一体”是指由社区卫生服务中心（站）有效、经济、方便、综合、连续地提供上述服务。

1. 社区预防

社区预防是指社区卫生服务中心（站）采取综合措施，预防和控制疾病，保障和提高社区居民的健康水平的过程。

社区预防的内容主要有：（1）开展卫生宣传；（2）实施免疫预防接种；（3）执行疫情报告制度；（4）开展防疫保健工作和爱国卫生运动；（5）协助卫生执法部门实施卫生监督；（6）开展社区居民健康检查和健康状况评价；（7）控制社区不良行为因素和生活方式。社区预防工作的重点是疫情报告、预防接种和计划免疫及疾病监测。

2. 社区医疗

社区医疗是指全科医生在全科医学理论的指导下，运用相应的中西医技术，为社区居民提供基本的医疗服务。

社区医疗的内容包括：（1）开展常见病、多发病、诊断明确的慢性病的治疗，并及时做好转诊、会诊等协调性服务。（2）为社区居民建立档案资料，以签订家庭卫生服务合同等形式开展家庭健康咨询、家庭保健，指导慢性病患者康复。（3）提供急诊服务和院前现场抢救。（4）提供家庭出诊、家庭护理、家庭病床等家庭卫生服务。（5）为临终患者及其家属提供周到的、人性化的服务。慢性病防治、地方病防治和职业病防治是社区医疗工作的重点。

3. 社区保健

社区保健是指社区卫生服务中心（站）协同有关机构，根据社区人群的特点和卫生与健康需求，制定和实施社区保健计划，并进行检查和评估的过程。社区保健包括增进健康、预防疾病、治疗伤病和康复服务等内容。社区保健工作的重点是儿童保健、妇女保健和老年保健。

4. 社区康复

社区康复是指社区服务卫生中心（站）充分利用社区资源，应用各种有效措施，为康复对象提供有效、可行、经济、全面的康复服务，使他们能够重返社会的过程。社区康复主要以残疾人、慢性病人和老年人为服务对象。社区康复的内容包括残疾预防、残疾普查、康复训练、教育康复、职业康复、社会康复和独立生活指导。

5. 社区健康教育

社区健康教育是指以社区为范围、以居民为对象，普及医药科学知识，提高社区居民的健康意识和自我保健能力的过程。

社区健康教育主要包括：(1) 宣传、普及医药卫生知识。(2) 宣传、讲解国家的有关卫生法规和政策。(3) 对育龄夫妇进行计划生育、优生优育和妇女卫生教育。(4) 介绍食品卫生与合理的膳食知识。(5) 宣传良好的行为方式和生活习惯。(6) 开展健康咨询活动。(7) 实施家庭护理指导。

6. 社区计划生育技术服务

社区计划生育技术服务是指社区卫生服务中心（站）向社区居民宣传生育知识，开展遗传咨询，提供婚前检查、产前检查，传授节育方法以及相应医疗服务的过程。

三、社区环境

（一）社区环境的含义

社区环境有广义和狭义之分。广义的社区环境可简单地界定为“社区的外部环境的总和”，包括自然环境、政治环境、经济环境、文化环境等；狭义的社区环境与某一特定社区居民的生活密切相关，是“影响社区居民生活的各种环境因素”，主要由微观的自然环境、文化环境、社会环境构成。

（二）社区环境保护

1. 社区环境保护的含义

所谓社区环境保护，是指基层政府和各种自治组织运用各种手段来防治社区环境污染和生态破坏，以保护和改善社区居民生活生态环境为目的而开展的各项

活动。从某种意义上说，社区环境保护实质上是对社区环境的管理，它具有综合性、整体性和持久性等特点。

2. 社区环境保护的原则

第一，“三同时”原则，即在新建、改建、扩建的基本建设项目、技术改造项目、区域自然资源开发项目中，防治污染和其他公害的设施必须与主体工程同时设计、同时施工、同时投产；第二，协调发展原则，即社区建设与管理中要注意使社区的经济建设同环境保护之间协调起来，实现经济效益、社会效益和环境效益的统一；第三，“谁污染谁付费”原则。

3. 社区环境保护的措施

（1）政府部门要充分发挥管理职能。首先，要制定科学的社区环境规划。其次，要严格执行国家环境保护的有关法律、法规和政策。最后，要加强社区环境监测工作。

（2）社区自治组织要加强宣传教育，提高社区居民的环境保护意识。

（3）采取必要的经济手段搞好社区环境保护。首先，要注意不断扩大环境保护的投资比例，逐步增加环境保护的资金投入。其次，要加强环保资金的使用管理，确保专款专用。

（三）社区环境的建设

社区环境建设的内容包括：（1）净化环境，创建卫生社区；（2）绿化环境，创建绿色社区；（3）美化环境，创建美好社区。社区环境建设的主要措施有：做好社区环境规划，进行社区环境的综合治理，加强执法和服务队伍的建设。①

第二节　典型案例

案例 1

苏州市沧浪区的多元化社区养老服务创新②

1. 案例介绍

近年来，打造精细化的居家养老服务品牌成为苏州市沧浪区社区养老的探索

---

① 参见王青山主编：《社区建设与发展读本》，204～210 页，北京，中共中央党校出版社，2001。

② 参见《百姓居家养老的幸福“套餐”——苏州沧浪区多元化社区养老服务创新见闻》，载《新华日报》，2011-04-19。

方向：日间托老所、虚拟养老院、“五色养老法”……通过不断探索和努力，精细化的居家养老服务体系在沧浪区已初见端倪。

日间托老所。78岁的李文达老人，老伴很早就过世了，子女又忙于工作，老年生活枯燥又寂寞。2009年7月，沧浪区首家日间托老所——二郎巷“南山驿站”日间托老所正式运行。李文达抱着试试看的心态成了首批入住的老人。他表示，当初入住日间托老所只是觉得找到了吃饭的地方，而且价格很实惠。经过两年的“深度体验”，李文达感慨道：“我已经离不开日间托老所了，这里已经成了我的第二个家。”

数据显示，沧浪区共有60岁以上老人67 171名，占全区总人口的20.63%，仅二郎巷社区就有60岁以上老年人1 332名，其中不少是空巢老人。许多空巢、孤寡老人买菜烧饭困难，又不想进敬老院，请保姆又会加重经济负担。2009年，沧浪区投入近300万元，在二郎巷社区建起了一座660平方米小洋楼式的配套用房，用来做日间托老所。日间托老所按照功能布局分为三层：一层是生活区，设有餐厅、厨房；二层是休息区，可容纳80张床位，供老人午睡，每位老人还配备私人储物柜；三层是活动区，老人在此可欣赏沪剧、评弹、昆曲等优秀传统戏，还可以下棋、唱歌。

据悉，日间托老所主要接受沧浪区内70岁以上的孤寡老人和空巢老人。老人们每月缴纳360元，负担日常的菜钱以及少数水电煤等费用开支，其余都由政府补贴。百米河边长廊、紫藤棚、宽敞的活动室、门球场……丰富多彩的文体活动让老年人找到了归属感。

虚拟养老院。日间托老所使身体健康、经济相对宽裕的孤寡老人和空巢老人找到了快乐家园，而对于行动不便，生活困难的老人，沧浪区设立了“邻里情”虚拟养老院。老人只需拨打一个电话，专业的服务人员就会在指定时间上门服务。

2008年，虚拟养老院在该区葑门街道试点运行。78岁的郑阿婆是虚拟养老院的首批体验者。最初，郑阿婆每周接受两次服务，包括买菜、洗衣服等家政服务。有一次，工作人员看到郑阿婆的指甲很长，便主动要求帮郑阿婆剪指甲，还帮老人泡脚，让郑阿婆很是感动。

老人们的肯定让沧浪区信心倍增，沧浪区“邻里情”虚拟养老院的服务对象向全区扩展，其中包括残疾服务对象、高龄企业退休老人和离退休干部。截至2011年年初，虚拟养老院服务对象已从2008年年初的439户老人家庭增加到3 417户，共计5 619位老人。同时，虚拟养老院的服务项目也在不断拓展，由

单纯为老人提供家政服务拓展到产品配送、医疗保健等诸多领域。虚拟养老院负责人介绍说："以前只有洗衣喂饭，现在像就医用药指导、房屋租售，甚至老人交友，中心都能提供相应的服务。经过三年时间，我们已经积累了辖区内需要提供服务老人的完整数据，包括年龄住址、家庭情况、生活习惯和病理资料等。我们都是通过制定个性化方案来提供服务的，有些事项甚至比老人的子女还清楚。"

接受生活照料仅是基本保障，如何缓解空巢老人的寂寞感和心理压力是虚拟养老院在前行过程中不断探索并逐步解决的问题。要为老人排解寂寞，舒缓心理压力，就要了解老人。虚拟养老院顺势而为建立了回访制度：辖区内六个地区的片长和站长每天回访接受过服务的老人，同老人谈心，了解他们的想法和需要，再做针对性的疏导。

社区志愿团队。在动员全社会的力量参与社区养老的探索中，沧浪区政府通过购买公益性岗位，再由专门的社工召集志愿者为老年人提供服务，社工加义工，进而带动全社会的力量。

短短几年，沧浪区就成立了"金邻爱心厨房"、"胥虹邻里小灶"等十多间社区厨房。这种无须政府投资、全凭爱心为老年人提供的志愿服务，因其便利性受到了老人的欢迎。以吴门桥街道"金邻爱心厨房"为例，自 2009 年 4 月服务至今，已有 16 位社区老人成为固定的服务对象。30 余名社区志愿者通过到老人家中了解各个老人的口味，根据每位老人的需求制定合适的营养食谱，通过电话预订，为社区里的高龄及生活不便的老年人"烹制"出了幸福的晚年。

"五色养老法"。2011 年，沧浪区在人性化、多元化的志愿服务基础上，又首创"五色养老法"，配合老人的需求将志愿服务"菜单化"，受到了央视新闻频道的关注。

所谓"五色养老法"，即将辖区 60 岁以上老年人根据家庭情况和身体状况分为五种颜色等级，即红色、橙色、紫色、蓝色和绿色。不同颜色的老人享受不同的志愿服务。社区 90 周岁以上的高龄孤寡老人以及病危人群被归为"红色"级老人，志愿者为"红色"级老人提供的服务除了探访、聊天之外，还包含关注家中用电、用气等安全问题，及时为其解决安全隐患；每月两次提供上门测量血压服务和健康咨询服务；陪同上医院检查、治疗、配药，代买生活用品、买菜等。"橙色"老人主要指无子女、无生活来源、无劳动能力的"三无老人"，出行难以及身体差的无人照顾的老人和残疾人，80～89 周岁的孤寡老人；"紫色"主要针对无子女、无劳动能力且行动不便的"二无老人"；"蓝色"主要针对 70～79 周岁的空巢老人；"绿色"是指社区身体健康的 60 周岁以上老人。社区开通志愿者

服务热线电话，并定期组织各种活动，以丰富老人的生活。

2. 案例分析

（1）社区养老是一种新型养老模式。

人口老龄化是21世纪我国所面临的一项重大挑战。目前，我国机构养老存在着服务设施条件较差、服务人员专业化水平不高、难以满足老人的精神需求等不足，并且数量上也难以解决数亿老年人的养老问题。相比之下，社区养老吸收了家庭养老和机构养老方式的优点，使老年人所需要的服务都能够在他们所熟悉的环境中获得，既能达到全托的养老服务效果，又能满足差异化的家政服务需求，既满足了老年人亲情的需要，又不需要机构养老那样花费很大的成本，是符合我国现阶段国情的一种新型养老模式。社区是守望互助、富有人情味的社会共同体，它所特有的感情交流功能满足了老年人的亲缘、地缘心态。在社区中开设老年人日托中心和活动中心，一方面可以充分利用社区资源，提供就业岗位；另一方面也有助于形成老年人之间的互助网络，发挥老年人的余热。

（2）社区志愿服务是提供社区服务的有效形式。

社区志愿服务是社会组织和个人自愿贡献时间、技能等资源，为社区居民和社区慈善事业、公益事业提供帮助或服务的行为。社区志愿服务有利于整合社区资源，健全社会服务体系，依靠社会力量解决社会问题，满足居民群众日益增长的物质文化和生活需要；有利于增进人与人之间的感情，形成平等友爱、尊老爱幼、融洽和谐的人际环境，化解社会矛盾，维护社会稳定，促进社会和谐；有利于增强各种社会组织尤其是居民群众的社会责任，弘扬“出入相邻、守望相助”、“人人为我、我为人人”的良好社会风尚，提高参与社会建设和管理的能力。社区志愿服务通过整合社区内愿意贡献空闲时间和一技之长的居民参与社区各项志愿工作，有效弥补了社区专业服务人员数量上和技能上的不足，是我国现阶段大力提倡和鼓励的一种社区服务供给方式。在解决社区养老问题上，志愿服务不仅解决了老人的养老需求，使老人足不出户就能享受到便捷的服务，而且有效降低了社会养老成本，也改善了养老对象的生活质量。

（3）苏州沧浪区的虚拟养老院服务模式是一种“政府承担、定向委托、合同管理、评估兑现”的新型的公共服务提供方式。

其运作机制和服务模式的重要意义在于：政府将原来由自己直接提供的公共服务内容按类型选择适当的社会组织进行生产，打破了由政府来提供公共服务的垄断地位，将公共服务类型与社会组织类型进行理性组合，创造性地在居家养老中建立了财政资金购买服务、服务组织提供服务、居家老人享受服务的政府购买

养老服务政策。在政府指导下进行市场运作的虚拟养老院，是一家兼具服务实力与管理水平的民办非企业单位。此外，企业和非营利组织的参与有效整合了社会资源，它将政府发现公共偏好和获取资源的优势与市场和社会组织生产及递送服务的优势结合起来，一方面克服了非公共组织在资源配置上的无效性，另一方面克服了政府在微观管理和激励机制上的无效性。通过政府的扶持和引导，立足服务平台，吸纳各类社会营利与非营利组织的参与，以市场化为探索方向、产业化为发展目标，凸显了政府职能转变和建设服务型政府的积极作为，使得政府和社会两个层面的资源得到了充分发挥，有效降低了政府的养老成本。同时，也有利于深化民众的公民意识，促进公民社会的建立。

案例2

北京市打造“一刻钟社区服务圈”①

1. 案例介绍

北京市朝外街道芳草地社区王霞的家里贴着一张社区地图。“这可不是一般的地图，看见没有，地图上标注了我们小区所有的便民服务网点的位置，想办点儿小事情，上地图上找找，保准在社区都能办了。”王大妈得意地介绍道。

让王霞大妈赞不绝口的地图，是北京市大力营造的“一刻钟社区服务圈”具体成果的体现。出门五分钟、十分钟，最多一刻钟，居民们买菜、吃饭、理发、看小病等需求意愿便能全部解决。这种就近享受“看单点菜”式的社区服务，让居民的满意度和幸福感不断提升。

为进一步完善社会公共服务体系建设，让市民更多更好地享受社会建设带来的实惠和便利，2010 年北京市委社会工委、市社会建设办公室会同市政府 33 个部门，采取“自上而下”与“自下而上”双向互动的方式，共同梳理出居民群众最关心、最急需的 10 大类 60 项社区基本公共服务项目，研究制定了《北京市社区基本公共服务指导目录》。指导目录既是北京市居民享受政府基本公共服务的“菜单”，也是政府实现社区基本公共服务全覆盖的“行动计划”。按照“缺什么、补什么”的原则，各区县充分发挥社区服务站的作用，整合辖区资源，最大限度地为社区居民提供便捷服务。

---

① 参见《北京：创新社会服务体系打造“一刻钟社区服务圈”》，见 http://news.xinhuanet.com/politics/2011-03/09/c_121167738.htm，2011-07-22。

为进一步增强“指导目录”的指导性和操作性，2010 年 11 月，北京市再次在全市首批完成规范化建设试点任务的 645 个社区开展服务项目需求调查，又细化出 180 项具体服务事项和标准。至此，北京市面对普通市民的“社区基本公共服务框架体系”初步形成。

比如，西城区牛街街道春风社区结合回族居民集中居住的区域特点，从群众最迫切需要解决的民生问题入手，陆续兴建了民族敬老院、回民幼儿园，扩建了牛街礼拜寺、回民殡葬所，改建了社区卫生站、社区健身广场等公共设施，大到生老病死、小到吃药看病，涉及文化、教育、医疗、养老、福利、助困、民族特殊需求等方面的十多家公共服务设施和社区服务机构依次坐落在街道两侧，被社区居民亲切地称为“民生一条街”。

生活在敬老院的回族老人马大爷感叹地说：“婴儿出生，有回民医院；学习成长，牛街有回民幼儿园、回民小学、回民中学；生活，有清真超市；养老，有北京最大的回民敬老院；无常（去世）了，有回民殡葬所。在牛街，从出生到死亡政府都管了，我们穆斯林生活得无忧无虑。”

居民的生活水平在不断增长，北京市便民服务内容也在逐渐增加，“一刻钟社区服务圈”2011 年将推动社区便利店、早餐、家政服务等配套商业终端建设，增加便民项目，特别是宅送、订购、商务、刷卡支付等连带服务。在社区具有支付能力的商业网点，增加水费、电费、煤气费、电话费代收代缴服务功能。

不仅如此，北京还将从企业资质、经营场地、从业人员、场地使用属性四个方面，对社区内的再生资源回收站点、小发廊、小便民浴池、小洗染店、小餐饮店、小百货店、小食杂店七种低端服务业进行改造提升。

“在全市 600 个社区推进基本公共服务全覆盖试点，建成 100 个‘一刻钟社区服务圈’示范点”，已列入 2011 年北京市为群众拟办重要实事内容。自从有了社区服务圈，社区居民的满意度和幸福感不断提升。社区通过进一步完善社会公共服务体系建设，让市民更多更好地享受到了社会建设带来的实惠和便利。

预计到“十二五”期末，北京市将初步建立起覆盖社区全体成员、服务主体多元、服务功能完善、服务质量和管理水平较高的新型社区服务体系，在全市基本实现社区基本公共服务的全覆盖，“一刻钟社区服务圈”覆盖率达到 60%以上，使社区基本公共服务更加全面平等地惠及全市社区城乡居民，让广大居民生活得更方便、更舒心、更幸福。

2. 案例分析

学校、医院、超市、餐饮企业等都是社区服务的主体，它们被统称为驻区单

位组织，是社区的重要组成部分，为社区建设提供了有力支持。充分调动驻区单位组织的力量，积极参与社区建设，有利于为社区居民提供更好的社区公共服务，也有减轻街道办事处、居民委员会在提供社区公共服务重担的优点。“一刻钟社区服务圈”的建成正是这方面的有益尝试。

（1）“一刻钟社区服务圈”的构建体现了未来社区管理体制改革的方向。

“小政府、大社会”是我国行政体制改革的大方向之一，社区管理模式也正在由政府主导、公众参与向政府调控同社会协调、政府行政功能同社会自治功能互补、政府管理力量同社会力量互动转变。驻区单位组织作为社区管理的主体，长期与所在的社区隔绝开来，并没有真正参与到城市社区的治理实践中。随着社会主义市场经济体制的建立与逐步完善，在探索良好社区治理结构时，必须让这些驻区单位组织能积极主动地参与到社区治理中，并与社区保持良性的互动关系。

（2）“一刻钟社区服务圈”的构建有利于降低行政成本。

教育、医疗、养老、福利等大多属于社会事务，由驻区单位组织来承担这些社会事务，有效弥补政府服务的不足，可使政府逐渐从市场机制和社会自治能够解决的事务中解脱出来，从而间接降低了行政成本。

（3）“一刻钟社区服务圈”的构建满足了社区居民日益增长的公共服务需求。

随着社区居民经济收入的提高，居民的需求结构和生活方式也随之发生了重大转变，他们不再满足于吃饱穿暖等基本的物质需求，而更加注重生活质量的改善，因此对社区文化、教育、娱乐等精神方面的需求不断增长，这对社区公共服务的提供提出了更高的要求。长期以来，政府主导社区公共服务供给的现状，使得社区公共服务处于短缺状态，“一刻钟社区服务圈”的构建，多元化社区公共服务的提供，可以有效满足社区居民的公共服务需求，提升居民的生活品质，增强其对社区的认同感。

案例3

杭州市滨江区卫生服务中心“双向转诊”制度的探索①

1. 案例介绍

2006年年初，卫生部开始提倡各城市试推社区医院“首诊制”，探索建立社

① 参见《大病进医院 康复回社区 小病在社区 健康进家庭》，载《杭州日报》，2008-07-03；《家门口医院实行“收支两条线” 滨江让更多人病有所医》，载《杭州日报》，2010-08-19。

区医院与附近大医院的“双向转诊”制度，期望通过“小病在社区、大病进医院、康复回社区”的模式，提高医疗资源的合理化使用，减少患者辗转求医的环节和花费。在此精神的指引下，杭州市滨江区街道卫生服务中心开展了有针对性的探索，并于2008年正式与浙江大学医学院附属第二医院（简称浙医二院）签订“双向转诊合作协议书”，建立了杭州市首个具备实施细则的“双向转诊”制度，得到了患者和社会的一致好评。

“双向转诊”制度规定，社区责任医生在遇到病情严重、限于条件难以在社区医院开展医治的病人，经患方同意可启动向浙医二院的上转程序。浙医二院对社区上转的病人开通绿色通道，优先安排检查、治疗、住院等事宜。当患者病情缓解或稳定，进入康复恢复期，经患方同意，可以下转到社区医院进行术后康复治疗，由社区责任医师以电话随访、上门随访等主动服务形式开展健康追踪、康复治疗和健康教育管理，实现医院与家庭间的无缝隙管理。

大病进医院。家住杭州市滨江区浦沿街道的蒋女士是浙医二院“双向转诊”制度实施后从社区医院“上转”至大医院的第一位受益者。38岁的蒋女士是在社区医院体检时发现患有甲状腺瘤的。她的社区责任医师迅速为她申请启动了“双向转诊”的上转程序。不到两天时间，浙医二院就为她预定好了病床，并安排她在入院的第二天接受手术。仅仅一个星期，蒋女士就顺利地康复出院了。

“双向转诊”制度改变了原来转到大医院检查、诊断、预约排队等既耗时又费钱的情况。由于省去了一些不必要的重复环节，为病人接受大医院的治疗节省了时间。而且，过去转院中产生的“双首付款”也在此次合作协议中做了调整，病人在社区医院和浙医二院相互转诊住院时，仅需支付一笔入院“首付款”，这也为病患节约了开支。

康复回社区。2008年，傅大爷因胃癌到浙医二院接受了手术，后转回浦沿街道社区卫生服务中心进行后期康复治疗。这里不仅离家近，病房环境好，而且实行社区医院低自付率和部分药品零差价，因此药品更加便宜，老人享受到了优质的医疗服务。康复方案虽然由社区医生操作，但都通过浙医二院主治医师审定、指导。一个多月后，傅大爷不仅病情得到有效控制出院了，而且医疗费只用了6 000多元。据傅大爷的儿子介绍，转入社区医院后父亲病情稳定，体内积留的脓液也逐渐清除，老人家心情格外好。

据浙医二院院长介绍，今后浙医二院有关科室专家不仅将与社区服务中心经治医师取得联系，指导开展病人的治疗；同时还要每周到中心巡查房1～2次，确保治疗的连续和安全。病人出院至康复，中心双管办从浙医二院信息平台下载

病人基本信息，由社区责任医师主动上门开展健康服务。

小病在社区。傅慧娟是浦沿街道社区卫生服务中心的一名内科医生。浙医二院与滨江区开展双向合作协议时，她到浙医二院进行了为期一年的进修。浙医二院病人多、病情复杂，跟着名医直接到岗操作的一年经历，让她的业务水平有了很大提高。

百姓"迷信"大医院，看中的是那里的名医、名专家，要真正实现"小病在社区"，首要任务是提升社区医生的业务素质。在此次"双向转诊"的合作协议中，浙医二院为各社区卫生技术人员提供了优先进修学习的机会。浙医二院将每年为每个社区医院提供不少于两个的免费培训名额，培训期半年至一年时间。今后，像傅慧娟这样可以得到继续进修机会的社区医生会越来越多。

为了消除患者对社区医疗质量水平的不信任，社区医院还和浙医二院全面构建起了"1＋3"技术支撑体系和全面的业务指导，即每名社区责任医师分别与浙医二院三名不同专业的专家建立结对帮扶关系，确保责任医师能够获得长期、及时的技术指导和帮助。目前，浙医二院安排出首批业务精、素质高的8个科室、12名医疗骨干，与滨江的社区责任医师结对。此外，浙医二院还通过定期选派相关科室的专家到社区开展定期义诊、教学查房和专题讲课等活动，以规范直观地指导提高社区医生的临床医疗技术。此举将有助于逐步提升社区卫生服务机构的服务能力和保障水平，提高患者对基层医疗机构的信任度。

健康进家庭。随着生活水平的提高，除了对已确诊的大病进行治疗外，百姓的日常健康也总希望得到名医的指点。浙医二院与滨江区的"双向转诊"协作就针对这样的需求，提供了贴心的服务。浙医二院根据签约的街道社区卫生服务中心的需要，每周派出3名医生到现场坐诊，并逐步建立起预约问诊制度。医院派出医疗骨干，定期坐诊社区卫生服务中心，使医疗服务更具有针对性，满足了更多百姓的需求。

滨江区实施双向转诊制度取得了显著的成效。在患方自愿的基础上，短短4个月时间，就有8名患者在浙医二院手术后成功下转到滨江区的三家社区卫生服务中心进行术后康复治疗，逾35名危重病人及时上转至浙医二院住院治疗。浦沿社区卫生服务中心还上门跟踪随访了近百名从浙医二院康复出院的患者。不仅如此，社区医院床位的利用率已超过1/3，在社区百姓当中的知名度和美誉度也大大提高。目前的日门诊量已达到300人，甚至还有不少其他社区的百姓慕名前来。

2. 案例分析

（1）"双向转诊"制度有助于建立"小病在社区、大病进医院、康复回社区"

的就医新格局。

2009 年医改新方案明确把健全基层医疗卫生服务体系和公立医院改革作为改革的五项重点工作之一。杭州市滨江区街道卫生服务中心的成功探索，有效地加强了基层社区医院与大医院的联系与合作，提高了医疗卫生资源的合理使用，逐步实现了卫生部倡导的“大病进医院、康复回社区、小病在社区、健康进家庭”的医疗服务新格局，切实缓解了老百姓“看病难、看病贵”的问题。“双向转诊”实质上是对城市医疗资源进行优化整合的一种医改方法，可以积极发挥大中型医院在人才、技术及设备等方面的优势，同时充分利用各社区医院的服务功能和网点资源，促使基本医疗逐步下沉社区。我国的高端医疗资源十分稀缺。以浙医二院为例，2008 年浙医二院的门诊量约 193.85 万人次，其中约七成病人是一般性的疾病，可以在社区解决。实施“双向转诊”制度，可大大缓解医院门诊的拥挤状态，提高病房的周转率，为更多急需手术的病人提供及时医治。“双向转诊”是解决“看病难、看病贵”的一项重要举措，对于减少由于城市综合性大医院承担大量常见病、多发病的诊疗任务而造成的卫生资源浪费，以及基层医院和社区医疗服务机构需求萎缩、就诊量过少等现象具有重要意义。

（2）实行“双向转诊”制度尚存在诸多的制约因素。

首先是社区医院医疗水平有限，绝大多数老百姓愿意从社区转到大医院，却不愿意从大医院转回社区医院。目前城市中的社区诊所或医院普遍存在医生水平不高、卫生环境差、设备落后等问题，居民难免担心在社区医院“首诊”会导致误诊，从而造成“转上容易转下难”。其次是基层社区、市级、省级医院的医保起付点和结报标准不同，“双向转诊”支付难以统一。中国的医保定点医疗机构多在大医院，一些地区的社区卫生服务机构不是医保定点单位，许多享受医疗保险的人不愿到社区诊所看病。因此，虽然大医院看病难、看病贵，但绝大多数患者在就诊时还是愿意选择到大医院。最后，由于大医院看病耗时费钱，不少人有小病会到社区医院看。社区医院遇到难以治疗的疾病也会劝患者转诊，但却出于自身利益考虑，极少有大医院会把自己的病人转到社区去，因为每一个病人都是医院的利润增长点。

（3）总结滨江区社区卫生服务中心的经验，进一步推行和完善“双向转诊”制度应该做好以下几方面的工作：

第一，政策支持。政府应制定切实可行的“双向转诊”配套政策，加大对社区医院的投入和建设力度，同时明确各级医院职责，引导患者小病、慢病去社区医院，大病、危重病和疑难病到大医院。第二，加强合作。为打消患者对社区医

院的顾虑，要加强大医院与社区医院的交流，大医院要派人员定期到社区医院工作，培训社区医生，缩小两者服务和技术的差距，保证患者转诊后得到连贯性的医疗与服务。第三，设立转诊服务机构。大医院应设立“双向转诊”服务机构，使得转入病人有专人接待和服务，社区医院应增强“双向转诊”意识，提高技术和服务水平，成为病人放心的社区卫生服务之家。

案例4

北京市西城区中央市属单位向社区开放内部资源①

1. 案例介绍

社区里空间狭小，把车停进附近社会单位的停车场；老人没处用餐、没处活动，请进中央机关的食堂、礼堂；家门口没处锻炼身体，周边的学校敞开操场……如今西城区的百万居民，正品尝着社会单位与社区资源共享的甜头。

结对子享受便利生活

年过六旬的李恒正住在西城广内街道，平时爱好运动的他，为了找个便宜又宽敞的运动场，经常要约上老哥几个奔波到几公里外。不过这样的日子已成过去。前不久街道开办了本市首家“老年乐吧”，周一到周五白天免费开放，出了家门5分钟就到。“老年乐吧”占地1 200平方米，集健身、休闲、娱乐、日托于一体，想玩的、想用的应有尽有。需求就近解决了，这可乐坏了李恒正和他的球友们。

原本已很拥挤的社区，哪里来的这么大地方？原来，这里本是中国人民银行宿舍区的活动室，只放了几张乒乓球台，但大部分闲置。街道找到宿舍区的物业公司，双方一拍即合：街道出资60万元改造设施、添置活动器材，物业则提供场地，免费向社区开放。这才有了如今的“老年乐吧”。“老年乐吧”内部按动、静分为“十室”：桃源养心室、杏坛赏书室、松涛乐舞室、竹韵网络室、丹青书画室、菊秋棋牌室、梅冬台球室、兰春乒乓球室和荷夏沙狐球室……开放后处处银发攒动，热闹非凡。广内社区服务中心负责人表示，“老年乐吧”虽然地处康乐里社区，但可免费接待广内街道上斜街、三庙、老墙根等附近九个社区的老年人。于是，两万多名像李恒正这样的居民由此受益。

---

① 参见巩峥：《北京西城区中央市属单位内部资源向社区开放》，见 http://www.chinanews.com/gn/2011/04-23/2993129.shtml，2012-02-19。

尝到共享甜头的，还有陶然亭龙泉社区的居民。如今他们再不为找不到停车位而头疼了。“邻居”北灯汽车灯具有限公司晚上敞开单位大门，错峰为居民提供免费停车服务，还专设了一名保安看车。停车难问题一下子迎刃而解。

政府拨款激励共享

“驻区单位是社区公共服务资源的重要补充，鼓励引导其将公共服务、文体设施等资源，有组织或限定时间向居民开放，能够推动许多难点问题尽快解决。”西城区社工委书记李红兵介绍说。2010 年该区开始试点资源共享的做法，设立了社会建设专项资金，对参与共建、资源共享成效明显的单位给予奖励。2011 年，西城区政府拿出 60 万元专款，鼓励、支持向社会开放资源的单位，最大限度地提高社会资源利用率，并计划将鼓励措施固定下来，促使这些惠民举措长期实施下去。截至 2011 年，该区已投入专款 105 万元动员社会单位向社区开放内部设施。在这些措施的激励下，全区 15 个街道与驻区大大小小上百家单位结成共享对子，极大地方便了居民的生活，提高了其生活质量。

智能科技方便共享

社会单位敞开大门、共享设施，还需要有相应的科技支撑，才能达到最好的惠民效果。西城区委相关负责人介绍说，今后，该区将利用移动互联网、物联网等新技术建设一批智慧示范社区，嵌入网络订餐、电子化预约、停车智能化管理等功能，实现社区服务信息资源共享，提升社区公共服务整体效能。此外，西城区还将引导驻区各单位把可开放的资源和附近居民的需求对接起来，并通过制定有关文件、细化方案，鼓励更多的驻区单位开放内部资源，与社区共享。

资源共享遍西城

有了政府的资金激励和智能科技做保障，西城区 15 个街道与驻区上百家机关单位结成共享对子，着手开放内部设施：月坛街道云集着 20 余家中央部委，其中已有 10 余家向社区敞开了食堂、礼堂；在什刹海街道，辖区内的总参旃坛寺管理处大院的食堂向社区居民开放；西长安街街道，北京市文联管理中心的小剧场向社区敞开了大门；金融街街道，第一五九中学，学校各类体育场馆、操场、会议室适时向周边居民开放；陶然亭街道，中央芭蕾舞团、北方昆曲剧院、湖广会馆等文化单位在假期为辖区孩子们开办了兴趣课堂；白纸坊街道，红旗业余大学的多媒体教室、机房、师资等都成了社区居民的可利用资源；广外街道，区第一职业学校的操场、体育馆、多功能厅、旅游实训基地、银行实训室、金融证券室、计算机房、汽车驾驶模拟室变成了周围 29 个社区居民的大课堂。于是，原本拥挤、饱和的城市核心区，“挤”出了越来越多的惠民空间，居民得以就近

享受方便。

居民反响热烈

对于社会单位与社区资源共享，普通市民反响强烈，普遍持欢迎态度。在金融街上班的白领陈家宏表示，父母住在老城区，自己平时工作很忙，照顾不了他们，老人每天的用餐是他最担心的事情：雇个保姆，老两口不乐意；让父母做，他们那么大年纪自己又不放心；出去吃，哪家馆子吃着放心还得犯嘀咕。幸亏有了资源共享，爸妈进了社会单位的食堂吃饭，那里饭菜便宜、口味清淡，自己心中的石头总算落了地。不过，他表示如果政府能推动社会单位的医务室开放，那就更好了。因为这些医务室离居民近，设备也好，平时闲置率很高，如果向社会开放，可以一举多得。

而开放资源的单位是什么态度呢？中学教师林嘉颖介绍道，她所在的学校向社区开放了操场，一到休息日，孩子们拽着家长都来了。既锻炼了身体，又增进了感情，自己看着这种皆大欢喜的局面也很高兴。不过，她觉得学校开放的范围还可以扩大，比如图书馆，有时候自己去借书，发现书上落着一层灰。挺好的书闲置着真是浪费，拿来开放给社区居民“充电”不是很好吗？

2. 案例分析

老人就餐难、车位紧张、居民活动场地不足等，是当下京城许多社区尤其是老旧小区面临的普遍难题。西城区探索出的资源共享模式，盘活了社会资源，让居民就近享受到了实惠和便利，相关经验值得总结推广。

作为首都，北京机关部委、大院大所、大单位大公司众多，中心城区尤其如此。这些单位的内部资源和设施除了服务内部之外，完全有余力弥补部分城区公共服务设施不足的问题，方便市民生活，提高后者的居住质量。西城区率先认识到这一契机，通过政府引导、社会参与和技术支撑，实现了各种资源的有效整合，让资源由浪费闲置变为合理配置，提高了资源的利用率。

更为重要的是，社会单位与社区资源实现对接、共享，向群众敞开大门，让许多原本封闭的内部活动场所变成了各大单位与普通群众交流互动的平台，这是对我国传统的官民对立甚至紧张关系的一次重塑，有助于拉近中央国家机关与普通居民之间的距离，构建其乐融融的和谐社会关系。众所周知，在传统社会中，政府机构，尤其是中央各部门与普通百姓之间极少有除公务之外的沟通和交流，衙门门口威武雄壮的狮子和面无表情、动辄呼喝的守门人，使得普通百姓望而生畏。而官员，尤其是高官外出时金锣开道、侍卫林立、浩浩荡荡、庄严肃穆的场景、仪式，更加烘托出普通百姓与高级官僚之间的隔阂和距离，在这样的整体氛

围下，“门难进、脸难看、事难办”的僵局逐渐形成，并越发通过一整套仪式加以固化，成为整个传统社会的常见景象。于是，普通百姓连接近衙门都很难，遑论共享其内部资源了。从这个意义看，西城区动员中央市属单位开放内部资源与驻地居民共享，无疑是对传统中国刻意塑造的官民紧张关系的一次“革命”，反映了现代社会政府理念的巨大突破。因此，无论开放的效果如何，开放本身已足以说明政府自身的决心和进步。

案例5

上海市徐汇区试点“户籍医生制”①

1. 案例介绍

位于上海市中心的徐汇区枫林（街道）社区，占地2.66平方公里，有29个居委会、3.6万多户居民和10多万户籍人口。2003年，根据上海医疗改革的有关政策，徐汇区枫林（街道）社区卫生服务中心（简称“中心”）在街道人口相对集中的居民区创建了5个社区卫生服务站，然后派出55名医务人员（90%以上具有大专以上学历，其中有副主任医师3名，主治医师17名）组成5个全科医生服务团队，“下沉”到5个社区卫生服务站和街道所属的29个居委会，全方位地为居民提供医疗、预防、保健、健康教育、康复和计划生育技术指导“六位一体”服务。他们工作在社区，常年奔走在居民家庭之间，为促进居民的身心健康和解决看病贵看病难这一难题，发挥着不可替代的作用。

清晨，29岁的王丹医生背着出诊包来到东安四村。这是一个老式公房小区，有不少空巢老人正等着小王医生来看病、发药。王医生管着枫林街道下辖东四里委的2 000多位居民。这些居民不论去中心看病，还是在家候诊，不管白天有个头疼脑热，还是半夜急症发作，小王医生都是他们的责任医生。78岁的庄阿婆常念叨，“有事打小王手机”。

在王丹医生的电脑中，有一份列得清清楚楚的东四所有居民的健康记录：“某楼某室房屋出租找不到人”，“最近上门拜访某号居民的时间和内容”……除了长期空关户，所有的居民他都上过门。每个人的健康状况、住院和患病历史，

① 参见《户籍医生在上海——徐汇区枫林社区卫生服务新模式》，载《人民日报》，2007-04-06；《社区公共卫生与基本医疗有效结合服务新模式的探索》，载《人民日报》，2009-11-13；《上海试点“户籍医生制”10万户居民有家庭责任医生》，载《劳动报》，2010-02-10。

他都有记录并随时更新。每栋楼的楼长是他的信息员："今天一楼有人发烧"，"五楼居民腹泻"，他随时掌握随时主动上门问诊。户籍医生不仅白天上门给人看病，到了晚上也要叫得应。"我们的服务电话是24小时的，晚上家里没人陪伴的居民患了病，如果是小病，就带着药箱上门解决，中等疾病我们送他到社区卫生服务中心观察输液，情况严重的我们陪同送到附近三甲医院挂急诊。"枫林社区卫生服务中心张建中主任说。

户籍医生责任制的顺利实施离不开社区创建的两条卫生服务网络。第一条是自上而下的社区卫生服务管理网络：枫林社区健康促进委员会——枫林街道社区卫生服务中心——全科服务团队（户籍医生、社区护士）——每个居委会"桑榆晚"健康管理工作小组（户籍医生、居委会干部、健康管理志愿者）——居民与家庭。第二条是自下而上的社区健康信息网络：居民与家庭——楼组长——居委会及户籍医生——社区卫生服务中心——区疾病预防控制中心。这两条网络，连接着居民的健康和生命，其最大受惠者，就是占枫林社区户籍总人口19.74%的2万多名平均年龄在60岁以上的老年人和社区内的残疾人、孕妇、儿童和慢性病患者。2000年，为了鼓励户籍医生走进居民家庭，上海市卫生局专题发过《关于实施"户籍制预防保健服务"的通知》，对户籍医生责任制的做法给予了充分肯定。

户籍医生不光管看病，更重要的工作是帮助预防疾病发生。中心结合健康管理、慢病管理工作实际，逐步建立并完善了疾病三级预防体系，即病因预防、健康体检、慢性病管理及康复的"一级、二级、三级综合预防"服务平台。街道把所有的居民都分了组，然后分期分批进行免费的身体和心理检查。根据体检结果，对有慢性病隐患、已患慢性病和严重患病的居民实行精细化管理。而对于健康居民，也有适合他们的"菜单"——中心开设了健康超市，由全科医生、各专科高年资医生提供全天候健康咨询和保健处方，体质测试、饮食营养菜单、健康讲座、健身功夫等各种服务也一应俱全。

中心对户籍医生的考评，不是以经济收入多少为标准，而是用"五个率"（社区卫生服务覆盖率、户籍医生入户率、社区卫生服务知晓率、健康档案使用率、社区居民满意率）来考核。不仅如此，上级业务主管单位区疾病预防控制中心，还有一套更具体的业务考核细则，通过双向考核来评估他们在社区卫生服务工作的绩效。

经过多年的探索，枫林街道社区公共卫生与基本医疗有效结合的服务模式已经基本形成。一是以"户籍医生责任制"为核心，"五员合一"建立居委会健康管理平台（户籍医生、居委会卫生干部、计生干部、助残员、健康协管员）；二是以三级预防与健康管理、慢性病管理相结合为服务内容，建立三级预防体系；三是搭建信息化管理平台，完善“户籍医生工作信息平台”，提高户籍医生的工作效率；四是形成基本医疗与公共卫生相结合的质控体系，切实提高服务质量；五是由区疾控中心、各防治站所、街道、中心对户籍医生的工作从不同角度进行评估与考核，使户籍医生成为知识技能较全面的、具有多方面执业能力的、能适应社区卫生服务需求的复合型人才。

目前，该中心已成为上海市爱心助老特色基地、世界卫生组织健康教育健康促进医院实验基地、拥军优属模范单位，连续 26 年 13 次被评为徐汇区文明单位。枫林（街道）社区创建社区卫生服务网络新模式的经验，不但多次在区、市级卫生层面上得到交流推广，而且吸引了多家媒体跟踪报道。为每户家庭、每个居民配备家庭责任医生是医改制度设计中的一个理想，由于区域经济水平差异，短期内马上推广较难。但这一制度尝试对于上海医改具有重要意义，对于全国来说也是制度创新。

2. 案例分析

（1）我国卫生工作的方针是预防为主，防治结合。

几十年来，随着慢性非传染性疾病日益成为重要的公共卫生问题，面广量大的社区慢性病及高危人群的服务与管理，与有限的社区卫生服务人员人数之间的矛盾日渐突出。如何充分利用社区卫生资源，有效提高社区居民对自我健康的保护意识及责任意识，把疾病预防寓于自我健康管理之中已成为社区卫生服务工作的重点。户籍医生制度运用户籍管理户口的办法来落实对社区居民家庭的健康管理，是社区预防保健工作从“条管理”转向“块管理”的重要改革措施，也是社区卫生服务中心开展综合防治的重要基础。上海徐汇区以“户籍医生责任制”为核心，以疾病三级预防及健康管理为服务内容，试行社区卫生服务网格化管理，强化“责任制”，突出“防治结合”，满足了社区居民“六位一体”的服务需求，提高了社区居民生活质量。

（2）户籍医生责任制是家庭医生责任制的一种形式。

在发达国家，家庭医生责任制早已发展成熟，英国家庭医生数量就占到医生总数的近 50%。发达国家的大型医院普遍没有门诊部，市民的小病小痛都交由家庭医生包办，大病则由家庭医生负责联络大医院转诊。鉴于现在我国多数地方的医疗卫生资源仍相对紧张，社区卫生服务体系还不够发达，要求医务人员完全由坐诊变为上门服务还存在一定的困难，实行家庭医生责任制可以逐步转变这一

现状。让每户居民都拥有一位家庭医生是我国卫生部门一直追求的目标，然而在我国，作为户籍医生的全科医生数量不足是社区卫生服务面临的一个瓶颈。《国务院关于建立全科医生制度的指导意见》提出，到2020年，中国将初步建立起全科医生制度，基本实现城乡每万名居民有2～3名合格的全科医生，基本适应民众基本医疗卫生服务需求。要实现这一目标，需要30万～40万名全科医生，而我国目前注册的全科医生仅有7.8万名，且大多是专科医生转岗而来。即便是这部分全科医生，在实践中由于缺少职业晋升机制和社会认同感，也变得缺乏稳定性。针对这一问题，不断完善全科医生的培训和管理体制可谓任重道远。

（3）要对户籍医生实行严格的准入和退出机制。

对医生的技术和职业操守的信任度是群众普遍关注的问题，尤其是在当前医患关系紧张的情况下，很多人认为家庭医生就是基层医生、社区医生，对家庭医生的医术和职业操守存在质疑。家庭医生应该是家庭的私人医生，既然是私人医生，就应该是经过家庭慎重选择并且合格可信的医生。这就要求经政府部门建立严格的准入和退出制度，对医生进行考核和评价，保证技术过硬、操守端正的医生成为户籍医生。中国社区卫生服务发展尚处于起步阶段，基础比较薄弱，尤其在人力资源方面，人员学历、职称水平相对大医院还有很大差距，难以取得社区居民的信任，加强医护人员的在职培训是当前的首要任务。针对城市医疗资源过剩的实际，要建立起比较严格的人员准入机制，并逐步分流和淘汰一些技术上不合格的卫生人员。在认定家庭医生资质方面，可以参考香港政府的做法，引进第三方机构，建立一个政府之外的独立的家庭医生协会或社区卫生服务协会，去认定、考核和监督家庭医生。相比于政府制定规则，专业机构的认定更加有说服力，更容易取得居民的信任。

案例6

武汉市江汉区水塔街的环境整治[①]

1. 案例介绍

水塔街位于湖北省武汉市江汉区东南部，东连江汉路步行街，南接中山大道，西至前进四路，北止京汉大道，辖区面积0.324平方公里，共有7个社区居委会。辖区内商贾云集，网点密布，拥有汉口规模最大的计算机、电子元器件专

---

① 见 http://www.jianghan.gov.cn/pub/stj/index.htm。

业市场群；有闻名全国的商业零售上市公司中百集团、亨达利钟表商店、叶开泰药店等久负盛名的老字号商业企业，是武汉市商业和休闲旅游购物中心。辖区共有4个驻军单位和4所学校。在环境综合治理方面，水塔街坚持改善环境、服务居民的思路，坚持社区环境卫生长效化、精细化、规范化管理，深入推进“双创双争”活动，采取了7项硬措施，为居民群众创造了干净、整洁、优美的生活环境。

措施一：环卫工作人员、清扫保洁人员下沉到社区

保证每个社区落实1名环卫工作人员和2名清扫保洁人员。环卫工作人员担负环卫质量监督任务，负责本社区外环境卫生、清扫保洁的检查、督办、整改工作，清扫保洁人员负责本社区主次干道、社区角角落落的清扫保洁工作。为使他们真正沉到社区，由社区负责每日考勤，其基本工资由环卫所按季度拨付到社区，奖金、福利（除社保关系）与社区绩效挂钩，并统一由社区发放。

措施二：完善各项卫生管理制度

为加强社区环境卫生建设，进一步提高社区环境卫生管理水平，促进环境卫生管理制度化、规范化，街道、社区不断完善各项卫生管理制度，如卫生管理责任制，清扫保洁员的四定（定人、定岗、定时、定责）制，环卫质量监督制等。而且使各类卫生管理制度的制定符合本社区的区情，实施贴近实际，能够落实到位。

措施三：坚持每日卫生管理巡查

各社区按照责任分工，每天安排专职人员巡查自己所包区域的环境卫生，做到有问题早发现、早解决。对不易解决的环境问题，由社区及时与相关单位、业主等责任人联系，说明情况，督促其对产生的建筑垃圾、装修剩料进行清理；对无责任人的环境问题，由居委会牵头进行解决，确保社区环境卫生干净整洁。

措施四：多层面动员监管社区环境

为使社区环境建设秩序井然有序，各项工作能够得到有效落实，街道主管城管工作的领导亲自抓，经常带领机关相关部门负责人下社区巡查；街道包区干部定期到社区进行检查；社区主任、卫生主任、环境质量监管员等工作在第一线，边干边检查，发现问题及时整改；“三乱”清理工作任务分配到各社区，并在社区内部划分工作人员责任范围，定期检查考评。

措施五：机关工作人员坚持周末义务劳动制

机关工作人员每个周末坚持义务劳动，在社区统一安排下，开展清理卫生死角、楼道楼顶杂物、乱堆乱放、乱牵乱挂、乱刻乱画和清理花坛行动，让老百姓

从居家过日子中切身体会到环境的改变。街道还不定期开展“月末美家园大行动”，联合区直各单位及辖区文明单位，在辖区内各社区开展清理楼道内、平台及顶棚的杂物、垃圾，铲除“牛皮癣”，除扬尘等工作。

措施六：充分发挥工作协调机制的作用

近几年，水塔街不断加大老旧小区基础设施投入力度，完成了老旧小区的硬化、绿化、美化工作。同时，对小区发生的门窗破损、道路失修、基础设施损毁等问题，主动同产权单位、物业、政府职能部门进行沟通，协调各方快速解决发生的问题，进一步完善社区公共服务设施，提高社区硬件水平。比如，在每年汛期，街道和社区相关干部都能积极协同区水务局排水队清疏所辖社区，将社区内渍水消灭在萌芽状态，与房管部门维修人员一道对老楼旧楼的房屋开展检修止漏和巡检工作；社区群干每天到空巢老人家看望，解决大雨期间出门不便的购物基本生活问题，最大限度确保社区居民不受自然气候影响，生活秩序正常。再比如，要求驻街城管执法中队和各社区加大劝导和守控力度，调配人员延长控管时间，遏制出店占道经营现象；要求由驻街执法中队带头、街城管科协调配合，拟订针对广告招牌设置不规范问题的专项整治方案并付诸实施，采取责令整改和补办手续等措施，短时间内实现了街容街貌的较大改观。

措施七：治城与育人相结合

各社区坚持以人为本，组织动员社区居民参与环境创建，加大环境卫生管理法规和“清洁武汉、人人有责”的宣传教育力度，增强居民环境卫生参与意识，形成良好的人文软环境，促进社区环境卫生工作健康、持续发展。比如联保社区组织开展“爱我社区、美化家园”卫生月活动，组织青少年捡烟头、清除楼道“牛皮癣”、给花坛的树木浇水，以此带动居民告别不文明行为，培养“劳动最光荣”的良好品德，为创建全国文明城市作出了积极贡献。东民社区组织青少年开展两型社区低碳生活故事会，结合当前的两型社区教育，通过讲故事教育青少年热爱社会，低碳生活，为了子孙后代国家的发展，从现在开始，从小事做起。

通过街道工委和街道办事处举全街之力，全员发动、不断加大投入、切实加强综合治理，水塔街的城市综合管理成绩大幅度提升，由上半年中等偏下跃居武汉市全市一类街道第 28 名、江汉区一类街道第 5 名。

2. 案例分析

社区环境治理是建设宜居社区的基础性工作，是建设宜居城市的细胞工程，它同时也是一项需要多方合作、协同管理才能产生成效的管理事务，是一项依靠大量细活、粗活、重活累积才能真正实现净化绿化美化环境的日常活动。当前社区环境治理工作的主要难点和问题在于：

（1）卫生责任归属。

即哪些属于本社区居民自己应该负责的卫生区域，哪些属于社区居委会应该负责的，哪些属于街道办事处环境治理相关部门应该负责的。

（2）管理责任归属。

这里主要指管理方的内部职责分工，即在社区居委会、街道办事处甚至区级政府内部，对于社区环境治理工作的具体分工。公共事务经常有这样一个特点：越是事无巨细的越难协调、难分清责任，越是基本的、重大的越容易达成一致、容易分清责任归属。这更加明显地反映在社区环境治理中这种事小类杂面广的公共事务的治理上。

（3）高效长效机制。

第一，如何使环境治理工作高效运转起来，它包含了严格高效的管理制度和行之有效的激励机制，即一方面在于如何使各有关管理人员忠于职守、严格执法、热情服务，另一方面在于如何使绝大多数环卫工人等一线工作人员有足够的积极性和主动性去开展环境治理。第二，如何使环境治理工作成果得以长期巩固并不断扩大化。换言之，能否形成一个长效机制，而不是重视了严格了就抓得紧做得好，相对不重视了松懈了整个社区环境就变得一团糟。

为此，既需要针对社区公共领域建立一套行之有效的管理制度来使相关人员坚持长期认真工作，履行职责，并能安心工作，乐于奉献，又需要对涉及每家每户的环境治理部分建立一套切合实际、普遍接受的教育和激励机制，鼓励广大社区居民共同为社区环境净化绿化美化作出应有的贡献。该案例较好地解决了上述三个难题，因此环境治理工作取得了较大成效。现简要分析如下：

首先，分清责任，建立明确的分工体系。从纵向上看，从一线人员到管理层分别有清扫保洁人员、环卫工作人员、环境质量监管员、社区卫生主任、社区主任、街道包区干部、街道主管城管工作领导等；从横向上看，各有分工职守。这有利于最大限度地保证环境治理工作不留死角。

其次，多方联动，建立网络式协调机制。各社区经常主动同产权单位、物业、政府职能部门进行沟通，并且，当自身无管理权限时，能主动联系区水务局、城管执法队等相关上级政府部门协同开展环境治理，完善了社区公共服务设施，提高了社区硬件水平。

最后，教育并重，多渠道鼓励居民作贡献。一方面，机关工作人员义务清理卫生，并作为一项制度坚持下来，为社区居民共同参与社区环境治理率先垂范，

起到了良好的表率作用；另一方面，各社区大力展开各种宣传教育活动，吸引广大社区居民参加，让社区居民在活动中深切体会到维护社区环境卫生、净化绿化美化社区环境也是自己的一份责任，有效地带动了社区居民共建美好环境。

案例7

北京市西城区金融街社区教育学校①

1. 案例介绍

金融街社区教育学校暨金融街少年宫，坐落于昔日醇亲王府南府（清光绪皇帝出生地），历史上曾是“民国大学”和“北京34中学”校址。校园占地面积近5 000平方米，建筑面积2 780平方米。2005年年初，由北京市、西城区两级政府拨专款进行全面修缮。工程历时一年半，经过翻修复建，彩绘描金，配置中央空调、校园互联网和计算机多媒体教学系统等现代化设施，构筑出既有悠久历史传承，又有深厚教育底蕴的一流校园环境。2006年年底，学校正式落成。

金融街社区教育学校建成以后，坚持以“民生民本民学习、融古融今融社会”的教育理念为先导，以现代先进教学设备设施条件和优秀的专兼职师资队伍为依托，坚持普及与提高相结合，教学相长、因材施教、分类指导的原则，面向社会，立足金融街，依靠社区，以育人和提高素质为本，向所有居民群众、从业人员、老年群体和青少年儿童，开展内容丰富、灵活多样的教育活动。学校开设了社区文明礼仪、奥运知识、健康保健、普法讲座、英语、计算机、平面设计、网络、金融理财、书法、素描、声乐、合唱、舞蹈、瑜伽、钢琴、电子管风琴、中华宫廷雅乐、编钟、编磬、箜篌、古琴、古筝、京昆、曲艺、国学、龙凤字经、古诗词经典诵读、围棋、象棋、乒乓球等教育项目。学校成立几年来，得到了迅速的发展：

（1）形成了系统的教学及管理体系，学校功能逐步完善。从教学内容看，既有英语、金融理财、计算机基础知识、网络知识等以技能性教育为主的内容，又有美术、礼仪、国学、乐器、戏曲等以情操性教育为主的内容。从教学主体看，既有专职教师，又有社会兼职教师。从教学对象看，横跨0～80岁的幼、少、青、中、老所有年龄段的人群。从教学性质看，既有纯粹公益的免费、低费培训

① 参见《醇亲王府向社会开放，成了金融街街道社区教育学校》，载《北京日报》，2011-11-15；见http://www.jrjsng.com/，2012-05-26。

班，又有一定公益性质的收费培训项目。从教学管理看，既有直接服务于教学的教务管理部门，又有行政管理性质的总务后勤部门。从教学科研看，既有日常教学，又有科研活动。换言之，金融街社区教育学校已经发展成为一所功能齐全的学校。比如，学校结合辖区内居委会干部的实际需要，开设了面向居委会干部服务的韵律操和手风琴课，目前学员已经能够演奏简单的乐曲。

（2）开展了大量的社区公益活动，已初步形成品牌效应。金融街社区教育学校定期举办市民大讲堂活动，邀请有关专家来学校做关于养生、心理健康、家庭汽车保养、金融理财等方面的公益讲座，组织开展市民学习周、市民学校艺术节等系列活动，深入社区、单位、学校，有效动员了本地区单位职工和广大居民积极参加。比如，学校曾邀请作曲家张福全、指挥家杨鸿年、歌唱家王苏芬等做艺术指导，为居民举办讲座。学校艺术团每年开展的活动至少都在50场以上。这些活动深入西太平社区、丰汇园社区、浸水河社区、民康社区等进行，深受欢迎，其乐融融，群众参与达2万人次。此外，学校还主动承办了金融街智力运动会、金融街民族乐器比赛，到目前为止已经成功举办两届，反响强烈，效果较好。总之，社区学校在助推市民投入学习型社区建设，营造全面参与、终身学习的良好氛围方面，已经初步形成了品牌效应，树立了良好形象。

（3）建立官方网站，给社区居民的学习教育带来了极大方便。学校既致力于实体教学，又与时俱进地根据所在金融街地区居民素质较高、网络应用水平较高的实际，不断开发完善自己的网络教学体系。经过几年的建设，社区教育学校的官网栏目不断增加，越来越能满足广大学员的需求。官网中既有学校介绍、师生介绍、新闻报道、图片展示等宣传学校概貌和形象性质的内容，又有培训项目、社团建设、社区教育等介绍学校教学内容的板块，还有网上课堂、论坛在线、在线报名等即时性互动内容，大大丰富了教学形式，提高了教学效率，方便了社区居民的学习教育。

（4）演出精品，走出国门。例如，在中加建交40周年交流活动中，金融街社区教育学校的金声国乐团赴加拿大进行了民乐表演，表演连续进行了3场，场场爆满，受到广泛好评。在演出中，队员们用编钟、编磬等中国特有的民族器乐，将历代只在宫廷奏响的音乐送上了国际的舞台，充分展示了中国文化的独特魅力。

上述发展使得学校的社会影响力不断扩大，吸引了来自五湖四海的国内外学员加入。例如，学校既有由辖区内专业团体退休的艺术家、海归、退休教授、音乐爱好者等组成的金融爱乐交响乐团，由金融白领、企业职工抱团建起的职工合

唱团、形色空间美术俱乐部、书法俱乐部，又有来自东北等地区和美国凤凰城等国家的学员。学校学员来源跨出社区，开创性地走向了多元化。

金融街社区教育学校致力于开展社区教育从而推动社区文化建设、文明建设的巨大成功，得到了各级政府和社会各界的高度认可，中央、北京市和西城区等各级领导也持续关注学校。仅 2011 年，就有中央政治局常委李长春，中宣部副部长雒树刚、蔡赴朝，北京市委书记刘淇，中央巡视组徐光春和多名北京市、西城区领导专程到学校进行视察。学校还吸引了国内外许多代表团前来参观访问，韩国首尔市模范市民奥运参观团、西藏社区教育党支部书记代表团、中宣部第 36 期地方党委宣传部长培训班和第一期西藏地区宣传干部培训班等先后到学校学习考察。

2. 案例分析

当前我国社区教育学校建立和发展过程中遇到的难题是管理体制混乱、经费和学员来源不足、内容体系不够吸引人等，但金融街社区教育学校的发展在西城区政府和学校自身的努力下破解了这几个方面的难题，因而获得了巨大的成功。

（1）双重领导体制。

自 2001 年被教育部命名为社区教育实验区以来，西城区就不断完善社区教育运行机制，建立了区、街道、居委会三级社区教育管理机构，把社区教育学校纳入公办校管理，由政府出资，实行教委和街道办事处双重领导。这种领导的双重性，决定着金融街社区教育学校的教育也要适应地区、居民的需要，在原有学校教学模式的基础上，面向社区开发新的教学模式。

（2）经费来源稳定，教育资源向社会开放。

西城区政府从 2001 年起设立社区教育专项经费，人均 2 元，由此全区每年投入社区教育的专项经费共 160 万元。从 2008 年开始，区政府又建立学习型城区专项经费，每年 150 万元。两项加起来，全区每年用于社区教育的固定经费已达 300 多万元。除此之外，西城区多年来先后投资 3 000 多万元，用于社区教育基础设施建设，金融街社区教育学校就是其投资对象之一。学校计划提高校内场地的利用率，让居民每天下班后都能来学校活动。学校将充分利用场所、设备，开设一些普及性强、短期的培训和教育活动，吸引居民前来学习，这将进一步增强学校的吸引力。

（3）建立市民学习激励机制。

每年表彰“西城区终身学习十佳学员”、“西城区百名学习之星”。从 2004 年 9 月起，西城区试行“市民终身学习积分卡”制度。积分卡由西城区社区学院管

理，以全区50所市民学校为试点。目前的持卡人已达3 000多人，有力地激发了市民的学习热情。

（4）结合“王府学校”特色和金融街特色，开展活动造福百姓。

学校开设了宫廷雅乐、智能机器人等十大项特色培训项目，聘请中央音乐学院教授为宫廷雅乐工作室艺术顾问，邀请中央音乐学院教授为雅乐工作室指挥，音乐学院民乐系艺术骨干任老师，开展古筝、笙、箜篌、打击乐等专业的培训。与此同时，学校还借助金融街独特的区位优势，着力打造“金”字招牌，组建的“金声国乐团”、“金韵舞蹈团”、“金色阳光腰鼓队”、“金雷京剧团”都具有很高水平。这种依靠特色办学的理念，很快扩大了学校影响力，学校目前已被西城区确定为“国学礼苑”德育基地，得到了社会的认可。

（5）对不同的受众采取不同的教育内容和教学管理模式。

一是对一部分公益性极强的普及型课程采取短、精的开展模式。金融街社区教育学校开设的国画、手语、工艺美术、书法大课堂共有500名学员参加了学习，报告和讲座也能尽量选择居民爱听的内容开展，收到了很好的效果。二是对有些学校教学成本低且居民有实际需求的课程采取短程培训、低收费的方式，如计算机课，满足居民初步掌握计算机操作知识和网络知识，课程教学周期短，教学内容以实际应用为主。三是对那些以满足兴趣为主要目的课程进行收费。

目前，金融街社区教育学校已经成为居民接受教育、丰富文化生活的理想之地。不过从今后长远的发展看，学校更为实际、有效的教育教学模式还需要继续总结和尝试。比如成人真正需要和想学的到底是什么，他们比较喜欢怎么学等，这些都是成功做好社区教育学校工作的重要课题。

第六章

社区管理的基本内容（二）

第一节　基本原理

一、社区调解

（一）社区调解的含义与范围

社区调解是指社区当事人双方或多方发生纠纷时，当事人自愿由社区调解委员会斡旋、调停，从而对所争议的问题达成共识与和解，最终解决纠纷的行为和过程。在我国，社区居委会一般都设有人民调解委员会，人民调解委员会根据《中华人民共和国人民调解委员会组织条例》的规定对民间纠纷进行处理。

社区调解的受案范围是：因婚姻家庭、房屋、邻里关系、债务、损害赔偿等公民之间有关人身、财产利益引发的比较疑难、复杂的民事纠纷；群体性纠纷；突发的易激化的纠纷；公民、法人和其他社会组织之间主动要求调解的其他纠纷。这些案件总体上可以分为两类：一是传统的纠纷，如婚姻、继承、赡养、分家析产、相邻关系、债务履约、身体伤害、事故赔偿、名誉侵害等；二是随着市场经济发展而出现的新型纠纷，如投资分配、产权归属、合伙经营、房屋改建拆迁、市政管理、下岗失业、外来人员、劳务借贷纠纷等。它们具有以下特点：纠纷比较小，不属于法院受理的范围，或属于因法院只能阶段性地解决而遗留下来的小问题。①

（二）社区调解的机构和工作程序

社区调解主要由居委会下设的调解委员会负责，调解委员会设有若干名人民

---

①　参见瞿琨：《社区调解制度的完善与和谐社会的发展——一个公民权利保障的制度》，见李友梅主编：《上海大学法学评论——宪法行政法专辑》，188页，上海，上海大学出版社，2006。

调解员，其工作职责是：协调、联络、指导、培训、参与调解。社区调解员调解的程序是：

1. 受理纠纷

一般有两种途径：一是纠纷当事人找到调解委员会请求调解纠纷，可以书面申请也可以口头申请；二是调解委员会发现纠纷后，及时主动前去调解。

2. 调查分析纠纷情况

受理纠纷后，要深入调查，充分掌握材料，弄清纠纷情况，判明纠纷性质。在广泛调查的基础上，进行综合分析，通过去粗取精、去伪存真，抓住纠纷的主要矛盾和矛盾的主要方面。这是顺利进行调解的前提。

3. 对当事人进行说服劝导

在说服劝导中，应根据纠纷性质、难易程度区别对待。对简单的纠纷，涉及当事人隐私或其他不宜公开的纠纷，应个别调解。对比较复杂、影响面大的纠纷，可邀请周围群众代表、当事人单位的领导和亲戚朋友参与调解。

4. 促成当事人和解并达成调解协议

达成调节协议后，可根据当事人要求，制作调解协议书，由双方当事人或调解人员签名，并加盖印章，发给双方当事人，调解委员会也应留存。

5. 调解协议的履行

调解协议对当事人具有法律意义上的约束力，如一方反悔，调解人员应再次调解，或当事人一方请求基层政府处理。

（三）社区调解的特点与功能

社区调解具有以下特点：调解人扮演积极主动的角色，灵活运用情理法；纠纷当事人也具有相当的主动性；党的政治组织和行政资源高度介入调解过程。① 其功能是：疏导、调处、协调社区内的纠纷矛盾，维护社区稳定；预测、预排、预报社区矛盾纠纷信息，协调有关部门解决问题；宣传国家的法律法规政策，提高社区居民的法律素质；受理社区居民来信、来访方面的事宜；提供法律咨询并办理社区居民和单位的有关法律服务和法律援助事项；做好社区内刑满释放人员的安置帮教工作。②

---

① 参见瞿琨：《社区调解法律制度：一个南方城市的社区纠纷、社区调解人与信任机制》，141～146页，北京，中国法制出版社，2009。

② 参见瞿琨：《社区调解制度的完善与和谐社会的发展——一个公民权利保障的制度》，见李友梅主编：《上海大学法学评论——宪法行政法专辑》，189页。

二、社区矫正

（一）社区矫正的含义和特征

社区矫正是与监禁矫正相对的行刑方式，是指将符合社区矫正条件的罪犯置于社区内，由专门的国家机关在相关社会团体、民间组织以及社会志愿者的协助下，在判决、裁定或决定确定的期限内，矫正其犯罪心理和行为恶习，并促进其顺利回归社会的非监禁刑罚执行活动。社区矫正具有以下特点：社区矫正具有刑事制裁性；社区矫正的对象比较特殊，主要是社会危险性不大，不需要监禁，或者虽需要监禁，但经过一段时间的监禁，社会危害性已经降低，不需要继续监禁的罪犯；社区矫正主体多元化，包括国家机关、社会团体、民间组织以及社会志愿者；被矫正对象有社区参与性。

（二）现阶段社区矫正的组织模式

1. 社区矫正工作领导协调机构

2004 年 5 月 9 日，司法部印发的《司法行政机关社区矫正工作暂行办法》第八条规定："省（自治区、直辖市）、市（地、州）和县（市、区）司法行政机关应当设立社区矫正工作领导小组办公室，作为同级社区矫正工作领导小组的办事机构，负责指导、监督有关法律、法规和规章的实施，协调相关部门解决社区矫正工作中的重大问题，检查、考核本地区矫正实施情况。"根据上述相关规定及要求，各试点省（自治区、直辖市）及其所辖市（地、州）和县（市、区）均成立了由各级党委、政府领导的社区矫正试点工作领导小组及其办公室。

2. 社区矫正工作管理机构

目前各试点省（自治区、直辖市）在力所能及的范围内进行了探索和实践。目前，试点省份主要通过两种途径解决社区矫正工作管理机构问题：一是增设专门机构。如上海成立了市矫正工作办公室，级别为副厅（局）级，核定编制 20 名，下设综合处、矫正处、联络处、安帮处四个处室。二是增挂机构。在司法行政机关内部相关职能处（科）室增挂社区矫正管理处（科），两块牌子一套人马合署办公。目前，浙江省的大部分市、县（市、区）就通过这种方式完成社区矫正工作。①

3. 社区矫正试点工作基层组织网络

乡镇（街道）司法所具体承担社区矫正日常管理工作。因此，目前社区矫正试点工作的基层组织网络以司法所为核心，根据社区矫正工作的要求，呈现出以下格

---

① 参见葛炳瑶主编：《社区矫正导论》，38～39 页，杭州，浙江大学出版社，2009。

局：村（居、社区）工作站在司法所的领导下，领导监管帮教小组进行社区矫正工作。监管帮教小组的主要成员为社会志愿者，他们是进行社区矫正的主要力量。

三、社区教育

（一）社区教育的含义和特征

社区教育是指以社区为范围，以社区全体成员为对象，旨在发展社区和提高其成员素质与生活质量的综合教育。社区教育的外延很广，既包括学校教育，也包括家庭教育和社会教育；既包括普通教育，也包括职业技术教育和成人教育；既包括青少年教育，也包括学前教育和社区教育，乃至终身教育等。

在分析社区教育的内涵和外延的基础上，我们可以得出以下几点结论：社区教育的概念是大教育概念；社区教育的对象是全体社区成员；社区教育的目标是满足社区成员的各种教育需求，培养和提高社区成员的素质，提高社区成员的生活质量，促进社区发展；社区教育的内容是多元的、多层次的、从实际出发的；社区教育的实质是沟通教育与社区，协调教育发展与社区发展，从而走向学习型社会，实现教育社会化和社会教育化。社区教育具有地域性、多样性、实体性和开放性等特点。

（二）我国社区教育的体系建构

1. 建立社区正规教育体系

正规教育是由教育或培训系统主办，要求学生注册，使学生获得某种文凭、学分或某种专业技能证书的一种教育。它包括由初级到高级的各类社区学校。因此，完整的社区教育体系应包括初等和中等文化基础教育、中等专业技术教育、社区成人高等教育三类。

2. 建立社区非正规教育体系

非正规教育体系是正规教育系统之外的教育，它是为那些不以修完全部课程、取得学历文凭为目的的社区成人提供的学习机会。非正规教育时间短、见效快，教育方式灵活，结构松散，更注重工作与技能的训练，为社区民众的需要和社区的发展服务。这种教育大都是由社区的成人学校及行业（专业）部门组织实施。如在成人高等学校中设立的培训部，行业部门设立的某某培训中心等。开设的培训课程也极为繁多，包括文化补习、职业技术、健康卫生教育、继续教育课程、家电使用、个人发展课程等，一般由受教育者自己选择。

3. 建立社区非正式教育体系

非正式教育是指一个人在日常生活中获取技能、价值、观念、知识和能力或

经由家庭、邻居、工作、娱乐、图书馆及大众传媒等受到的教育。联合国教科文组织21世纪委员会在其工作报告中认为，现代传播媒体和文化机构如博物馆、图书馆乃至休闲娱乐活动，都有教育的功能。

（三）社区教育的实施

社区教育需要区域内相关资源的拥有者依据社区教育的目的来进行协调运作。目前中国的社区教育主要有以下主体参与：

1. 政府部门

政府部门在社区教育中的主要职能是：制定发展规划，加强宏观指导；建立组织管理体系，加强协调领导；制定政策法规，完善发展环境；提供资金支持，加强物质保障；实施效果评估，提出完善措施。

2. 社区教育学校

每个社区都可以根据本社区的实际情况，建立自己的社区教育机构，成为本社区建设的组织之一。社区大学、社区学院、社区学校和市民学校便是目前比较普遍的、专门的社区教育学校。在中国，社区大学和社区学院主要以地方政府社区教育部门为主体，开展成人职业教育、学历教育。社区学校和市民学校以街道、居民委员会为主体，开展短期职业教育、艺术教育、科普教育和家庭教育等与丰富社区居民文化生活相关的知识教育。这些教育以非学历教育居多。

3. 驻社区企业

虽然企业以实现利益的最大化为目标，但一些驻社区企业往往出于企业文化建设或回报社会的想法而对所处社区具有强烈的责任感和使命感。驻社区企业参与社区教育活动的方式主要有以下几种：员工以志愿者的身份直接参与社区组织的活动，利用业余时间奉献爱心；与社区建立共建关系，形成一种固定的、长期的参与关系；资金资助社区需要；与社区部门主管合作，全面参与某一主题活动项目。

4. 社区公益机构与组织

公益机构与组织可以分为两类：一类是基金会，专门负责为其他公益组织和活动募集资金；另一类公益机构是直接面对社会大众的服务机构，其活动方式主要由被服务对象的特征、范围、规模等因素来决定。社区公益机构与组织的活动范围覆盖教育培训、环境保护、福利救济、体育康乐、文化艺术、医疗保健等诸多领域。这些体现人文精神和社会责任的价值观，得到了不同政治主张、宗教信仰、文化素养、职业状况以及经济收益等社会各阶层人士的认同，对动员民间力量参与公益服务活动具有很好的感召效应。

5. 社区教育专业研究机构与组织

专业研究机构与组织参与社区教育的主要形式有：进行理论研究，探讨实践发展中的理论问题；直接参与社区教育活动，指导活动的开展。如设计活动流程、提供专业咨询、组织交流研讨会、开展专题调查工作、开展社区居民教育活动、培训教育指导员、分析研究活动以及总结推广活动经验。

6. 群众组织

由于长期受计划经济体制的影响，政府管理职能无所不包，民间组织较少。为了解决不同社区群体的特殊需要，维护它们的特殊社会利益，政府建立的具有鲜明政府色彩的社会组织在政府的支持下，在中国社会发展中起着广泛而重要的作用。如中国共产主义青年团（共青团）、中华全国妇女联合会（全国妇联）、中国残疾人联合会（残联）、中华全国总工会（全总）、中国老龄协会等。

四、社区治安

社区治安是指在一定地域内对社会治安问题的治理，它具有区域性、法律性、综合性和群众性等特征。良好的社区治安是社区居民和社区内单位正常活动的必要条件，是改革开放和现代化建设的重要保证。

（一）社区治安的主体、内容与对象

1. 社区治安的主体

社区治安的管辖部门，从狭义上讲，是指管辖本地区治安工作的工作机构及其派出机构。但是，由于社区治安涉及千家万户的利益，面对当前我国社会改革开放特定时期复杂的治安状况，社区治安必须实行齐抓共管、综合治理。因此，从广义上讲，社区治安的职能部门还应包括与治安工作密切相关的城市街道办事处、社区居委会、物业管理公司及社区内企事业单位的保卫部门。

2. 社区治安的内容

一是公共秩序的维护，包括影剧院、俱乐部、文化宫、歌舞厅等公共娱乐场所和车站、码头、公园、商场、集贸市场等公共场所的秩序；二是户口管理，包括户口登记、户口迁移、户口调查、户口档案、流动人口管理、人口卡片管理、人口统计等工作；三是民用危险物品管理，主要包括对枪支、弹药、雷管、刀器、爆炸物品、剧毒物品以及易燃易爆等物品的安全管理；四是特种行业管理，包括旅馆业、印章业、旧货业等行业；五是交通道路管理，包括车辆管理、机动车驾驶员管理、路面安全设施管理、交通指挥、交通安全宣传、交通事故查处、交

通警卫等工作；六是消防管理，包括制定消防规则、办法和技术规范，做好消防安全宣传，开展消防队伍的组织、业务和思想建设，指挥火灾的扑救。

3. 社区治安的对象

社区治安的对象一般是指社区治安职能部门依法调整的同社区治安有关的社会关系，主要包括行政违法行为和刑事犯罪行为、灾害事故、社区内的不良道德风气。

（二）社区治安的基本任务与组织机构

1. 社区治安的基本任务

社区治安的基本任务是：协助公安机关、政法机关严厉打击各种违法犯罪活动；社区青少年犯罪的预防工作；积极开展人民调解工作；流动人口的管理工作；失足少年和刑满释放人员的安置帮教工作；居民的治安防范工作；社区消防工作；社区交通安全管理。

2. 社区治安的组织机构

主要有派出所、街道办事处、居委会和物业公司。公安派出所的基本任务是管理辖区的社会治安，维护公共秩序，预防和制止违法犯罪行为与治安灾害事故的发生，保障公民合法权益，保卫现代化建设的安全。街道办事处是区政府的派出机关，对辖区的城市管理负总责，要依据法律、法规、规章和上级政府的授权，行使相应的政府管理职能。居委会在社区治安方面的主要任务是，做好社区管理工作，搞好社区服务、社区保障、社区治安和其他社会公共事务，引导居民自我管理、自我服务、自我教育和自我约束，为城市发展创造一个安定、有序、和谐的社会环境。治安保卫工作在物业管理中占有极为重要的地位，是物业管理公司为保证所管辖物业区域内财物不受损失，人身不受损害，用户的工作、生活正常秩序不受干扰而进行的防盗、防破坏、防爆炸、防自然灾害等一系列治安管理活动。

（三）社区治安的综合治理

社区治安的综合治理是指在党委和政府的领导下，依靠广大人民群众，运用政治的、经济的、法律的、行政的、文化的、教育的等多种手段从根本上预防和减少违法犯罪，维护社区秩序，保障社区稳定，为社区居民创造一个安定有序的社会环境的管理活动。它包括打击、防范、教育、管理、建设和改造六项工作措施，这六项措施应综合运用，使之相辅相成，形成治安合力。①

① 参见王冶英等：《社区治安与社会稳定》，106～111页，北京，中国劳动社会保障出版社，2002。

第二节　典型案例

案例 1

青岛市四方区社区调解引入“民主听证”①

1. 案例介绍

近年来，随着城市改革的不断深化及各种利益关系的调整，社区矛盾纠纷呈现出多元化、复杂化、群体性、易激化、难调处、易上访的新特点。针对这些问题，山东省青岛市四方区司法局进行了大胆创新，指导兴隆路社区事务受理中心利用社区事务民主听证会的大调解形式，成功调处了两起分别涉及 18 户居民和 63 户居民的群体性涉水和公用部分维修纠纷，取得了良好的社会效果。

（1）新形势下的新问题，需要用大而新的有效调解形式。

在社区调解工作调研中发现，随着市场经济的深入发展、城市改革的不断深化，新形势下社区矛盾的内容和表现形式发生了新的变化，在内容上，涉及社区群众切身利益的群体性矛盾纠纷比较突出；在形式上呈现出多样化、复杂化、群体性、易上访、易激化的态势。社区人民调解只靠社区居委会调解组织用传统的调解手段已很难奏效，难以调处解决涉及多单位、群体性、错综复杂的矛盾纠纷。新形势下出现的新问题，迫切需要一种大而新、措施有效的大调解形式——社区事务民主听证会。

（2）社区事务民主听证会是社区自治、解决群体性纠纷的有效调解形式。

针对社区群体性纠纷的热点、难点，2001 年，区司法局试点指导兴隆路街道办事处社区事务受理中心，举行了首次社区事务民主听证会，成功地调处了本管区 18 户居民与遵化路房管所、市北旧城改造公司、市自来水公司由于室外地下管道破损漏水 4 592 吨，涉及居民水费近 8 000 元和滞纳金万余元的纠纷，解决了多年来群体上访问题。当时，各方代表及有关群众百余人参加了听证会。2002 年 6 月，兴隆路街道社区事务受理中心在 2001 年试点经验的基础上，又以社区事务民主听证会的大调解形式，成功地解决了嘉禾路 23 号 1 号楼 63 户居民与移动通信公司及 4 家网点单位因二楼平台、楼梯积水以及维修经费的纠纷，达成了公用部位维修经费 5 000 元的出资协议。居委会主任、调解干部及群众 80 余

① 参见郝增福：《社区调解引入“民主听证”的实践与思考》，载《中国司法》，2003（4）。

人参加了听证会。

（3）社区事务民主听证会的制度规定。

兴隆路街道办事处制定的《社区事务民主听证会议细则》共计7章41条。7章分别为："总则"、"申请和受理"、"听证主持人和听证参加人"、"听证准备"、"听证"、"听证处结"、"附则"。该细则41条主要规定：街道社区事务民主听证委员会在街道党工委领导下开展工作，委员由住街道区的人大代表、政协委员、社区事务受理中心成员、社区法律工作者和社区群众代表组成；召开社区事务民主听证会，需有10（户）名以上社区居民联名或法人单位向社区事务民主听证委员会提出书面申请，并经研究决定召开；听证主持人从社区事务民主听证委员会人员中民主推举，主持人由1～3人担任，并民主推举一人为首席听证主持人；参加听证人员为听证委员会成员、听证申请人以及与听证事项有利害关系的行政机关、法人及其他组织代表，其他有关人员可以列席旁听。

山东省青岛市创新的社区事务民主听证会的大调解形式对于促进社区调解工作的开展是有益的探索和尝试。

2. 案例分析

随着社会的发展，社区出现纠纷的形式也日益复杂化，其中涉及社区群众切身利益的群体性矛盾纠纷比较突出。这种类型的纠纷依靠传统的调解方式很难解决，面对新的纠纷类型就需要新型的适合解决群体性纠纷的调解方法，社区事务民主听证会的大调解形式由此应运而生。

（1）社区事务民主听证会的大调解形式借鉴了司法诉讼中代表人诉讼的原理。代表人诉讼是指多数成员彼此间具有共同利益，基于诉讼当事人之间的信任关系委托其中一人或数人为全体利益起诉或应诉，诉讼结果作用于所有的委托人。这种大调解形式从某种程度上解决了当事人由于怕麻烦、怕纠纷、怕报复等心理不提诉的情形，同时节约了资源，避免同样的纠纷多次被提出，需要调解工作人员多次调解，也避免由于当事人各人要求的过于多样性而导致调解无法顺利进行。

（2）听证会形式的大调解，一是有针对性地解决了社区群众关心的难以解决的热点、难点问题；二是为广大调解干部调处社区群体纠纷提供了借鉴经验；三是这一调解新形式强化和提高了社区民主协商和社区自治的能力。实践证明，社区事务民主听证会这一大调解形式，是有效地解决涉及多单位、群体性、易激化的复杂纠纷的一种有效形式。

（3）这种制度当然还需要一个逐步完善和规范的过程。一是听证的程序需要进一步规范和完善；二是什么范围的纠纷、在什么情况下，用社区事务民主听证会的形式解决；三是社区事务民主听证会所达成协议的法律效力问题等。这些问题应当在实践中加以解决并通过规章的形式确立下来。

案例2

河北省廊坊市运用网上社区进行调解①

1. 案例介绍

河北省廊坊市的调解工作有着深厚的历史渊源。霍大民、霍二民是同胞兄弟，因为一起房屋产权纠纷，两人打了近十年官司。在廊坊市广阳区法院法官的耐心调解下，兄弟二人终于重归于好。

本来应该安享晚年的两兄弟，因为房屋问题成了仇人。广阳区法院认为，一定要妥善解决这起纠纷，尽快让兄弟二人从多年的诉讼纷争中解脱出来，和睦相处。为此，法官查阅相关资料，到兄弟两家了解情况，在了解到此案实际上是兄弟二人子女的矛盾后，又多次与他们的子女沟通。终于，哥哥撤回了上诉，并给法院送上“十年兄弟恩怨，一朝英明决断”的锦旗。1996年9月，河北省委政法委专门下发文件，向全省推广“廊坊经验”。此后，廊坊中级人民法院先后五次在全国民事审判工作会议上介绍并交流经验。2002年1月，最高人民法院为廊坊中级人民法院记集体一等功。

邻里有矛盾，网上可调解。2008年7月起，河北省廊坊市在全省率先启动社区居民网上调解系统，并首先在七个社区试运行。社区居民可以直接登录廊坊市人民调解网，在社区调解员的主持下在线调解矛盾纠纷。

河北省廊坊市广阳区阿尔卡迪亚社区的李先生对邻居家经常打麻将影响孩子休息不满，便在网上申请调解。调解员于晓涛通过电子查询、核实双方身份后，与双方当事人预定了网上调解室和调解时间。当天下午下班后，于晓涛仅用十分钟就使得李先生的邻居意识到自身的错误，表示以后一定改正，还邻居清静。

① 参见朱安文：《加强廊坊社区建设的思考——以美国社区建设经验为借鉴》，载《华章》，2010(20)；《廊坊“三位一体”大调解走出廊坊》，见 http://news.sina.com.cn/o/2009-06-14/114315786934s.shtml，2012-05-27；杨帆：《廊坊经验：东方经验的奇葩》，载《中国审判》，2009(9)。

“问题解决了，我们两家也没有因为这件小事影响关系。”李先生说，“网上调解太方便了，有助于邻里和谐相处。”

（1）网上调解方式。

居民打开“廊坊市人民调解网”，注册一个用户名，点击就可进入“温馨调解”板块。在这个板块里，工作人员根据发生纠纷的居民双方的要求，确定调解时间，预约网上调解室。届时，三方同时进入预约好且不对外开放的调解室，进行两方或三方会话，从而解决矛盾。廊坊市部分社区还建立了自己的社区网站，开通了BBS，社区居民可以在BBS上留言反映问题，社区调解员看到问题后，通过现场调解、预约调解、留言调解等形式，及时调解。充分运用QQ群、视频等现代网络手段反映问题，将公益律师、法官、检察官等法律专业人士与调解代办员或发生纠纷的双方联系起来，利用网络联系方便、快捷、高效的优势，即时化解矛盾纠纷，积小平安为大平安，从事态萌发时做起，维护辖区稳定。

（2）网上调解的优势。

据介绍，目前阿尔卡迪亚社区共有两名网上专职调解员，市司法局不定期对调解员进行培训，调委会主任每月为调解员培训法规政策。此外，该社区还建立了跟踪调解机制：社区充分利用网络博客和人民调解网的优势，在全面掌握被调解对象的同时，由社区调解员通过网络与被调解对象建立网络“一联一”调解互动制度，通过及时、长期的网上沟通、讲法、提建议的方式，使得一批当面调解不了、调解不好、调解不彻底的案件得以彻底解决。

作为一种新生调解手段，网络调解也推动了社区居民参与大调解的积极性。社区不断吸收社区内高素质、热心社区事业的志愿者参与到社区网络调解建设中来，充分发挥院长、楼长、单元长“三长”及老党员、老干部的作用，构建了全面覆盖的矛盾纠纷排查调处体系。截至目前，阿尔卡迪亚社区共有二十多名居民调解员。网上调解能避免当事人见面产生尴尬，从而防止矛盾激化；网上调解不受时间、地点局限，居民足不出户就可以解决纠纷，长的一个小时，短的十分钟就能解决，大大节省了时间；而且调解地点选择也很灵活，老年人还可以在家里电脑前通过视频反映情况。

2. 案例分析

社区调解与新媒体结合是一种很好的解决问题的尝试，既节约了大量的社会成本，也有利于促进社会和谐。信息化的发展对于解决社区的诸多问题开辟了新的思路和方案。网上调解方式便于社区工作人员更方便地和居民进行交流，群众也通过这个平台了解调解工作的进展情况，畅通了沟通渠道。网上调解也避免了由于当事人双方见面产生的尴尬，节约了双方的时间，有利于邻里和睦相处。

（1）网上调解方式虽然是形式上灵活的社区调解方式，依然需要规范的制度进行约束。

如关于网上调解的工作流程的规定：当事人通过网上调解平台或加入QQ群的方式发布申请调解的信息——选择调解模式（如网络视频调解、专家调解、网络文字调解等）——当事人网络填写信息资料（如个人基本信息、纠纷具体信息、联系方式、申请调解方式等）——给当事人指定调解员——当事人对指定调解员有异议可以有一次申请更换调解员的权利——根据约定的时间由调解员和双方当事人通过网络平台进行调解，双方可以自行展示相关证据，调解人员根据相关法律提出调解建议，如果达成一致则调解成功——达成调解协议书，通过网络签字或其他方式确认——履行调解协议，社区工作者对本次调解的结果进行回访，保证纠纷的顺利解决。

（2）网上调解制度是社区调解制度的创新，但也是对社区工作者新的考验。

在工作的过程中要不断提高自身的网络运用能力、网站维护能力，要通过不断为调解工作者进行法律培训和相关调解知识与技能培训，提高他们正确有效地处理纠纷的能力。同时加强和公检法部门、行政机关的联系，通过它们的支持、配合和指导更好地做好调解工作。通过把矛盾纠纷化解在基层、解决在萌芽状态，实现社会和谐稳定。

案例3

浙江省“枫桥经验”的新发展①

1. 案例介绍

20世纪60年代初，诸暨枫桥镇干部群众创造了“在党的领导下，发动

① 参见冯静：《枫桥经验——创新社会管理》，载《党建》，2011（3）；周庆、蒲辉、傅建勇、胡张力：《“枫桥经验”对化解社会多元化矛盾的启示》，载《北京人民警察学院学报》，2011（2）；陈一新：《“枫桥经验”的新发展与新启示——关于浙江省诸暨市加强和创新社会管理的调查与思考》，载《政策瞭望》，2011（5）。

和依靠群众，坚持矛盾不上交，就地解决，实现捕人少，治安好”的经验。毛泽东亲笔批示了“枫桥经验”，要“各地仿效，经过试点，推广去做”。改革开放以后，枫桥及时提出综合治理社会治安的理念，在全国首创综治办，实行政府主导和群众主体相结合，充分依靠群众维护社会治安。20 世纪 90 年代，枫桥创造了“四前”工作法和“四先四早”工作机制，组织群众预防矛盾，服务群众化解矛盾。进入新世纪特别是党的十六大以后，枫桥坚持发展与稳定并重，形成了党政动手、依靠群众、源头预防、依法治理、减少矛盾、促进和谐的新格局，努力做到“家庭琐事不出户、邻里纠纷不出组、小事不出村、大事不出镇、矛盾不上交”，成为新时期专门工作与群众路线相结合的典范。

第一，诸暨市的大调解组织网络覆盖广，市、镇、村全部成立了调解组织，同时还成立了如医疗、交通等领域的专业调解机构。目前，全市共有各类调解组织 839 家、调解员 352 名、矛盾纠纷信息员 3 299 名。以枫桥镇枫源村为例，全村按 36 个村民代表数将全村划分为 36 个网格，实行村两委干部联系若干村民代表、村民代表直接联系网格内所有农户的管理模式。2010 年全村共发生各类大小矛盾纠纷 23 起，镇、村两级调解成功率达到 100%。镇里成立了集公安、司法、法庭、检察、工商等各个力量的综治工作中心，设立服务大厅，由镇干部带头，实行“工作日坐诊、双休日出诊、不定期会诊”的“三诊”矛盾化解工作机制。三诊机制的实施，构建了“门好进、人好找、事好办”的信访绿色通道，实现新形势下社会各类矛盾全方位调处、一站式解决，实现了“有访必接、有接必办、有办必果”的工作目标，信访总量同比下降 47%。

第二，民警兼任村官，发动村级组织，化解一般矛盾。近年来，随着村级选举制度改革的推进，村级组织出现多样化趋势，干部群众参与社会治安管理的积极性、主动性逐步削弱。为切实扭转这一局面，枫桥派出所积极依靠党委、政府，在全镇 28 个行政村派驻 14 个社区民警，并分别兼任村党委副书记，利用“村官”身份，进一步发动组织村级力量，组建三级警务网络，建立起了三条调解线。一是构建基础防范网，实行村民自调。主要是以村民小组为单元，每个小组推荐出 1～2 名德高望重、正义善辩的村民代表或者中共党员作为村民身边的“和事佬”，充分利用人文优势、感情优势，快速调解一些处在萌芽状态的邻里矛盾、家庭纠纷，将维稳工作做到最前沿。二是构建基础管控网，实行村级协调。28 名平安协管员由“村官”民警直接分管，以警务室为依托，直接接受群众求

助报警，主要协助民警和村级自调组织调解村民小组上交的矛盾纠纷，将一般矛盾化解在村级。三是构建警务综治网，实行多方联调。对于跨村级的和疑难矛盾纠纷，以社区警务为依托，由“村官”民警联系司法所、综治办、调委会等部门在警务室建立临时综合治理调解中心，充分利用各自职能优势，开展矛盾纠纷的化解工作，实现“大事不出镇”的目标。通过民警兼任村官构建三级网络和三条调解线后，枫桥派出所辖区各类矛盾纠纷调解成功率达95%以上，其中有70.6%的民间纠纷在村一级得到解决，没有发生一起民转刑案件，切实改变了民警忙于应付纠纷案件的被动局面，使民警有了更多的时间深入群众开展基础防范工作。

第三，新枫桥经验还强调人民调解和司法调解对接，民间力量和司法力量协作。一是构建联调中心。派出所积极争取党委、政府支持，在所内建立以全国优秀民警杨光照同志命名的“老杨调解中心”，利用“老杨”同志善于做调解工作的特长，以及老杨在群众中的公信力，召集司法、检察、法庭、镇村干部、人大代表和具有较高威望的人员，对村级上移的疑难纠纷和接处警中的复杂纠纷进行化解。二是整合各方力量。派出所积极协调多方力量参与调解工作。其一是专职调解员。在“老杨”的基础上，聘请责任心强、善于调解又乐于做调解工作的人员，作为“老杨调解中心”专职调解员，实行驻所办公制，对一般疑难纠纷进行调解。其二是特邀调解员。从镇人大代表、司法干部和枫桥镇知名威望人士中聘用10名特邀调解员，对重大疑难纠纷矛盾开展“点菜式”调解，矛盾双方当事人可根据个人意愿，挑选适当的人主持或参与调解；同时，派出所可视情况邀请法庭、检察院等机构的人员参与，从检察院和法庭的角度分析点评案情，以利于调解工作的顺利开展。其三是辅助调解员。该类调解员主要负责做好村级调解，在必要的时候，利用同村亲情关系参与、配合调解中心的调解工作。三是规范运作机制。“老杨调解中心”在矛盾纠纷案件调解中，对运行机制、规章制度、流转程序、对接环节、调处方式、台账资料等方面进行了规范和统一，确保了各项工作有章可循、有据可依。自2010年“老杨调解中心”成立以来，先后成功调处各类疑难纠纷57起，调解成功率达98%。

2010年，诸暨市各级人民调解委员会共排查调处各类纠纷5 627件，法院调处各类民商事纠纷8 300件，公安部门调解治安和交通案件5 342件。甚至春节期间，这些调解组织还在正常运转，排查矛盾纠纷544件，调解成功521件。

2. 案例分析

做好社区调解工作是加强和创新新时期社会管理的重要方面。社会管理不仅是一项实际工作，也是一门管理科学，必须正确反映和协调各个方面、各个层次、各个阶段的利益诉求和社会矛盾，既要有维护公平正义的“刚性”，又要有协调各方利益的“柔性”，尽可能通过平等地对话、沟通、协商、协调等办法来化解矛盾纠纷、解决社会问题。我国把人民调解制度作为司法制度建设和社会主义基层民主政治制度建设的重要内容，就是充分体现刚柔并济原则的一项制度安排。面对量大面广的民间矛盾纠纷，应当贯彻调解优先的原则，坚持“点、线、面”相结合，积极构建人民调解、行政调解、司法调解相互衔接的大调解工作机制，通过加强社会疏导，调节社会心理，以不伤和气的方式方法，在第一时间、第一地点低成本、高效率地化解矛盾纠纷，实现案结、事了、人和，努力使化解矛盾纠纷的过程成为促进人际关系和谐的过程。

(1) 做好基层社区调解工作，维护社会稳定，首要做的就是要认真听取群众的利益诉求，面对面地做群众工作，坚持解决实际问题与加强思想教育并重，千方百计把问题解决在基层、解决在当地，真正做到“小事不出村，大事不出镇，矛盾不上交”。“党政动手，依靠群众，预防纠纷，化解矛盾，维护稳定，促进发展”的枫桥新经验，就体现出了要随时掌握社情民意，牢牢把握工作主动权；要积极疏导、有效处置影响社会稳定的热点、敏感问题，坚决防止因思想不重视、工作不主动、措施不到位，使个体矛盾演化成为集体矛盾。

(2) 基层调解是符合我国社情民意、适用于我国现阶段的一个重要制度。要把完善社区调解与贯彻落实宽严相济的刑事政策结合起来，最大限度地增加社会和谐因素，最大限度地减少不和谐因素，从而减少诉讼对抗，节约司法资源，促进社会和谐；与建立完善党和政府主导的维护群众权益机制有机结合起来，拓宽社情民意表达渠道，加强舆论引导工作，形成人民群众合法理性地表达诉求，党委政府和相关部门及时有效地解决问题的工作机制。

(3) 新枫桥经验的成功还在于从上级政府到下级执行者的重视。社区调解工作既繁重又复杂，必须对调解工作有着丰富经验和极大热情的调解工作者才能担负。诸暨市重视对社区调解工作者法律专业知识以及调解技巧的培训，使得调解工作者除了拥有一腔热情，还拥有基本的调解能力，有助于调解工作的顺利开展。

案例 4

美国伊利诺伊州的社区矫正工作及其启示①

1. 案例介绍

(1) 伊利诺伊州社区矫正工作的基本情况。

伊利诺伊州的社区矫正工作开始于 1971 年，逐步在全州 102 个郡（县）推开。经过 39 年的发展，伊利诺伊州的社区矫正工作成为该州刑事法律制度和刑事司法体系的重要组成部分。

立法情况。伊利诺伊州高度重视社区矫正立法。自开展社区矫正工作以来，州议会先后颁布了《统一的矫正法典》、《公开的假释听证法令》、《缓刑和缓刑官法令》、《缓刑社区服务法令》、《缓刑激励项目法令》等多部矫正法典（令），这些法典（令）对社区矫正的各个环节及相关内容作了系统详尽的规定，形成了完备的社区矫正法律体系，为顺利推进社区矫正工作提供了有力的法律保障。

对象人数。伊利诺伊州从缓解监狱拥挤、节省财政资金和有利于犯罪人回归社会的角度出发，对不需要和不适宜监禁的犯罪人以及没必要继续监禁的罪犯大量适用监禁替代措施，尽可能将他们放在社区进行矫正，由此社区矫正承担了绝大多数犯罪人的管理和矫正任务。该州年均实有监禁刑和缓刑、假释罪犯约 25.2 万人，其中州监狱 4.6 万人，郡（县）看守所 2.1 万人，监禁刑的占比为 26.6%，而缓刑人数为 15 万，假释人数为 3.5 万，缓刑和假释的占比为 73.4%，缓刑和假释人数大约是监禁刑人数的 2.8 倍。

机构队伍。伊利诺伊州的社区矫正工作根据对象类型的不同分别由矫正、警察和法院系统进行管理，各系统内均有专门的机构和人员负责。如假释人员的管理由州矫正局负责（矫正局同时负责管理监狱），矫正局内设假释处，在职人员 36 名，负责指导协调全州假释人员的社区矫正；同时在全州按区域设立 26 个派出的假释办公室，假释官共 415 名，每个办公室平均 20 名，具体负责假释犯的管理和矫正事宜。假释官一般具有大学本科以上学历，并需要接受经常性的专业知识和专业技能培训。假释官对假释犯的管理实行专人负责制，每个假释官平均管理假释犯约 86 名，对于强化监督的假释犯，有时每两名假释官共同负责管理 25 名假释犯。

① 参见种若静：《美国社区矫正制度》，载《中国司法》，2008 (10)；林仲书：《美国伊利诺伊州的社区矫正工作及启示》，载《中国司法》，2011 (2)。

经费保障。伊利诺伊州及郡（县）政府都将社区矫正经费纳入财政预算并给予充足保障。如2009年度州政府为矫正局安排社区矫正资金5 800万美元，占拨给该局年度总经费1.28亿美元的45.3%。同时，州政府对积极开发社区矫正新项目并取得良好效果的郡（县）政府拨给专项经费予以鼓励。政府还允许社区矫正部门每月向每名矫正对象收取50美元以下的管理费，作为社区矫正工作经费的补充和对矫正对象所犯罪行的惩罚。

（2）伊利诺伊州社区矫正工作的主要特点。

伊利诺伊州的社区矫正工作经过多年发展，建立了健全的组织体系、科学的运行机制和完善的保障机制，形成了较为成熟且颇有特色的工作模式。概括起来，主要有六个特点：

适用形式多样。伊利诺伊州创设了多种监禁替代形式，为裁决机关作出适合犯罪和犯罪人特点的非监禁处罚裁决提供了选择余地。主要形式有：一是在公诉阶段由检察机关或法院对滥用毒品和酒精等犯罪嫌疑人作出的转向和释放决定，如果犯罪嫌疑人在转向决定的期限内配合治疗且没有新罪，就不再追究刑责；二是在审判阶段由法院对被告作出的缓刑判决以及中间制裁形式的判决；三是在执行阶段由监狱对罪犯作出的准假、工作或学习释放以及州假释委员会对罪犯作出的假释决定。

管理手段先进。伊利诺伊州为了强化矫正对象的监督管理，确保公共安全，在社区矫正工作中大力运用信息技术手段，提高管理效率。该州对性犯罪和严重违例等高风险的矫正对象强制要求佩戴电子手铐（脚铐），并启用GPS定位系统，限制其活动范围，跟踪其活动轨迹。伊利诺伊州矫正局还建立了自动化管理系统，为假释官对假释犯实施电子监控、宵禁、呼叫以及假释官之间的通信联络提供技术支持。各基层假释办公室的工作用车内均装有移动电脑，以便于假释官随时查询相关信息。

矫正项目丰富。伊利诺伊州为了加强对矫正对象的监督和矫正的针对性，在监督方面根据危险性对矫正对象进行分类，在矫正方面根据需要对矫正对象进行分类，在分类基础上采取区别对待的方法实施监督和矫正，形成了内容丰富的监督和矫正项目，包括高、中、低三个危险等级的监督项目；滥用毒品酒精、精神不健康者等的治疗项目；针对青年罪犯的军训和性犯罪、家庭暴力犯罪等的矫正项目；心理咨询、文化教育、技能培训、职业推介等服务项目。

惩戒机制健全。伊利诺伊州根据矫正对象违例严重程度的不同，制定了科学、合理的惩戒机制，起到了既打击违例，维护社区矫正工作的严肃性，又教育本人，促其改过自新的良好效果。比如对不按时报到、不接受毒品测试或治疗、未完成社区服务小时数和擅自离开限制区域等技术违例的，给予本人在一段时间内每天到日报告中心报到、增加社区服务小时数、随机毒品检测、宵禁、家中监禁或加带电子监控手铐（脚铐）等较轻的处罚；对又进行了滥用毒品酒精等轻微犯罪的，给予本人强制收入中途折返中心并限制一段时间的人身自由等较重的处罚；对于又进行了严重犯罪的，予以收监并从重追究本人刑事责任。

生存支持到位。对于假释犯出监后面临生活、就业困难以及社会歧视等问题，州矫正局认识到解决这些问题事关矫正工作的成败，为此在政府支持下采取了许多有效的政策措施，以帮助他们清除回归社会的障碍。比如假释犯如果面临出监后无家可归或亲属不接纳等问题，其在假释前就可以向政府申请廉租房。州矫正局还在地方设立了九个生活技能中心和六个安置资源处，为出监后遇到生活、就业困难的假释犯提供食宿、技能培训、职业介绍、咨询辅导等过渡服务。此外，州政府为鼓励企业积极接纳矫正对象就业，制定了雇主每接收一名矫正对象就业即可抵免企业所得税的优惠政策。各郡（县）和市政府也很重视假释犯的帮扶工作，如芝加哥市建立了两个重返社会支持中心，为假释犯提供技能训练、临时食宿等支持服务，帮助他们顺利融入社会。

社会参与广泛。伊利诺伊州在社区矫正工作中注重与社会力量合作，借助他们的优势，提升工作质量。在利用社会力量的形式上，一是聘用专业人员和志愿者为矫正对象提供心理辅导、愤怒调节等各类服务；二是在矫正对象数量多的社区，成立社区支援委员会，为矫正对象提供帮助；三是政府花钱购买社会组织的服务，在该州为矫正对象服务的工作，基本上是由政府资助的社会组织具体负责，政府不直接承担这方面的工作。如塞弗基金会是 1972 年在伊利诺伊州成立的一个专为释放人员提供救助、就业、教育、医疗、精神健康、戒毒治疗等综合服务的非营利组织，下设 20 个分支机构，员工 350 多人，年预算 3 000 万美元，经费来源主要依靠政府拨款和民间捐赠。为支持基金会帮助释放人员就业，芝加哥市政府专门将一条街道和一个垃圾场的清扫任务承包给基金会，用于释放人员过渡性就业安置。该基金会每年为释放人员提供多项就业服务，帮助 2 700 多人顺利就业。

2. 案例分析

（1）美国比较成熟的社区矫正制度。

美国的社区矫正制度起始于 1789 年。20 世纪 70 年代，随着美国历史上第一部社区矫正法——明尼苏达州《社区矫正法》的出台，社区矫正制度得到了政府

和社会的广泛支持，全美普遍采用了社区矫正制度。从 20 世纪 80 年代开始，美国在行刑领域开始探索监狱管理及矫正手段的新途径和新模式，逐步扩大了缓刑和假释的适用，明确了非监禁刑和社区矫正的发展方向。美国司法部的统计资料显示，截至 2006 年年底，全国处于监禁刑和缓刑、假释的罪犯共有 720 万，其中缓刑人数 423 万左右，假释人数为 79 万，社区矫正的比例约占 70%。可见，美国社区矫正使用率大大高于监禁率，社区矫正已成为美国罪犯矫正的主要方式。

（2）对我国社区矫正制度的启示。

首先，加快出台中华人民共和国社区矫正法。目前需要对分散在《刑法》、《刑事诉讼法》、《监狱法》和《治安管理处罚法》等法律中有关监外矫正工作的规定进行系统整合，并吸收各地社区矫正试点工作的成功经验，在此基础上制定统一的社区矫正法，明确规定社区矫正的对象、类型、条件、程序、权利及义务、矫正机构及人员、矫正方式及内容、社区矫正与交付执行的衔接、社区矫正与完全回归社会的衔接以及经费保障等内容，为社区矫正工作规范健康发展提供法律保障。

其次，加大信息技术手段的应用力度。充分应用 GPS 等高科技信息技术手段，提高社区矫正工作的管理效率，弥补传统的人力监控手段的不足。同时，要充分运用信息平台，方便进行社区矫正人员信息收集、定位跟踪、矫正效果等工作，同时方便公检法机关和社区在人员交接方面的工作，方便公检法机关对社区矫正工作进行监督。

再次，探索完善矫正对象分类管理和分类矫正工作。分类管理和分类矫正是对矫正对象加强针对性管理和矫正，提高管理和矫正效率的有效方法。在分类管理方面，以矫正对象的危险性为分类标准，对不同危险等级的矫正对象在活动范围、见面和联系次数、报告次数、监控力量等方面给予不同宽严程度的监督，通过对高危人员活动的限制，减少重新犯罪的可能性。

最后，大力推进社区矫正工作的社会化。要创新利用社会多元主体力量的机制和形式，推进社会参与的广度和深度。一是通过在社区聘用社区志愿者进行对社区矫正对象的管理和帮扶工作。二是对积极接纳社区矫正对象的企业给予税收或者其他方面的优惠，建立社区矫正对象的工作基地。三是以政府购买服务的形式扶持非营利组织在社区矫正方面承担一定职能，如为矫正对象提供技能培训及就业推荐，为无家可归人员进行食宿救助、心理咨询、社会适应辅导等支持服务，对新接收人员进行教育训练以及对严重违例人员进行法制教育等。

案例 5

北京市“阳光中途之家”的社区矫正探索①

1. 案例介绍

2008 年 7 月，北京市率先建立了我国内地首个“阳光中途之家”。“阳光中途之家”由朝阳区政府主办、区司法局监督指导，并由区司法局派遣和招聘相关人员负责日常管理，是对朝阳区所管社区服刑人员中的“三无”（无家可归、无亲可投、无生活来源）人员及其他特殊人员进行临时救济、教育矫正、技能培训、就业指导、心理咨询的一种过渡性住宿式社区矫正常设机构。“阳光中途之家”内设有宿舍、心理咨询室、教室、电教室、美容美发培训室、烹饪培训室、活动室、多功能厅、餐厅、浴室、篮球场等。

“阳光中途之家”秉承“以人为本、回归社会”的工作理念，基于朝阳区矫正帮教于教、维稳工作需要和社区服刑人员面临的各种困难，拓展阳光社区矫正服务中心的服务职能和服务领域，协助有关部门对社区服刑人员进行教育矫正，帮助社区服刑人员克服生存困难，提高社会适应能力，尽快回归社会，预防和减少重新违法犯罪。总体上看，“阳光中途之家”从事的工作有：

法制教育。“阳光中途之家”对新接收的社区服刑人员集中开展法制课程培训并进行考核监督，增强他们遵守规范、规矩的主动性，强化他们的法律意识，同时也树立了社区矫正中的严肃性和权威性。在教育培训中，矫正干警、专职社工与服刑人员同吃、同住、同学习、同娱乐，人性化管理使服刑人员感受不到歧视，没有沉重的精神压力，使得他们不再厌烦和逃避社会，避免服刑人员形成“监狱人”人格，充分体现了“阳光中途之家”社区矫正的人道理念。

心理矫治。首先，增进心理矫治手段在社区矫正中的运用。新接收的社区服刑人员都要接受心理测评、团体辅导以及个案心理咨询。其次，扩展心理矫治领域。开设人际沟通和公共关系课程，开展拓展训练，启发服刑人员改变不良的生活习惯和思想态度，使他们懂得换位思考、尊重他人。通过对服刑人员进行心理诊断咨询和治疗等措施，以及通过对他们偏常的认知、扭曲的人格、精神问题和不良的行为习惯等进行矫治，帮助他们调整情绪，消除不良心理，最终完善其人

① 参见王亚非：《中途之家的预防犯罪理论基础探析——以北京市朝阳区司法局阳光中途之家为例》，载《河北工业大学学报（社会科学版）》，2010（4）；姜爱东：《试论“中途之家”在推进社区矫正中的作用——以加强社会建设创新社会管理为背景》，载《中国司法》，2010（9）。

格，使他们做一名正常的人，避免其重新犯罪。

认知教育。“阳光中途之家”开设“五课”教育，提高新接收的社区服刑人员对社会的认知。要求服刑人员观看《新闻联播》，使其对国家和社会发展变化有整体认识；开设法律常识讲座，提高他们遵纪守法的观念；讲授社会救助政策，纠正部分人员的错误观念；开设就业形势与政策课程，帮助他们了解就业形势、就业信息等内容；奥运期间还特别开设了奥运知识讲座，激发他们为奥运献爱心、作贡献的热情。“阳光中途之家”注重坚持以刑罚社会化学说为指导，以服刑人员为工作中心，通过“五课”教育，帮助、激励、鞭策他们尽快回归社会，解决其后顾之忧，防止其重新走上犯罪道路。

食宿服务。对无家可归、无亲可投、无生活来源的“三无”人员，对家属不接纳、家庭出现变故或个人生活出现暂时困难而导致无处居住的人员，对因房屋拆迁、无就业技能及其他无法适应社会、需要临时住宿的人员，“阳光中途之家”为其提供一至三个月的食宿服务。对入住的服刑人员，按照入住人员的相关管理规定对其进行日常管理；并且制定矫正方案，由“阳光中途之家”和相关的司法所共同对其进行教育矫正。同时还为其制定相应的服务计划。如为他们提供技能培训，要求所服刑人员所属街乡尽快办理低保、廉租房等。通过这些服务措施，解决其实际生活困难，消除服刑人员重新犯罪的诱因，落实刑罚个别预防的理论要求，充分预防重新犯罪的发生。

技能培训。服刑人员的就业问题一直是矫正帮教工作的重点和难点。“阳光中途之家”积极广泛整合社会资源，采取联合办学、专门聘请专业师资等多种方式，为社区服刑、刑释解教人员提供免费的职业技能培训。结合市场需求和“阳光中途之家”实际，目前开设中级计算机平面设计、中级计算机组装与维修、中级美发师、中级音响调音员和中级商品营业员等培训课程。所有这些都为服刑人员日后能尽快融入社会、适应工作岗位、切断后顾之忧而设计，以此来预防和避免因生活、工作等现实压力导致重新犯罪现象的发生。

2. 案例分析

（1）“阳光中途之家”适应了社会管理创新的需要。

“阳光中途之家”在社会管理创新方面主要体现在“两个实现”上：一是实现了刑罚执行资源与社会服务资源的有机整合。以“阳光中途之家”为平台，进一步密切了各成员单位的配合，使各单位职能得到充分发挥。如区公安分局、区检察院、区法院、区司法局联合对参加初始教育的社区服刑人员进行教育培训，区民政局、区红十字会为困难人员提供救助，区劳动局为参加培训的两类人员提

供招聘信息，区卫生局为申请入住的人员提供免费体检等。通过“阳光中途之家”，进一步整合了社会资源。如聘请犯罪学、法学、社会学、心理学等专业的专家学者提供理论支持，司法部预防犯罪研究所 2009 年在此设立了科研基地，心理咨询师在“阳光中途之家”为两类人员提供心理咨询与辅导，聘请职业培训老师为参加学习的人员提供职业技能培训等。各单位与各机构立足自身职能，充分发挥优势，贡献资源，多管齐下形成合力，有效推动了工作的发展。二是实现了特殊人群管理模式和服务方式的有机整合。“阳光中途之家”组织的各类教育与培训，使社区服刑人员和“三无”刑释解教人员在回归社会之初，及时了解必要的信息和知识，学习生存与发展的各种技能，同时也体验到社会对他们的包容和接纳，改变与预防他们仇视政府、报复社会的心理，认识到对他们政府没有抛弃、社会没有放弃，而是通过各种方法帮助他们顺利回归社会，增强其回归社会的信心与能力。

（2）有利于为社区矫正工作开展提供有效载体。

我国社区矫正试点启动以来，各地陆续建立了一些由司法行政机关指导管理的“未成年犯罪教育基地”、“公益劳动基地”、“矫正中心”以及“阳光中途之家”等有效载体，尤其是朝阳区司法局建立的“阳光中途之家”，能够在县（区）一级司法行政机关的指导管理下，为分散在乡镇（街道）司法所矫正的社区服刑人员和“三无”刑释解教人员提供集体教育矫正培训、心理咨询的平台和场所，弥补了乡镇（街道）司法所专门、专业力量不足，缺乏抓手和平台的情况，提高了社区矫正刑罚执行效能，拓展了社区矫正执法措施，丰富了教育矫正手段，强化了县（区）司法行政机关的工作职能。

据统计，在“阳光中途之家”接受过教育帮扶的社区服刑人员无一人重新犯罪。为他们提高社会适应能力、顺利融入社会而搭建桥梁，有利于减少社会对抗、巩固改造成果，实现监所和社会无缝衔接，在罪犯矫正和犯罪预防中发挥积极作用，同时也真正体现了党和政府以人为本的理念。

业内人士和专家普遍认为，这种模式符合中国现代经济社会发展和刑罚制度改革的方向，可以尝试规范和促进此类过渡机构的实践范围。据了解，北京市按照“因地制宜、分步实施，功能实用、形式多样，政府主导、社会参与，制度配套、管理规范”的原则，将通过政府投入、社会支持等多种方式，计划在未来几年内建成“符合实际、体现首善、适应未来”的“阳光中途之家”。目前，除 2008 年在朝阳区建成投入使用的全国首家“阳光中途之家”外，西城、房山、大兴三个区分别建成了“阳光中途之家”并投入运转。

案例 6

宁波市"四点钟学校"的儿童社区教育探索①

1. 案例介绍

1998 年 5 月，宁波市白鹤街道在紫鹃社区创办了宁波市第一所"四点钟学校"。2002 年夏，"四点钟学校"供不应求，通过多方协调，街道又与辖区镇安小学联合成立了贺丞区"四点钟学校"。2004 年，"四点钟学校"的做法在全街道得到推广，至今已经设立各类"四点钟学校"7 家，在册学生累计 1 300 余人，受教育学生达 21 500 人次。

街道在"四点钟学校"的日常管理中制定了相关制度：

（1）计划制度：年初确定整个年度的学习活动主题，每月按照年度要求，将主题细化分解成具体的活动安排，并在每周开列学习菜单，保障活动的系列化、清晰化、常规化。

（2）联系制度：制作了"四点钟学校"的学生联系卡，人手一本，由社区专职负责人详细记录学生在校的考勤、学习、纪律情况，与家长保持经常性的联系，使他们及时了解孩子的情况。

（3）考评制度：把学校少先队的"雏鹰争章"活动引入"四点钟学校"的考评机制，从培养学生社区意识的角度，结合社区实际，先后设置了红心章、艺术章、环保章、自学章、礼仪章、勤俭章、爱心章、孝敬章、服务章、文明章和安全章 11 枚章，形成了一套易于操作且行之有效的"定、练、评、颁"运作机制和富有动力的激励机制。"四点钟学校"以争章活动为主线开展的各类活动，使每一位学生都能根据自身的偏好特长和兴趣爱好，选择确定各自具体、明确的目标，极大地激发了学生的参与热情。

在充分调查研究的基础上，"四点钟学校"所在的各社区都选择了适合自己的办学模式。

一是无偿服务模式。以紫鹃社区的"四点钟学校"为典型，社区居委会为管理主体腾出专用的房子，配备专门的居委会干部负责日常管理，在学校与家庭管理的盲点时段（包括学生寒暑假时间）督促和帮助学生完成家庭作业；并组织内容丰富、形式多样的教育活动，无偿为社区居民家庭提供教育服务。

---

① 参见王正娟：《四点钟以后，到社区学校》，载《社区》，2005（4）；孔绥波：《城市化背景下新型儿童社区教育模式研究——宁波市四点钟学校的启示》，载《中国教育学刊》，2011（4）。

二是低偿服务模式。以贺丞社区"四点钟学校"为典型，发挥社区居委会的协调管理作用，利用辖区小学的固定教室和其他教育资源，聘请优秀的退休教师来管理。学校实行低偿收费。这种形式具有教师队伍稳定、服务时间长、学生安全有保障、教育资源丰富的优势。仅仅两年多的时间，学生由最初的30多人发展到现在的107人。

三是"四点钟放心班"。对于家中居家老人较多、此项服务需求不多的黄鹂、白鹤等老社区，居委会利用小学的教室，以学校教师轮流值班为主；教师下班后，则由"四点钟学校"义务奉献岗的志愿者来值班。社区专门组织具有良好素质且身体健康的老教师、老党员定期到"四点钟学校"义务值班。

四是"四点钟小书桌"。在周围没有设置小学的日月星城、丹顶鹤等社区居委会，专门设立"四点钟小书桌"，供放学后独自回家无成人督促照看的小学生集中学习、游戏，并定期组织教育活动。社区工作者、社区"五老"队伍及"四点钟学校"的大学生志愿者轮流值班，辅导学生游戏、学习，组织专题讲座和特色活动。

对内，社区充分挖掘资源，邀请"五老"人员为孩子们开设专业的知识讲座，增长学生知识，拓宽学生视野。对外，社区充分拓展资源，在人力资源上，与高校的团组织和青年志愿者组织结对合作，确立"四点钟学校"为高校学生的校外服务实践基地，实现社区与高校智力资源的整合。在物质资源上，主动取得涉及学生教育职责的学校、医院、交警、消防等相关单位的场地支持，缓解社区活动场地稀缺的矛盾。

为了防止"四点钟学校"成为课堂教育的简单翻版，在多方征询意见的基础上，学校进行了精心的设计，力求从深化内容、形式丰富、活跃气氛等多方面寻求学习教育的最佳切入点。就内容而言，侧重兴趣培养、自护训练、公德教育三个方面。通过开设趣味数学、英语对话、科技制作、电脑操作等课程，开拓学生思维、激发学生兴趣；自护训练则着眼于增强学生的自护意识，提高学生的自护技能；道德教育关注学生的思维模式和行为特点，通过价值取向的正确引导，培养学生良好的道德修养和品行情操，使集体主义、爱国主义的意识在点滴活动的参与中得到巩固和深化。教育形式注重课堂讲座、互动参与、实地体验三种方式的整合，使理论和实践实现有机结合，让学生在参与中增见识，在参与中受教育，从而达到既定的教育目标。

2. 案例分析

宁波"四点钟学校"是儿童社区教育的创新形式，这对解决城市化进程中的

诸多问题，帮助儿童更全面地学习，更好地融入社会生活，从而解决家长后顾之忧能起到重要的作用；同时也促进了社区居民之间更好的交流，为退休人员实现自我价值提供了空间，从而促进了和谐社区环境的形成。

（1）多元主体参与“四点钟学校”建设。

首先，政府发挥了组织引导、推广规范的作用。在一些社区实践出现效果之后，宁波市积极向其他社区推广这一社区教育模式，使得宁波市在这一工作上走在全国前列。其次，吸收了单位补充型模式的优势。在一些大的矿区、企业以及一些政府机关、部队大院等仍保持了以单位为核心的儿童社区教育，这些机构成为单位子女重要的儿童教育基地，也在社区儿童教育方面发挥了重要作用。最后，吸收了社区自助型模式的优势，提升了社区居委会的功能。居委会可以充分利用自身掌握的社区资源，根据社区居民的需求，对这些资源进行重新配置，使居委会的功能从被动地根据居民要求提供服务转向主动整合居民需求，并根据这些需求进行资源配置，从而有效地提升了居委会这一社区自治组织的功能。

（2）充分运用社区内部资源促进学校发展。

为解决师资力量匮乏问题，宁波市动员了 3 000 多位老干部、老战士、老教师、老专家、老模范——“五老”参与其中，邀请辖区共建单位的教师、医生、律师等专业人士和一些企业技术人员为孩子们开设专业的知识讲座。社区专门组织具有良好素质且身体健康的老教师、老党员或者是大学生志愿者定期到“四点钟学校”义务值班。有的街道创造性地把“四点钟学校”放在了辖区内的小学中，从而有效地利用了小学放学后闲置的教室、体育场等资源，提高了学校教育资源的利用率。另外，通过和驻区各单位联系，建立教育基地，可以定期组织学生参观、实践，增加他们对社会生活的感性认识，成为学校教育的一个重要补充。

（3）社区儿童教育的更好发展有赖于各方的共同努力。

首先，政府对于“四点钟学校”之类的有益尝试应当给予更多的政策、财政方面的支持，避免由于人力、财力的缺乏而使得学校发展遭遇瓶颈。其次，应当对此类学校加以规范，对于办学条件、收费标准、双方权利义务、责任承担等问题通过相关规定加以完善。最后，应当在学校发展问题上进行更多的思考。如何保证学生在“四点钟学校”所学的是平日学校学习的补充，是更好地认识社会、了解社会，而不是简单的课后辅导，单纯地为解决孩子课后无人看管等问题，值得广大的社区教育工作者思考。

案例7

杭州市上城社区的教育创新实践①

1. 案例介绍

杭州市上城区自1989年5月被列入杭州市社区教育试点区以来，开展社区教育已有18年的历史，经历了以青少年校外素质教育为主的社区教育、以市民教育为主的社区教育两个阶段，目前已进入以全面创建学习型城区为目标的崭新阶段。

（1）健全四级社区教育网络，建立全方位的保障体系。

经过不断的实践与发展，上城区目前已形成以社区教育委员会为主导、社区学院为龙头、6个社区分院为依托、51个社区市民学校为主体的四级社区教育网络。社区学院采取“政府主导、教育部门主管、市场运作”的模式，在区委、区政府的直接领导下，配合街道、社区，围绕“创建学习型城区”的目标开展市民培训、社区服务和教育指导等工作。社区学院分院、市民学校结合各自职能，开展不同形式、不同层次的社区教育活动。目前，上城区已经形成了包括管理体制保障、经费投入保障、工作机制保障、激励评估保障在内的一套较为完整的社区教育保障体系。

（2）实行多元化的终身教育券制度，全力打造终身教育节。

为了使社区教育更加深入有效，上城区率先采用终身教育券的形式开展市民教育活动，以“培训部门设计菜单，政府及各行业部门埋单”的形式来鼓励和引导广大市民参与到教育学习活动中来。区委、区政府按照全区常住人口折算出社区教育专项资金总额，然后根据具体教育项目预算计算出每个参加者的费用，把这份费用以终身教育券的形式发到市民手中，各相关部门组织各类学习活动吸引市民参与并同时回收教育券。最终，各部门凭回收的教育券兑现专项资金，并以此作为评价和考核该部门社区教育工作的依据。

为了吸引更多的物力、人力、信息资源加入社区教育，减少运行成本，提高资源有效利用率，2007年上城区推出了电子终身教育券，对上城区社区科普教育平台进行了一期规划建设。更新后的网站有社教广场、科普长廊、网上社区三大板块。这一高效务实、运行简便的网络运营机制使社区教育的资源利用达到了最大化。

---

① 参见陈继明：《基于和谐理念的社区教育——以杭州上城社区为例》，载《成人教育》，2011（2）。

除了通过实行终身教育券制度积极构建终身教育体系，自2004年始，上城区每年还举办上城区终身教育节，激发居民参与学习的热情，让居民体验学习的快乐，营造“社会推动学习、全民参加学习、人人崇尚学习”的社区学习氛围，使终身教育的理念扎根社区、深入人心。

（3）完善资源共享机制，开展不同群体的教育培训活动。

上城区遵循从实际出发、因地制宜、适当收费、注重整合的原则，积极完善社区物力、人力、信息资源的共享机制，使社区教育资源最大限度地对居民开放，为社区服务。

物力资源共享。充足的社区物力资源是社区教育赖以发展的基础和保障，对社区物力资源进行深入挖掘、科学整合，能有效地提高社区教育资源的利用率，减少运营成本。一方面，社区内包括学校在内的各种教育机构有许多可利用的场地、设备、设施等物质资源，是社区教育资源的重要部分。另一方面，社区内的知名企业和驻地单位具有雄厚的物质资源和行业优势，是不可忽视的重要方面。上城区积极寻求与各单位的合作，把尽可能多的单位纳入社区教育物力资源共享的范围，并设计了一套专门的运营软件，对资源进行网络化的管理。

人力资源共用。首先，聘请高校教授为兼职院长及顾问，用先进的理论引领学院发展；选拔有事业心、有责任心、有组织策划能力且职能结构合理的人才组成管理干部队伍。其次，实施“优化队伍工程”，提高工作者的工作能力和水平。最后，建立激励考核机制，调动各方面积极性。如建立了“教师社会服务学分制”，要求每位教师每年必须取得十个社区服务的学分。

信息资源共通。上城区积极谋求教育信息共通、共享，开发搭建了以“上城区社区教育”网站为主体、“一册三网”（《上城区便民服务手册》、“e家人网”、数字电视服务网、电话服务网）有效延伸的社区服务平台，努力实现社区教育信息资源利用的最大化。通过平台了解国内外有关动态和信息，传递其他区社区教育的经验，发布社区教育活动的信息，不仅实现了社区教育的高效管理，而且使居民学习的时间、空间得到了进一步拓展，极大地方便了社区居民。

2. 案例分析

上城区的社区教育之所以能够成功，其原因在于：

（1）建立组织保障机制。

在社区教育的整体运作上，已经建立起了政府统筹领导、教育部门主管、其他部门配合、社会各界支持、社区自主发展、群众广泛参与的社区教育管理体制，形成了建立独立社区学院的社区教育运行模式，构建了既有纵向层次又有横向结合的分层网络式管理体系。以各级党组织为核心，召集本级社区教育资源共享协调委员会成员，定期召开联席会议，制定工作计划，落实工作职责，确定考核评估指标，实行分级管理，责任联动，并把它纳入目标管理考核之中。

(2) 建立回馈激励机制。

社区通过积极引导，发挥典型的导向作用，对在社区教育资源共享中作出突出贡献的单位予以表彰和奖励。根据目前人们认识水平和社区发展水平的现状，制定社区教育资源共享的经济补偿制度，通过政府购买、单位补贴、计点计时付费等方式给予一定的经济补偿。同时采用终身教育券形式开展社区教育活动，提供社区服务的人员根据付出时间等衡量标准折算成教育券，可以凭教育券享受同等的社区教育服务。上城区三年来共发放终身教育券折合金额 184.9 万元，共回收教育券 182.1 万元，回收率达到 98.48%。终身教育券制度以终身教育券的回收率作为部门社区教育工作考核的依据，各部门需凭借回收的教育券兑现专项资金，这有效地激励了组织者（社区学院）的工作积极性；居民的踊跃参与和激励制度的设立，点燃了实施者（专兼职教师、志愿者）的热情。

(3) 建立师资培养机制。

上城区已逐渐建立起了一支专、兼职及志愿者相结合的师资队伍。行政机关向社区派遣有经验并且有一定资质的社区教育工作者从事日常的社区教育工作，他们承担起社区教育的主要工作；社区根据实际情况聘请各个专业的社会人士担任兼职教师，他们是社区教育中教学方面的主力军；同时，社区积极完善志愿者队伍，吸引和鼓励社区成员和驻区单位志愿者加入社区教育的工作中，他们是社区教育的重要后备力量；社区教育的发展也吸引着社会非营利组织积极加入这一朝阳事业中。

案例 8

丹麦社区治安的法宝——SSP 方案①

1. 案例介绍

SSP 方案是丹麦推行的一项社区治安计划，以其简单易行和成功有效而著称。该方案中的第一个 S 指社会和健康服务部门（social and health services），

① 参见杨叙：《丹麦社区治安的法宝——SSP 方案》，载《社区》，2003（12）。

第二个S指学校和青年中心（schools and youth centers），最后一个P指的是警方（police）。这种三位一体的治安方案在保证丹麦社会的安宁稳定特别是在预防方面发挥着重要作用。

（1）SSP方案的法律保障。

1971年丹麦成立了防止犯罪委员会，初期活动取得成功之后，委员会开始把目光放到青少年教育上。第一个出台的动议是校方与警方的合作，由于结果令人满意，20世纪70年代丹麦又颁布了几个新的法案，包括《社会援助法案》和《初等教育法案》等。这个时候，丹麦防止犯罪的理念和措施可以说都上了一个台阶。为了扩大成果，SSP方案应运而生。

SSP方案的制定和实施是有法律依据和法律保障的。按照丹麦法律，SSP（即社会和健康服务部门、学校和青年中心、警方）是对儿童和青少年的福利及教育负有特殊责任的三个部门，对在青少年中开展防止犯罪工作负有直接义务。《社会援助法案》规定了社会和健康服务部门的基本义务是保障并监督社区中18岁以下儿童和青少年充分享受社会福利。社区政府必须尽早地、及时地了解18岁以下儿童和青少年需要哪些帮助，并保证为这些需要帮助的孩子创造最好的条件，使他们能够与其他同龄人一样获得健康和自我发展的机会。此外，为有特殊需要的孩子提供受教育的机会也是社区义不容辞的责任。《司法管理法案》则明确规定了警方的职责。根据该法案第108条，警方必须为防止犯罪发生而采取必要的步骤。

由此可见，两个S和一个P的合作是顺理成章的。合作的方向和重点集中在发现儿童和青少年犯罪萌发的原因以及消除这些因素的方法。SSP合作计划的工作对象专门针对儿童和青少年，所以工作越做在前面越好，尽量使问题在使用传统的刑事处罚手段之前就得到解决。

（2）SSP方案的具体举措。

SSP方案实施的平台在社区。1996年，丹麦防止犯罪委员会下属的SSP委员会发表了一份声明，指出："SSP方案的中心目的就是建设一个社区网络，把儿童和青少年日常生活里的犯罪因素消灭在萌芽之中。"

社区SSP方案是在三个层面上展开的：一是管理，二是协调，三是贯彻实施。每个社区都要成立SSP联合行动小组，根据社区的大小、人口的多少等条件制定不同的组织方式和活动计划。

在管理方面，社区的任务是建立总体框架，即明确制定完成SSP方案的目标，确定目标对象，明确职能部门责任，安排专门人员负责，并给予资金保障，从而保证高效率地完成计划。社区为加强各有关部门间的合作，通常设一名SSP顾问，专门负责各部门间的联络。社区还成立了SSP委员会，由社区负责相关事务的官员担任主席，并从社区教育机构、社会服务部门和社区高级警官中抽调人员担任SSP委员会的高级官员。

为了有的放矢，社区又把方案分为稳扎稳打、步步为营的三个步骤：一是总体行动，二是特别行动，三是个人行动。总体行动是面向全体青少年的，这是防止犯罪的第一步。典型的措施是在中小学义务教育中开展远离毒品和酒精的教育，在全国范围内开展反对欺凌弱者、反对暴力行为、杜绝墙壁涂鸦和商店偷窃等行为的教育。总体行动中不针对个人进行责罚。

特别行动针对的是已有行为偏差的儿童和青少年，这是防止犯罪的第二步。典型的做法是在一定范围内着重对几个行为标准已经发生偏差的孩子集中做重点工作。这种孩子一般都抱团儿，互相影响。集中做重点工作一方面可以瓦解他们的小团体，另一方面可以用积极的生活态度影响他们。特别行动也不针对个人进行责罚。个人行动针对的是那些已经表现出犯罪倾向的孩子，这是防止犯罪的第三步。个人行动的特点是几乎无法避免对有罪错者的责罚。

2. 案例分析

（1）丹麦针对青少年社区治安的经验。

首先，出台相关法律法规，明确规定SSP是对儿童和青少年的福利及教育负有特殊责任的三个部门，对社区治安中的青少年犯罪预防和管理负有直接义务。同时规定了各自具体的职责和工作流程。其次，制定社区处理青少年犯罪的工作步骤，根据发生的内容和严重程度分为总体行动、特别行动、个人行动。最后，在社区成立社区SSP联合行动小组，制定关于管理、协调、实施的方案，根据社区的大小、人口的多少等条件制定不同的组织方式和活动计划。

（2）对青少年进行社区治安管理的意义。

第一，这是社会发展的需要。由于城市化进程的加快，许多青少年大部分的时间活动在社区，特别是一些留守儿童，由于父母不在身边，得不到及时的教育和关注，容易引发社会问题。第二，通过社区管理避免问题青少年抱成团儿，对社区治安产生更大的影响。第三，对犯罪青少年在正常社会条件下再社会化，减轻其因长期监禁与社会隔离，导致不适应社会从而重新走上犯罪的道路，社会成员也有责任帮助他们重新认识自我，进而融入社会。这类青少年群体也是该社区的成员，与不同社区群体之间的和睦相处是实现社区和谐发展的前提，从这种意义上讲，帮助这部分青少年群体也是搞好社区治安、推进和谐社区建设的重要

内容。

（3）对我国社区治安的启示。

基层青少年犯罪的状况触目惊心，因此及早发现、及时预防、减轻危害是目前社区治安在青少年预防和打击犯罪方面需要迫切解决的问题。我国应当借鉴国外的先进经验，建立起学校、社区、公安三方联动机制。对驻区学校的青少年经常开展法制教育，避免他们因为不懂法而犯法。社区工作者要关心留守青少年或者某些可能出现问题前兆的青少年的行为，定期或安排专人结对子，进行教育，给予温暖，了解他们的心理状况，并和学校沟通。社区工作者如果发现“有问题”青少年聚集群体，要及时通过一定的方式进行瓦解。对于由于犯罪惩罚之后回归社区的青少年，要启动社区矫正的相关机制，及时对他们进行关心帮扶，帮助他们从心理和行为上及时回归社会。

案例9

北京市大生庄村的封闭式社区治安管理①

1. 案例介绍

北京市大兴区北部的大生庄，是典型的城乡接合部。它位于大兴区西红门镇，现有167户，327人，其中农业人口226人，非农业人口101人；村域土地总面积600亩，其中村庄占地90亩；流动人口共2 322人，其中居住在村内1 417人；村内自然院落139个，自然院落有出租房屋户127个，出租房屋1 029间，村内有出租房屋的院落占总自然院落的92%；本地常住人口与流动人口的比例为1：7。

一个原来只有300多人的小村子，由于城市的发展，一下子涌进2 000多名外来人口。人口倒挂现象严重的大生庄村也曾与诸多城乡接合部的村庄一样，环境脏乱、治安混乱。而其社区化管理的推进，正是一个在实践中摸索渐进的过程。村民告诉我们，2005年以前，村庄缺乏管理，小贩无照经营、乱摆摊点，社会闲杂人员成群结伙在村内闲逛，村内车辆乱停乱放、侵占街道，小广告贴得到处都是，各类问题凸显。“村子的南侧是黄亦路，整日里车水马龙，大型货车、面包车、轿车川流不息。那时村内共有三条南北向的道路，自然形成的大小出入

---

① 参见魏娜2011年11月16日对大生庄进行的调查访谈材料；金晶、陶玙：《怎样提升城乡结合部管理水平——北京大兴区西红门镇大生庄样本分析》，载《经济日报》，2011-02-11。

口十四五个。每逢黄亦路堵车，许多车都会从村里借道穿行。再加上周围拆迁村庄流动人口的涌入，村内可谓人流不息，车流滚滚。”大生庄村党支部书记李武江说，“马达声让许多老年人夜不能寐，因为怕被汽车撞着，孩子们也不敢在村里玩耍。正常起居生活都受到了影响，村民深受其害，反应非常强烈。”

2007年春天，大生庄村村委会召开村民代表大会，全村34名代表到会32人，一致通过了封闭道路，建造围墙，在农村实行社区化管理的决定：北侧两个路口封了一个，保留一个只供一人出入的空间。南侧的三个路口安装铁门，设置“岗亭”，并由村里组织巡防队把守。同时，对所有居住、租住在村里的人员实行凭证出入。具体而言，大生庄村的做法是：

党政主导，民主决策。所有实行社区化管理的村庄，都必须经过村民代表大会作出决定，其方案报乡镇党委同意后方可实施。基于“家家出租房屋，户户都是房东”的现状，大生庄村进一步完善村民自治章程，按照“谁出租、谁受益、谁负责”的原则，明确出租人、承租人及所担负的责任和税费，对违法违章的责任人进行处罚。同时，他们还开展优秀村民和流动人口评先争优活动，将流动人员纳入村民管理。

网格管理。按照出租房屋在村域位置，村内划分出A—J共十个网格区域。每个网格区域指定一名管理员分区管理、包片到户，按照“五见面”即见房东、见房客、见房屋、见物品、见证件要求，每周下户两到三次进行巡查和动态维护，并记录入档。

趋同管理。流动人口与户籍人口同等对待、同等服务。“以房管人”是大生庄村社区化管理的主要方式。大生庄村把村内所有出租户、出租房屋进行“大牌套小牌”编制（大牌为房主，小牌为出租房间号），并制作了村域出租房屋平面图和出租房主档案盒，所有信息录入电脑。在综合治理中心，巡防队员郝玉林现场展示了一个档案盒，里面房主信息、房主出租房平面图、出租房屋编号以及流动人口的详细信息等一一记录齐全。

改建先行。通过“筑围墙、安街门、把路口、设岗亭、人车凭证出入”，对原有开放失管的自然村落实行相对独立建设、井然有序的社区化管理。房屋出租户一律统一挂牌招租，租赁给合法经营、务工的流动人口。

整合建站。将“三站一室”（社区警务站、流动人口管理服务站、巡防工作站、民调室）整合为村综治中心，由社区民警与村干部协同，履行“实有人口管理、安全防范、治安管理、信息搜集和服务群众”五大职能。

配强力量。在村庄内配齐了流动人口的5‰、实有人口的2.5‰比例的巡防

队员和流动人口管理员这两支村庄专职防范力量及担负指导职责的社区民警，明确职责任务，规范工作环节。这些队伍也提供工作岗位，不但让所有的村民都找到了工作，也安排了部分来自安徽、山西等地的外来人员就业。

科技创安。根据村庄内街巷数量分布等情况，确定监控探头数量和点位，进行统一安装，建立镇、村两级监控平台，专人全天候值守。

在实施社区化管理之后，大生庄户籍人口327人，外来人口2 392人，偷窃、抢劫等案件再也没有发生过。

大生庄村所在的大兴公安分局相关负责人说，自从全区推广村庄社区化管理以来，全区有41个村的入户盗窃、入户抢劫、盗窃机动车案件都实现了零案发。当地居民和流动人口治安状况满意率从48.3%上升到了96.5%。

当前和今后一个时期，北京市将认真总结借鉴大兴、昌平等地村庄社区化管理成功经验，进一步丰富社区化管理内涵，在完善安全防范体系建设的基础上，将城市教育、文化、卫生、计划生育等公共服务资源向农村延伸，提升村庄社区化管理水平，努力实现治安秩序标准化、社会管理标准化、社区服务标准化、村民自治管理规范化；同时延伸社区化管理内涵，推动防控工作由村内向村外延伸、基础建设由硬件向软件延伸、工作重心由管理向服务延伸；拓展社区化管理范围，在城市老旧小区、远郊区县和边远山区逐步推行社区化管理。

2. 案例分析

中国社会科学院发布的《城市蓝皮书：中国城市发展报告No.3》认为，我国城镇化率达46.6%，城镇化规模居世界第一。截至2009年，中国城镇人口已经达到6.2亿。蓝皮书指出，“十二五”期间，中国将进入城镇化与城市发展双重转型的新阶段，预计城镇化率年均提高0.8～1.0个百分点，到2015年达到52%左右，到2030年达到65%左右；“十二五”中期，城镇人口与乡村人口都将是6.8亿。在城市化的过程中，城乡接合部的社会管理问题日益得到重视。大生庄村在处理城乡接合部社会管理问题上的经验值得借鉴。

（1）网格化管理的实施。

在实施了社区化管理之后，大生庄村的治安条件有了显著改善。生活在大生庄的所有人员全部纳入村庄治安防范的服务范围，村里有专职的巡防队和流动人员管理员日夜巡逻。同时配备了完善的技防设施，统一安装了探头，实现主要街巷、出入口全覆盖。大生庄村的综治中心搭建了村安全稳定、综合管理的平台，警务站、巡防站、流管站、调解室等部门密切配合，再加上群众的参与，村里形成了群防群治的合力。对所有出租房屋进行网格化管理，明确掌握出租房屋和流动人口信息。在这种管理模式下才实现了案例中所说的零案发。

（2）社区化管理有助于提高群众认可度。

通过在大生庄村的调研可以看出，流动人口住户普遍反映比较支持封闭化管理，认为这种做法能够改善安全、环境卫生方面的问题，而且没有带来太大的不便。但是他们的社区参与意识不强，不关心集体事务，觉得维持现状就可以了；对当前的居住成本（如房租增长过快、电费收取不合理等）存在不满情绪；同时认为流动管理工作人员服务功能发挥不够，在进行管理时不够细致，应当进行完善。某本地居民住户非常支持封闭化管理，认为封闭化管理大大改变了过去“脏乱差”的状况。此外，他作为 37 名村民代表之一积极参与集体事务的讨论，满意目前的生活，经济收入明显增加：每月享受 360 元的退休补助，年底分红约 6 000 元，还有两间出租房屋。

（3）理论上的探讨。

虽然农村社区化管理特别是城乡接合部的社区化管理，对当地的治安管理有着很好的促进作用，但是我们也要看到，尽管农村社会经济形态发生了显著的变化，但其组织管理机制即村委会依然是基于村民土地承包使用权的村民自治组织、集体经济组织，与一般的城市社区居委会有着本质区别，因此也就不可能完全复制城市社区管理模式。封闭式的管理会让人产生“懒惰管理”的猜测，同时有悖“小政府、大社会”的政府改革潮流。农村社区化管理在实现了社区治安的改善之后，应该进一步思考如何避免圈围墙的封闭式管理，而是要提供更加完善的管理和服务。

第七章 社区自治与社区管理

第一节　基本原理

一、社区自治的理论与法律基础

1. 社区自治的理论

自治（autonomy）源自希腊语的“autos”（意为“self”，即“自我”）和“nomos”（意为“rule”或“governance”，即治理）。因此，就字面意思说，自治就是“自我治理或自我做主的状态”（the state of being self-sovereign），换言之，自治就是依照你自己的方式而生活的权利。根据《布莱克维尔政治学百科全书》的解释，“自治是指某个人或集体管理其自身事务，并且单独对其行为和命运负责的一种状态”①。作为现代政治法律用语，自治是相对于“他治”（heteronomy）而言的。“他治意味着自我或者我们的生活处于受他人控制的状态而不自主”②。马克斯·韦伯认为：“一个团体可能是：自治的或他治的，自主的或不自主的。自治意味着不像他治那样，由外人制定团体的章程，而是由团体的成员按其本质制定章程（而且不管它是如何进行的）。自主意味着，领导人和团体的行政班子依照团体自己的制度任命，而不像不自主的团体由外人任命的那样（不管任命是如何进行的）。”③

自治的基本要素包括：自治区域、自治组织、自治成员、自治权和自治制度。自治区域是实行自治的地域范围；自治组织是实行自治的组织机构；自治成

① 邓正来等编译：《布莱克维尔政治学百科全书》，693页，北京，中国政法大学出版社，1992。
② ［奥］凯尔森：《法与国家的一般理论》，230～231页，北京，中国大百科全书出版社，1996。
③ ［德］马克斯·韦伯：《经济与社会》（上卷），78页，北京，商务印书馆，1998。

员是指参与自治活动的人员；自治权是法律赋予自治组织和自治成员管理内部事务的权利；自治制度是对自治事务实施管理的基本规则和程序。①

2. 社区自治的法律基础

社区自治的法律基础包括两个方面。第一，仅就与他人无关的事情，个体享有充分的自主决定权。个体自治是人权理论的基础，即建立在主体“理性”的基础上，个体能够自主地决定自己的事务。从个人自治来看，个体能否自己决定自己的事情，直接涉及个体意志能力的有效性。第二，仅就与其他共同体无关而与本共同体所有成员相关的公共事务，全体成员享有共同决定权，即一定群体的自治。如地方自治、社会自治等，前者是现代宪政理论下的个人权利及其运用，后者则是社会权利及其运用。社区自治属于社会权利的运用即“社会自治”。②

二、社区自治的内容与方式

社区自治是依靠社区内的自治性组织来实现的，社区居民委员会就是履行这一职能的主要载体。《城市居民委员会组织法》规定，居民委员会是居民自我管理、自我教育、自我服务的基层群众性自治组织，其自治权主要体现在：

1. 财产自治

居民委员会对本委员会的财产拥有所有权，任何单位和部门都不得侵犯。《城市居民委员会组织法》第四条规定：“居民委员会管理本居民委员会的财产，任何部门和单位不得侵犯居民委员会的财产所有权。”依据《城市居民委员会组织法》第四条、第十六条、殖民第十七条之规定，居民委员会的财产来源主要有三方面：一是政府拨付，用于行政开支；二是向本居住区居民和单位筹集，用于公益事业；三是居民委员会开展便民利民的社区服务活动，兴办有关的服务事业所得。

2. 选举自治

《城市居民委员会组织法》第八条规定：“居民委员会主任、副主任和委员，由本居住地区全体有选举权的居民或者由每户派代表选举产生；根据居民意见，也可以由每个居民小组选举代表二至三人选举产生。”第十条规定：“居民会议有

① 参见徐勇、陈伟东：《中国城市社区自治》，3页，武汉，武汉出版社，2002。

② 参见魏娜：《社区组织与社区发展》，129页。

权撤换和补选居民委员会成员。”选举自治包括以下内容：第一，由居民或居民代表参加的居民大会是自治机构的最高权力机构，由它产生并有权罢免居民委员会主任、副主任和委员，其他机构没有这个权力。第二，选举是自治机构产生管理人员的法定途径。选举要符合法定的程序。只要是在本社区（不以户口作为判断的标准）居住两年以上、年满 18 周岁的居民，均具备选举人和被选举人资格。

3. 组织与管理自治

居民委员会的组织机构，应当根据居民委员会的职能与任务来确定，而不能成为与政府机构一一对应的“小政府机构”。居民委员会对本居住区内的公共事务进行管理，这种管理与政府的行政管理是不同的。首先，两种管理的性质不同。居民委员会对本居住区内的公共事务进行管理不是一种强制性管理，不具备政府管理的权威性。因此，居民委员会对居民和社会单位不能强制要求其完成什么任务，或强制征集财物。其次，两种管理的方式不同。居民委员会的管理方式主要是协商、说服、调解、教育等。最后，评价两种管理的标准不同。居民委员会的管理是由居民来评价，而不是由街道办事处来评价，更不能把街道的任务指标下达给居民委员会，并作为考核与评价居民委员会的标准。

4. 教育自治

《城市居民委员会组织法》第三条第一款、第五款规定，居民委员会要教育居民遵守宪法、法律、法规和国家各项方针政策，教育居民履行依法应尽的义务，爱护公共财产，教育居民互相帮助、互相尊重，倡导良好的道德风貌等。这是居民自我教育的很好的途径。

5. 服务自治

首先，居民委员会可以根据本社区居民的愿望和要求，以及社区的实际情况开展各种形式的服务居民的活动。其次，举办大型的服务活动要经过居民代表大会或居民代表协商委员会的同意。最后，社区服务的目的是满足社区居民的精神和物质需要，而不是搞“政绩工程”。

三、社区自治的发展方向

第一，社区民主选举逐步从间接选举向直接选举发展；第二，逐步分清居民委员会与街道办事处的职责权限，减少二者的交叉；第三，通过财务独立提升社区居民委员会的主体地位。

第二节 典型案例

案例 1

居民自治解决小区停车难问题①

1. 案例介绍

“每天下班回家后，我都不知道把车停哪儿好，这真的很闹心。”王先生家住北京市东城区东华门街道南池子社区东华门小区 18 号院，以往一说起小区停车，他总是显得相当无奈。“乱七八糟！横的竖的，外地的，面包车，反正能开进来的全开进来，成了一个免费停车场。无照经营的，城管一来都跑这里头‘避难’来，所以特别的乱，大伙反应特别强烈。”小区居民回忆起实行自治管理之前小区的停车难问题，纷纷表示“很令人头疼”。

北京市东城区东华门街道南池子社区地处东城区东华门街道的西南部，辖区总面积 1.43 平方公里，居民区面积 0.33 平方公里。社区户籍居民 2 915 户，7 229 人；常住居民 2 475 户，6 572 人。东华门小区位于南池子社区中部，小区有常住居民 160 户，出租房 50 户。小区由东华门大街 18、20、22、24 号楼组成，产权单位有三家。长期以来，小区居民和单位混居，房屋产权关系复杂，又没有专业部门管理，居民及外来机动车随意停放，有的甚至私设停车桩位，侵占公共场地，堵塞消防通道。对此，居民意见很大。

三次居民代表会议——小区事务自主决策

2003 年 10 月 25 日上午 10 点，小区召开了第一次居民代表会议。参加会议的有社区书记、主任、管片民警、居民及车主代表 20 余人，主要议程是研讨如何解决东华门小区机动车乱停乱放等问题。通过热烈的讨论，居民们意识到，享受“免费午餐”的时代已经一去不复返了，要想提高自己的生活质量，就要付出一定的代价；要想少花钱或不花钱也能享受物业管理小区一样的居住环境，还是

① 参见《以社区居民自治管理为手段，打造和谐人文的小区环境》，见 http://www.bjshjs.gov.cn/94/2009/11/12/2@679.htm，2012-06-16；《北京东华门小区车管会客串物业管理车辆》，见 http://news.qq.com/a/20060328/000452.htm.，2012-06-16；《居民自己的事自己说了算》，见http://news.sina.com.cn/c/2006-10-08/164010181549s.shtml，2012-06-16。相关数据来自北京市东城区东华门街道办事处，见 http://www.bjdch.gov.cn/n5687274/n5723957/n5731232/n5731983/index.html，http://bjncz.cnncy.cn/dhmncz/gov/nczsqjj.asp.。

要依靠自身的力量。

时隔三个月后，小区又召开了第二次居民代表会议。会议之前，社区做了大量的调研和走访工作，特别是对那些有较大影响力的车主进行重点走访，倾听他们对封闭小区和车辆管理的意见和建议，激发他们对小区自治管理的热情。这次会议的主要成果是：一致同意小区实施封闭管理；规定大门开关时间，并雇用专人负责看管；划出停车泊位，但不固定泊车；雇用门卫，费用由车主负担，常住户每月每辆车缴纳 50 元；出租房缴纳 100 元；单位缴纳 150 元。

2004 年 9 月，在小区整治工程即将竣工之际，社区主持召开了第三次小区居民代表会议。由车主 7 人和无车居民代表 12 人组成了小区封闭管理居民自治小组，聘请了 4 名小区下岗失业和退休人员担任门卫值班员。

停车收费透明化——小区财产自治

由于停车收费是群众自发组织，必须让全体居民知道经费的去向，为此，小区居民还选出了没有车的老党员苏玉玲负责财务工作。每个季度小区都要对车辆的收费进行公示，每年要向社区进行财务汇报，由社区进行监督审计。对自治管理小组积累的结余资金如何使用，小组发放了“致居民的一封信”，征求居民的意见。一名车主说，剩余的钱应该更多地服务于车辆管理，而不是小区里的公共事务，因为钱主要来源于车主。有车主提出，有了剩余的钱，能不能把每月 50 元的停车费降一下。但有不少居民表示，这些钱不完全是小区车主的，50 辆小区的车每月共缴费 2 500 元，基本用于 4 名值班员工资和值班岗内的设施投入，外来车辆停的车位是小区公有的，属于全体居民，所以剩余的钱应该用于全体居民。最后，大家一致同意用剩余的钱在小区内安装摄像头，为小区的安全多加“一把锁”。同时，凡是涉及居民关心的低保人员审批、公益岗位设立以及破旧垃圾箱更换、社区居民养狗等热点问题，都要经过自治管理小组集体讨论民主决策，并将讨论结果向全体居民公示。

在实施了封闭管理之后，小区门口的岗亭内有两个人值班，不大的院子里，还有两个人分别在不同的地方巡逻，小区内的空地上用白线画出了一个个车位，车辆停放整齐。“小区里的每辆车我都认识，外面车进不来。”在小区里巡逻的居民万春元说。啜铁良是封闭管理居民自治小组组长，他说：“小区封闭后，聘请保安、卫生保洁都是问题。经过向全体居民征求意见，我们聘请了 4 位下岗的居民每天轮流值班，每月用部分停车费给他们开 600 元工资，他们的生活宽裕了点，小区也安全了。”“小区的变化谁都能看得到，现在这么干净整洁，谁住着都踏实，出点钱也不算什么。”一位车主这样告诉记者。现在，封闭管理居民自治小组长已由原来的3人增加到5人，他们已经同南池子社区党委、居委会共同制定了社区居民自治小组组织条例，这个有4栋居民楼、200多户居民的小区管理已初见成效。随着小区自治管理任务越来越重，现有的管理体制和工作机制也需要不断完善和创新。社区借第七届社区居委会换届选举之际，将自治小组改组为小区居民自治互助委员会。新的自治委员会成立后，制定了小区今后一个时期的发展规划，包括：完善小区机动车管理相关制度，解决小区停车泊位日益凸显的供求矛盾；健全小区治安防范自治小组、车辆管理自治小组、环境保护自治小组、便民服务自治小组，拓展小区的自我服务功能等。

2. 案例分析

老旧小区由于建成时间较久，规划设计落后，配套设施不全，加上管理不到位，普遍存在着程度不同的脏、乱、差和居民生活不方便的问题，而又因为居民对花钱买服务在观念上不适应、小区内产权单位众多、物业管理规范缺失等多方面的原因，引入物业管理的难度大。居民自主决策，通过自治力量解决小区难题不失为一种有效途径。

社区事务决策权是居民自治权利的重要体现，居民之所以选择自治的方法来解决社区难题，最初的驱动力往往是共同利益。然而，有共同利益的地方不一定有社区凝聚力，自治同样难以进行。只有将居民个人因共同利益所形成的解决问题的意识和努力凝聚成社区自治力量，才能更有效率地解决社区问题，强化居民自治的成就感和对社区的归属感。

第一，社区居委会在凝聚社区自治力量的过程中扮演着重要的角色。从发现问题，到分析问题，再到解决问题，居委会必须充分发挥好动员、联系、协调、组织的作用，保证居民知情待决策的事项，开展辅助决策的调研工作，搭建让居民发表意见、参与决策的平台，收集、整合信息，直至产生问题解决方案。

第二，应充分调动社区内的各项资源，从物资、人力等方面给予自治成果以最大的支持。如东华门小区聘任下岗失业人员和退休人员担任小区门卫值班员，一方面直接保障了居民代表会议决策的执行；另一方面解决了小区下岗失业人员的就业问题，发挥退休人员的余光余热，增强了这些居民对小区的认同感和归属感，有利于小区的安定和谐。

第三，居民合力自己动手解决社区难题的模式应该推广至社区其他公共事务的决策上来。应该建立起社区大小公共事务同每一户居民切身利益之间的联系，在宣传动员社区居民参与社区事务时要牢牢把握居民的“利益相关”心理。在此基础上，注重社区文化建设，探索邻里互助、全民参与社区环境改造等多种途

径，将社区变成每一户居民的“大家”。

第四，应该变临时性的单次居民自治尝试为固定的社区自治规章制度，建立起居民自我管理、自我服务的长效机制，使居民对社区公共事务的决策过程有章可循，从而保证社区自治的有序性和规范性。

案例2

社区直选奠定社区自治基础①

1. 案例介绍

41岁的宁波市江东区百丈街道划船社区主任景华芬组织好义务献血赶回社区时，几名社区居民已在办公室等着她了。在听完居民的反映后，景华芬决定跟随71岁的居民史久撰到他家看看，现场处理史与邻居的防盗门纠纷。景华芬对也在等她的市民政局干部表示歉意：“居民们选我当这个社区主任，我不能让他们失望。”景华芬自我定位为群众自治组织聘用的社工。2007年7月，景华芬通过社区直选，当选为划船社区主任。在此之前，她是社区党委副书记，但并不是本社区居民。

宁波市江东区百丈街道划船社区地处江东区繁华地段，社区总面积0.41平方公里，现有住户3 891户，居民8 953人，其中党员808名，包括在册党员361名，在职党员447名。

2007年7月1日，是全国文明社区——宁波划船社区直选日。作为社区主任的候选人，景华芬与社区另一名候选人共同竞争主任职位。社区所设的一名副主任职位也有两位居民竞选，另5名居委会委员从7名候选人中产生。划船社区共有74个居民小组，都推荐景华芬为主任候选人，这让景华芬十分感动。到划船社区工作两年多的景华芬凭着朴实、热心、干练的作风很快赢得了居民的信任。

在选举前期，候选人可与居民见面，通过彩车巡游、张贴海报、公开演讲等形式进行“拉选票”活动。正式选举前，每名候选人面对居民代表、辖区单位代表作“施政演讲”。景华芬的承诺是：居民素质有新提高，居民生活有新变样，社区环境有新改善，社会治安进一步好转，居民养老养残有新的突破。

---

① 参见《宁波社区直选激活民主空间，候选人彩车巡游拉票》，见 http://www.chinanews.com/gn/news/2008/01-28/1147230.shtml，2012-06-16；《宁波330个社区实现直选，直选社区数量增加40%》，见 http://www.anhuinews.com/zhuyeguanli/system/2010/10/28/003410151.shtml，2012-06-16；见 http://www.bzjd.gov.cn/akghr.html，2012-06-16。

选举从上午6时30分开始，5个小区都设有投票点，两个流动票箱上门为行动不便的残疾人、老人和病人服务。社区居民的选举热情很高，上午8时30分，投票已过半。下午15时正式唱票。划船社区参加选举居民有4 825人，投票率达98%。景华芬的得票数为4 455张，得票率为92%，名列首位，当选为社区主任。当选为副主任的是年近七旬的机关退休干部马关林，得票数为4 177张。马关林在居民中德高望重，威信很高，担任了墨香缘等社区多个民间组织的负责人。

看到选举结果，景华芬激动地流下了眼泪。许多居民走来向她表示祝贺，一位大妈拉着景华芬的手说："我也投了你一票，以后可多为我们居民办事啊。""说实话，选举前我心里没底，现在直选全是老百姓说了算。我又高兴又感到压力很大。"景华芬说。

当选的居委会委员中除了4名专职委员外，另外三名兼职委员都是普通居民，其中两名是退休人员，一名是物业公司普通职工。但他们热心社区工作，都有一技之长，在划船社区居民中有较高的知名度。这些各行各业的精英人士被居民们慧眼识中，推选到为他们服务的居委会中，是这次宁波城区社区直选的一大亮点。宁波市海曙区文昌社区新当选的居委会委员中有辖区所在的小学校长、大酒店副总和煤气公司负责人，这些人与居民日常生活关系密切。

时任宁波市民政局副局长的许义平认为，直选后的居委会聚集了各行业精英：官员、老板、企业高管、学校校长等。他们本身亦可调动较多社会资源，参与社区建设与治理，从而惠及社区居民。这种认识在后来的实践中得到印证。大酒店提供就业岗位，煤气公司的惠民便民服务，成立的志愿者队伍与社区孤寡老人结对，学校为社区提供培训教育、文体场地。划船社区新当选的副主任马关林利用他的名望和社会资源，与背街小巷建设指挥部协调，很快在社区开了三道边门，解决了背街小巷建设中居民的行路难题。

2. 案例分析

社区居委会直选的推进是对居民选举自治权利的直接落实，是社区自治的一个良好的切入点和可行的实践途径，也是实现社区自治的最主要的基础。城市社区直选对社区自治组织——居委会起到了巨大的赋权作用，大大拓展了社区治理资源，对社区治理格局产生了多方面的有利影响。

第一，社区直选增强了居民的参与意识，提高了居民的参与能力，为社区自治提供了内在动力和支持。直选不仅充分尊重了广大居民的民主政治权利，也为他们行使这一权利提供了机会。选民登记、选举宣传等选举准备工作和动员活动直接深入到每一户居民，这一过程构成了一个选举教育过程，它帮助居民建立个

人利益与社区选举的关联，而参加直选则将这种利益联系具体化了。从选举过程来看，选举的每一个环节，包括选委会的选举动员、候选人与选民以及选民与选民的互动，都加强了社区内信息的流通和居民群体公意的形成，促进了居民的参与热情。此外，在社区直选中，候选人的竞选主要基于个人的领导能力和服务取向，居民投票的方向主要以社区问题的解决为导向，这有助于提高社区居民的问题意识，激发其对社区公共事务的关注度。

第二，社区直选增强了社区治理的合法性。选举强化了居委会组织和居民之间的委托代理关系，还原了居委会作为群众自治组织的本质，从而增强了社区治理的合法性程度。选举出来的居委会不仅需要实施所作的选举承诺，而且还面临三年后被替换的压力。选举带来居委会的代表性和对其行为的归责性，使居委会的合法性本质发生了变化，使之成为社区民主的产物，而不是基层行政组织的衍生物。

第三，社区直选优化了居委会成员的结构。通过选举实现居委会成员的属地化/精英化，一方面能够吸纳更多了解社区并扎根社区的居民通过居委会这一自治平台更好地实现自我管理和自我服务；另一方面更多的行业精英通过直选进入居委会，能够为社区自治引入更多的社会资源，便于社区自治工作的开展。

为了更好地发挥社区直选对居民自治的积极效应，必须正确处理好政府行政力量同居民自治之间的关系，科学对待政府在居民社区自治中的角色定位问题，注意排除政府力量对社区自治的不利影响。一方面，政府行政力量的存在会构成对社区居民自治权保护的威胁，必须严防行政力量对社区事务的干涉；另一方面，行政色彩浓厚的社区管理模式容易淡化居民自治的色彩，探索社区自治组织自身的工作方式和运作模式，走出一条符合本社区实际，为广大社区居民所接受和认可的社区工作开展之路，对巩固社区自治成果意义重大。

案例 3

北京市东城区九道湾社区的民主自治①

1. 案例介绍

位于东城区北新桥南侧的九道湾社区，是典型的平房密集型社区，由九条胡

① 参见魏娜 2003 年作为北京市九道湾社区民主自治行动专家所撰写的《北京市东城区北新桥办事处九道湾社区自治课题研究报告》；张媛：《九道湾民治九年打造“自己的社区”》，见 http://epaper.bjnews.com.cn/html/2011-03/06/content_207299.htm? div=-1，2012-06-16。

同大街和一栋楼房组成，面积0.1平房公里，居住了约1 507户、4 100多人。其中，60岁以上的老年人约有600人。然而，2002年8月，九道湾社区却以北京市第一个以直接选举的方式产生社区居民委员会和社区成员代表会议而载入史册，成为北京市社区自治的典型。

（1）直接选举。

此次选举由选民联合提名候选人，改变了由上级政府组织指定或推荐候选人的方式；采取差额和具有竞争性的选举；民众参与程度高，参选率达95%；社会组织和政府参与、引导选举过程。

（2）制定自治章程。

为了巩固社区直接选举的成果，九道湾社区制定了《九道湾社区自治章程》。自治章程有以下特点：

第一，明确社区成员的资格、权利和义务。社区成员以居住身份代替户口身份，社区居民不仅享有选举权、参与权、知情权，还可以依法组织社会中介组织。这一举措打破了城乡二元分割局面，由此，33岁河南来京做小生意的刘××顺利当选为社区居民代表。

第二，确定了社区成员会议、社区成员代表会议、社区居民委员会的体制。章程确定社区成员代表会议是社区民主自治的决策机构，它有权制定和修改社区自治章程、审议社区财务报告、审议居民委员会的工作报告、制定社区发展规划和各项制度、监督社区居民委员会以及社区中介组织的活动，享有人事权、资源支配权、决定权和监督权，而社区居民委员会仅是其执行机构。

第三，社区代表真正拥有监督权。例如，居民委员会成立后，社区代表对其中一位居委会副主任的工作不满意，于是召开了四次会议专门讨论这件事情，最后迫使这位副主任主动辞职。随后社区代表会议又依照选举制度补选了一位居民委员会副主任，并报街道办事处备案。再如，2002年12月4日社区进行了一次民主监督评议活动，23名社区成员代表会议的代表组成评议小组公开评议居民委员会成员（主任1名，副主任1名，委员5名）、社区民警1名、社区保洁员2名、社区劳动就业协管员2名。评议的程序是：提前3天把民主评议的意义、内容、范围、方法等内容在社区内张贴公布，社区成员可以把意见和要求反映给社区代表。12月4日，社区评议的对象要公开发表演说，向代表汇报工作。然后给各位代表发放评议问卷，代表就被评议人的工作态度、工作能力、服务水平进行评议。评议结果当场公布，并把它张贴在社区。最后，社区代表对社区工作提出建议和要求。这种评议对被评议人的触动很大，促使他们真正向社区群众负责。

（3）探索社区民主自治的体制机制。

首先，为强化社区代表会议的职能，强化社区代表的权力，并给予其一定的工作补助。其次，鼓励社区中介组织的发展，社区老龄协会、残疾协会、妇联组织都是在这种背景下通过直接选举产生的服务于社区居民的民间自治组织。最后，成立社区发展基金管理委员会。社区资金主要来源于政府资助，社会各界团体、个人捐助，其他合法收入，社区组织可根据社区的实际需要独立使用资金，接受政府与社区民众的监督。

（4）建设社区民主自治制度。

第一，选举制度。包括选举工作的机构设置，选民登记，候选人的产生，选举、罢免、辞职和补选程序等规定。

第二，会议制度。对社区成员会议、社区成员代表会议、社区居民委员会会议的职责、会议形式、会议决策方式等进行规定。

第三，财务制度。对包括社区资金的来源、财务预决算、财务审批制度、资金使用与报销制度、现金管理制度等进行明确的规定。

第四，公共决策制度。公共决策制度包括社区事务公开制度、社区成员意见反馈制度、公共听证制度、社区事务评议制度。公共决策制度实际上是保证社区民众的知情权、参与权以及决定权的实现，它在公共问题的反映、归纳集中、形成具体的方案和措施以及执行的效果这些主要的环节上都体现出民主参与、民主决策和民主监督。

第五，社区居民委员会岗位责任制度。从制度上规范了社区治安与人民调解委员会、社区服务和社会福利委员会、社区医疗与计划生育委员会、社区文化教育科普与体育委员会、社区环境与物业委员会以及社区共建和协调发展委员会的基本职责。

十年过去了，九道湾社区的自治实践效果如何？

从表面看，九道湾还是原来的九道湾，窄窄的胡同，青灰色的平房大院，不过在民主实践和维护居民公共利益方面，九道湾已经可圈可点。居委会直选已成功举行了3届，社区成员代表会议每月按时召开，社区群团组织由当初的3家扩展至11家，几乎涵盖了居民生活的方方面面，居民诉求得到充分体现和维护。在事关居民切身利益的大事上，社区也运转自如，成绩斐然。

居委会很“省心”

“如今，居民们自己就能组织起来，居委会只需承担引导、服务性工作，自然越来越轻松。”2011年3月4日下午，赶在三八妇女节之前，九道湾社区举办庆祝活动。不过，作为居委会主任、党支部书记的曹建军却不需要过多操心。因为下午两点距离活动开始还有一个小时，妇代会、计生会的几位积极分子就抢先来布置会场、彩排流程。据悉，每次办活动，协会的成员们自己就能迅速开列出活动形式、流程及道具，并提出需要居委会、社区服务站配合协助的事宜，如场地安排、相关领导单位邀请等。过去经常半夜起来劝架，而如今居民们自己就能组织起来，居委会只需承担引导、服务性工作，越来越轻松。

浴室存废看参与

作为一个有着九条胡同平房、一栋居民楼房的老社区，过去大家都是共用水龙头，更别提独立厕所和洗浴房了，加之年轻人不断搬离平房，洗澡难困扰着九道湾。2005 年，居委会打算通过志愿者、党员结对子的方式帮助老人到公共浴池洗澡，但由于担心老人出意外而作罢。不过居民代表穷追不舍，于是居委会将居委会院里的储藏间改造成浴室，专供老人使用。2007 年，社区成立居家养老服务站，又将浴室迁入其中。不过新的问题又出现了，谁来埋单？谁来承担日后的养护费？自治再次发挥了作用！经过磨合，居民最终决定只在节假日或特殊情况下对老人免费开放，平时老人在志愿者和家人帮助下尽量在家解决。如此一来，既照顾了老人的特殊需求，又不至于给整个社区造成过重负担，更重要的是居民自始至终都全程参与，各方诉求充分得到体现。

除此之外，引入便民菜站到居民活动室，并且只在早 7:30 至 8:30 经营；养犬者成立自律会等，也都采用了上述方式，在居民代表会议的协调下平衡了各方利益。“近几年的九道湾可能有些波澜不惊，甚至很平淡，但居民的参与感、认同感是其他社区无法比拟的。”

自己的社区

2010 年，九道湾申请到一批健身器材，但考虑到器材投用后必然带来噪音，而居委会小院内又安装不下，因此主任曹建军犯了愁。此时，一对老夫妻主动找来，称自家四合院是私房，院墙外有片空地，虽然挨着窗户，但老两口不嫌吵，提议将健身器材安放在此。

有了场地，曹建军又开始为施工犯愁。胡同里小孩多，工人刚在地上抹了片水泥，小孩们当晚就踩了印子。此时，刚释放的居民王某主动请缨，一到傍晚孩子们放学来玩时，王某就搬着板凳拿着茶缸守在新砌好的路面旁。后来王某家人生病，社区党员一下午就捐了 700 多块，当曹建军把钱交到王某手中时，“挺壮的汉子，哭成个泪人儿”。

2. 案例分析

九道湾社区之所以能够成为北京市社区自治的典范，是因为它通过公开透明的方式选举产生了代表居民利益的社区成员代表会议，并通过社区自治章程保证了社区成员代表会议对居委会的监督权，使其成为居民议政、问政的平台。

社区自治的正当性取决于两个要素：一是社区主体共同意志能力的有效性，二是社区公共利益的现实性。九道湾社区通过竞争性的直接选举、颁布社区自治章程、完善相关体制机制，既释放了社区居民的参政意愿，又保证了政府的引导推动作用，在政府与社会的张力间探索出规范有序、参与平衡的互动协调机制，保证了自治的正当性，因而皆大欢喜，十分成功。

不过，在当前的总体背景下，这种自治也面临着一些挑战。例如，胡同窄、停车难，到了早晚高峰几乎挪不动窝，没车的埋怨开车的，开车的埋怨没人解决，作为一个没有物业公司、没有开发商、没有单位的老胡同，居民自然把怨气都发泄到居委会头上，不过它能解决吗？是它该解决的事吗？社区居民很困惑。再如，过去几年九道湾发展主要依赖老党员、老街坊，现在腿脚不好的老人随儿女上了楼，外国人、流动人口开始在此租房，然而经常参加社区活动的还是老面孔，加之人情关系，社区成员代表会议已经失去锐气，难以一针见血地直陈问题。因此，如何吸引有专业素养的年轻人参与自治实践是九道湾亟待破解的难题之一。还有，在健全基层管理和服务体系、推动管理重心下移的大背景下，如何规范专业服务机构，有效承接基层政府的委托事项，减轻基层压力，也是九道湾未来应该考虑的一大问题。

总之，九道湾的发展印证了稳健地开放基层民主，不仅能让社区保有活力，也能更趋于稳定。事实上，学会自我管理、自我教育，改变有事找政府的惯性思维，让社区居民认识到社区是自己的社区，是未来我国社区民主的努力方向，也是其保持长久生命力的关键和源泉。

案例 4

社区自治推动社区生活环境的总体营造①

1. 案例介绍

走进台南市南区金华社区金华公园，社区活动中心正对面一排高高的黑板

① 参见台南市南区金华社区全球资讯网有关内容。

树，浓绿的树冠遮蔽了太阳，构成公园内一条充满诗意的步道，环顾园内的景观，有绿树和可供休憩的凉亭凉椅，还有秋千、滑梯、溜冰场、篮球场、弹性垫游乐场可供儿童玩耍及青少年锻炼，从清晨到黄昏，这里总是社区里最热闹的地方。可是在十几年前，这里却是一处低洼的垃圾废弃场，金华社区使这里“麻雀变凤凰”，实现打造自己家园的梦想。从金华公园开始，金华社区发动居民自有力量从事社区生活环境总体改造的工作，解决了一系列居住环境脏乱问题，创造了改善交通秩序、绿化美化整体生活环境、角落造景等大量“金华经验”。

台南市南区金华社区位于人口高密度集结地区，属于融合住宅与经贸的综合性社区，居民来自各族群。现有住户 2 087 户，人口 7 065 人，年龄层集中于 15～50 岁，属于青少年居多的社区，65 岁以上老年人口只有 636 人。社区现有金华合区休闲休憩活动中心、金华社区乡土环境教育中心、乡土文化馆、综合福利馆、图书室、大型停车场三处、私人空地设置临时停车场 20 处等公共设施。社区内学校有新兴国民中学、快乐幼稚园、华南幼稚园及文理补习班两所。

“社区公民精神培养”成效显著

金华社区以“社区环境改造”为主轴，培养社区民众认同及关心社区的发展，借其爱护家园、乡土的情操，促使居民真正付出感情与行动。通过各项学习课程的研习、培训，激发居民社区意识的凝聚，进而推动其自主处理各项公共事务。金华社区的社区营造和环境改造一向都是以“自助而后人助”的精神来推动，十几年来始终如一，主动针对社区的各项软、硬件建设，以成人学习计划、户长会议、公证会、说明会的方式引导居民渐进参与社区的各项公共事务，以至于每项建设均综合居民意见做规划。社区居民因此特别认同社区的建设成果，更会去珍惜维护种种建设，进而配合社区事务的推展。

社区自治组织积极致力于环境改造

除了社区居民参与自治行动，各社区自治组织在空间改造工作中也功不可没，它们分工合作，不时召开联席工作会。其中，金华社区发展协会负责公共设施的维护与修缮，推动开展乡土环境教育、环保新生活运动、环保文艺活动以及垃圾分类后的资源回收工作。国宅住户管理委员会负责督办和查报国宅住区的防火巷、绿园带、人行道，公寓内部的公共设施、铁门、消防设备等的维护工作。金华里办公处负责社区内道路、水沟、水银灯、交通秩序、空地整理、环境卫生等生活环境总体改造工作的策划与执行，召开户长会议等。环保义工大队负责社区内的整洁维持工作，如广告物清理、花木修剪、脏乱点清除等，以及人力支援

各项施工等。守望相助大队负责维护社区秩序，确保居民生命财产安全，肩负"看家守望"工作，及查报与督办环保违章事件或违规停放车辆等。各组织召开联席工作会，审核生活环境总体改造工作项目绩效，检讨改造执行重点及方法，针对本社区各改造点提供各项规划意见。

2. 案例分析

台湾社区营造运动以"由下而上"、"民众参与"、"凝聚社区意识"、"发掘地方文化特色"等为理念。社区营造的内容包括社区环境营造、社区经济营造、社区文化营造、社区医疗营造、社区教育营造、社区治安营造和社区服务流程再造等方面。台湾社区营造特别重视社区居民对于社区营造的创造性设计和参与社区营造的方式，以及社区的凝聚力和竞争力的形成等。① "社区公民精神培养"和社区自治组织的活跃是台湾社区营造活动的两大标志性特征，通过它们，我们可以看到自治力量在台湾社区管理中的蓬勃发展。

第一，台湾社区营造运动，非常重视社区居民的成长与学习，并以之作为社区营造的长期战略举措。通过鼓励、引导社区居民的学习与培训，来提升社区公民的文化素质、自治能力与人力资本思想意识、道德情操、文化水平以及生活与工作能力，最终完成由生活形态的社区居民到社会形态的社区公民的转变。内地可以参照台湾地区的经验，拓展社区的公共空间，成立社区性的学习组织——社区学院。可以依托社区学院，通过社区读书会、成长营、环境认养等培育社区公民和社区领导②，不断提升社区自治的人力资本与社会资本。

第二，多样化的社区自治组织职责明确、分工合作，活跃在台湾社区营造运动的方方面面，承担着社区营造的主要工作，成绩斐然。台湾社区自治组织在社区发展中发挥的巨大作用是与其专业化、职业化的发展目标密不可分的。在台湾地区，社区管理已成为一项专业社会工作，形成了社区自治组织中的职业化、专业化社工队伍。社区工作专业化、职业化发展的核心是以人为本，助人自治，不断追求社区居民个性化、多样化需求的高质量满足。与此同时，各社区自治组织和自治团体的多样化、个性化的发展，多方面地满足了社区居民的生活需求，充分调动了社区居民参与社区自治。③ 台湾地区社区自治组织在社区营造运动中所扮演的积极角色给内地带来的成功经验是，社区内足够数量和多样化的自治组织

---

①② 参见谈志林：《第三只眼看台湾的"社区再造运动"》，载《社区》，2006（1）。

③ 参见张丽秀：《社区自治组织的职业化发展方向》，载《企业家天地》，2008（6）。

和自治团体是前提，对自治组织和团体的专业化与职业化培育是关键，实现各社区自治组织的分工与合作是保障，只有将这些都统一起来，才能更好地发挥自治力量在社区总体发展规划中的推动作用。

案例 5

社区区域化自治解决污水处理问题①

1. 案例介绍

哥伦布镇地处艾奥瓦河沿岸，距艾奥瓦城东南方向 30 里左右，人口 1 900 余人，是美国艾奥瓦州南部相对较大的一个镇。20 世纪 90 年代初期，艾奥瓦牛肉罐头加工包装厂建立，大批工人（西班牙裔占多）开始供职于该区域，因此，镇人口得以迅猛增加。除了加工包装厂，哥伦布镇和穆斯坎汀县的小规模工业生产和食品加工业也吸引了大批量的工人，这些劳动力的到来也是邻近的弗雷德尼亚和哥伦布城市社区人口增长的原因。

弗雷德尼亚社区和哥伦布城市社区位于艾奥瓦州的路易莎县，毗邻哥伦布镇。弗雷德尼亚社区是一个只有 251 位居民的乡村社区，在艾奥瓦河东部跨河而建。这是一个白人居多的社区，社区居民由 31%的西班牙裔人口和当地美国人所组成。根据 2002 年一项社区收入调查，该社区平均家庭收入是 2 万美元。哥伦布城市社区是一个稍大些的乡村社区，总人口 375 人，西班牙裔人口所占比重略低于 30%。该社区超过 60%的家庭属于低收入家庭，社区平均家庭收入约 2.3 万美元。从地理关系来看，弗雷德尼亚社区东邻哥伦布镇，哥伦布城市社区则位于哥伦布镇的南边。

社区居民自发举报污水问题

污水处理问题的解决发起于弗雷德尼亚社区和哥伦布城市社区居民向艾奥瓦州自然资源部（IDNR）关于哥伦布镇附近工厂未经处理污水任意排放的相关举报。这个问题在弗雷德尼亚社区尤为严重，该社区居民主要在浅水层和沙地井取水，用水极易受到这种不经处理的污水污染。在对举报事实开展调查之后，IDNR 确定污水排放事实存在并提高了对问题整改的重视。由于两个受污水影响的社区规模都非常小，在它们的经济和管理能力可承受范围之内，污水处理方案的选择十分有限。

① 见 http://www.hud.gov/ruralgateway/，2012-06-17。

三方代表组成污水处理问题委员会

有鉴于此，IDNR 试图通过联合中西部乡村社区救助计划（RCAP）的力量来解决这个问题。来自 RCAP 的技术顾问 H. B. 卡尔弗特与两个社区取得了联系，之后，一个旨在通过区域化合作方法来解决污水问题的委员会组建了起来。委员会召开由三方代表组成的一系列会议。尽管来自哥伦布镇的代表表示该镇有意提供污水处理服务，但弗雷德尼亚社区和哥伦布城市社区的代表却担心区域化合作模式会影响本社区的自治。会议明确了基于经济和管理能力的考虑，区域化办法对各方都最为有利。

通过这些会议，两个社区还同意由来自艾奥瓦州美地市的一个工程公司起草一份工程预备报告。报告建议两个社区分别建设污水收集系统，然后将污水输入哥伦布镇的处理设备中，并得到了委员会的认可。为了更新哥伦布镇的污水处理设备以承载更多的污水量，两个社区都同意为设备更新提供一定程度上的资金支持。对三方所签订的协议至关重要的是，两个社区得以保证各自的自治——它们为包括系统维护在内的污水处理服务付费，但能够自主决定该服务的规模是扩大还是缩减。

自主筹募资金负担污水处理项目花费

协议确定后，社区代表开始安排落实项目的资金。经过与技术顾问的讨论，代表们初步明确了筹资方向。与资金提供方沟通，建立起它们与社区项目的利益链条后，社区代表开始着手项目资金的申请工作，为项目筹募贷款和申请拨款。资金一筹募到，项目便得以开展。投标完成后，工程建设正式开始。

项目进入建设阶段后，委员会开始召开一系列的社区会议。由于社区所在区域工业化特征明显，相当数量的工人夜晚工作，所以他们作为居民，在白天可得空闲参加会议。在社区会议上，社区代表定时对项目进展情况以及待办事项进行汇报。这种会议机制为污水处理问题委员会、社区自治组织及团体负责人和社区广大居民之间建立起了联系。

项目的另外一个至关重要的阶段就在于社区制定管理污水处理系统的条例，条例对使用者行为及服务付费进行了规定。此外，污水处理系统具体的操作计划的草拟以及其他与系统操作和维护有关的文件材料也需要准备。

截至项目完成，社区筹募到了来自 USDARD 的项目贷款、艾奥瓦州滚动基金以及 EPA 排难基金和社区发展基金的拨付资金。项目总花费约 320 万美元。值得一提的是，弗雷德尼亚社区和哥伦布城市社区分别从不同的资金来源统计，得出了不同的项目花费数据。哥伦布镇获得了来自 RD 的 91.5 万美元的贷款，

这笔资金使它们得以不断更新污水处理系统，以容纳更多弗雷德尼亚社区和哥伦布城市社区收集的污水。

2. 案例分析

自治是美国社区治理的首要原则，它在美国最初的乡镇自治中就体现了出来。美国社区治理是公民社会的自我治理，公共权力机构在社区治理中的作用只是局限于辅助性的协助，案例中艾奥瓦州自然资源部所发挥的作用正是如此。本案例是一个美国社区自治创新的典型，它对我国的社区自治与社区发展至少存在以下几个方面的借鉴意义：

第一，定期召开的社区会议是美国社区自治成熟的标志。社区会议提前向全体居民公开议题，使得来自各方的声音、诉求和疑惑都能够得到讨论和回应。参加社区会议，讨论公共议题，已经成为美国社区居民生活的一部分。居民自议题产生开始，参与公共议题决策的全过程，能够保证自治的原则贯穿社区公共事务处理的全程。

第二，社区成功筹募到贷款、基金来负担项目的花费，是本案例成功经验中值得关注的一点。社区基金会本身所拥有的民主集体决策机制，对慈善精神的倡导以及忠实为社区成员服务的价值取向，对美国社区自治建设发挥了显著的作用。社区基金会是为解决本社区的公共性实际问题而存在和运作的，开拓多渠道的资金来源是社区基金会持续发展的保障。个人捐赠、社区企业捐助、其他基金会投资，都可以成为社区基金会资金的来源。我们可以借鉴美国社区业已成熟的基金会运作理念和方法，加以本土化处理，发挥好社区基金会在我国城市社区自治建设中的积极作用。就拓展社区基金会的资金来源渠道来说，考虑到我国经济基础薄弱，特别是企业富余资金和居民收入有限，我国的社区基金的财源汲取应当实施从政府到企业、从组织到个人、从国际到国内、从外援到自我筹措的多方位策略。①

第三，尽管我国目前的社区间公共事务仍直接由城市基层政府组织——街道办事处管辖、处理，社区还远未具备自治解决社区间公共事务的能力。但是，案例中三个美国社区成功实现区域化解决社区间公共基础设施建设问题且不影响本社区自治的尝试，对我国处理社区自治力量与基层政府行政力量的关系、以社区自治促社区发展仍具有实践操作的借鉴意义。

① 参见刘建文：《社区基金会：促进社区自治发展的新思路——产生、特征、本土化建设策略及其意义》，载《云南行政学院学报》，2008（3）。

案例 6

业主掌握财权实现小区自治①

1. 案例介绍

江苏省无锡市春江花园（一期、二期）物业管理区域占地面积 33.5 万平方米，住宅建筑面积 54.8 万平方米，可供 3 252 户业主居住，是一个规模较大的国家级绿色社区、国家级卫生镇和省市级示范社区。2003 年 10 月春江花园的业主开始入住，直至 2007 年 12 月 22 日首次业主大会召开，选举产生了由法律工作者、财务人员、政府机关工作人员和企事业单位骨干共 15 名委员组成的业主委员会。业主委员会的核心任务是为业主维权。业主委员会的根本目标是：让业主在安定和谐的绿色小区享受专业规范的物业服务。因小区业主的合法权益被侵犯，2008 年 6 月 21 日春江花园业主大会与某知名品牌物业服务企业解除了协约关系，走上了业主自治的道路。

公共区域权益问题引发矛盾

春江花园业主共有部位的收费 2007 年已达 240 多万元，这份本该属于业主共有的权益却被物业服务企业作为管理费收入占为己有，而真正属于他们的管理费收入应该是业主每年缴纳的 300 多万元物业管理费，对小区共有部位收费的处置成为业委会和物业服务企业之间很难调和的矛盾。业委会的态度是，共有部位的收入属于业主共有，应绝大部分充实住宅维修资金，少部分补贴小区公益事业的不足（包括物业管理费）；而物业服务企业的态度是，春江花园的物业管理费收费标准太低，物业服务企业在春江花园是亏本经营，要实施贴补才能维持正常的物业服务。也就是说业主共有的收入一分钱也不可能打入业主共有账户。

为解决矛盾，业委会决定运用法律途径，聘请会计师，从审计入手摸清管理成本，用事实讲话。会计师事务所对物业无锡分公司查账的结果出人意料，在审计过程中发现了许多问题，对该物业公司的财务状况也有许多疑问。为了尊重业主的知情权，业委会本应及时将财务审计报告通报广大业主，但为避免小区出现混乱，业委会召开了几次专题会议，研究具体方案和措施，制定了 2008 年新一轮物业协议原则，并给物业服务企业春江花园管理处发出了《关于做好新一轮协议意向文本的通知》。然而，物业服务企业无视业委会的要求，依旧我行我素，

---

① 参见无锡市春江花园业主委员会：《实施业主自治，构建和谐家园——无锡市春江花园实施业主自治的探索实践》，载《城市开发》，2009（3）。

不能摆正服务和被服务的关系，把物业服务企业的利润建立在侵吞春江花园业主共有部位的收费上。

为此，业委会到多家小区和物业服务企业走访、调研，感受有两点：一是不管哪个物业服务企业都不可能贴钱为小区服务，都是追求利润最大化，物业服务企业与业委会矛盾始终存在；二是新老物业在交接时，损失太大，混乱一阵子的现象难以避免。

春江花园走上业主自治之路

业委会认真分析了物业管理行业形势，认为实施自治是不可避免的、即将到来的潮流。为能把小区业主的意愿更好地体现到业主自治的实践中，业委会强化了其各部职能，小区重大问题分别由业委会物业管理工作部、财务管理监督部和管理规约协调部分头把关。有关物业管理制度的建立，制度执行情况的检查监督由物业管理部负责；物业主管的聘任、工资总额的控制、奖金福利的发放等由规协部归口管理；园区所有费用收支由财监部用严格的制度和细化的手续控制；业委会的 3 名正副主任分工明确，各负其责。业委会从原来监督物业变成领导物业，日常事务性工作虽然增多了，但仍然和以前一样不拿工资，以义务为主。春江花园实施自治的模式是：业委会下设春江花园物业管理处，聘请有管理资质、有管理经验的人员担任管理处主任，全面负责小区的日常物业管理。目前管理处的主任是留用的原物业服务企业的“金牌员工”。自治前物业服务企业和业委会各为其主，明争暗斗，角色转换后物业代表业委会从事日常管理。他们积极配合业委会，依据国家《物权法》、《物业管理条例》精神，参照品牌物业服务企业成功的经验，结合小区的实际情况，制定了创业主自治品牌的管理条款，其中包括颁布了物业服务的 16 项管理办法（试行），13 项各类人员的作业细则和操作规程（试行），7 项突发事件的应急预案（试行）和 80 条员工违规、违纪、违反作业标准的处罚规定，意在进一步规范小区的物业管理，提高服务品质，把春江花园打造成无锡城最好的花园小区。

实施业主自治后，业委会的职能和地位发生了变化，迫切需要强化其在自治管理中的制约机制，对委员和物业管理工作人员的违规违纪现象实施有效监督。在 2008 年 6 月 21 日的业主大会上，增选了业主监督委员会。监委会在业委会统一领导下开展工作，成员 11 名，社区居委会副主任担任监委会副主任。这为构建管理规范的和谐家园，从制度、机构层面进行了完善和配套。

在半年时间里，业委会成功建立了全体业主共有的银行账户，严格和细化了财务手续，健全了内部管理制度；解决了员工挂靠和风险转移，适当提高了员工

的工资收入，稳定了员工队伍；对电梯、绿化、智能化系统的维保工作进行了公开、公平、公正的招标，为小区一年减少成本支出20多万元；在经过4个月的平稳过渡，理顺了所有外协关系后，于2008年10月22日又开展了创业主自治品牌的活动，使小区自治管理更加规范化。正是因为委员们的齐心协力和物业管理处员工的努力，春江花园下半年园区总收入为308万元（其中物业管理费为139万元，共有部位收入为169万元），总成本为229万元，去掉税金，园区总结余为76万元。这是业主共有的积累，也是业主自治的成果。

2. 案例分析

所谓“业主自治”，即城市商品房住宅小区的业主以民主和法治为架构而实行的对于小区公共事务的自组织治理。其实质即小区的共有事务由业主行使决定权，小区的共有收入由业主决定支配途径。总的来说，就是业主在小区当家作主。小区实施业主自治的良性效应显著，本案例至少从以下几个方面给予了我们启示：

第一，业主自主更换、选聘物业服务企业是法律赋予业主的基本自治权利，也是化解小区矛盾、消弭危机的理性选择。一方面，业主自主选择物业服务企业，是理顺小区各利益攸关方的关系和角色定位的关键所在。在城市商品房住宅小区中，主要的利益攸关方包括开发商、物业服务企业、业主以及有关政府主管部门和机构。在现实生活中，利益各方之间的关系是绝对不对等的。[①] 要想斩断前期物业服务企业与开发商盘根错节、根深蒂固的利益链条，唯一的办法就是由广大业主自主选择物业服务企业。另一方面，只有业主自主选择物业服务企业，才有可能从制度和机制上化解城市商品房住宅小区存在的现实矛盾、冲突乃至潜在危机。在绝大多数小区，目前影响业主生活秩序和生活质量、造成小区潜在不稳定的因素，主要是前期物业服务企业服务不到位乃至存在严重瑕疵，如果业主不行使自主选聘物业服务企业的权利，那么类似的问题就很难得到圆满解决。

第二，实施业主自治是为业主创收，为业主服务，按业主的意愿办事，确立业主对小区财务的知情权和控制权，明确业主的主人翁地位。从小区财务由物业服务企业掌控到业主共有账户掌握资金，业委会财务管理监督部按五级科目编制会计报表，定期公布收支状况，增强了小区财务情况的透明度。业主共有账户上的结余或冲减物业费，或为小区投资实实在在的护民利民设施，或划到每户业主专项维修资金的个人账户上，也实现了经济资源基于业主共有利益的合理有效

① 参见唐娟主编：《城市社区业主委员会发展研究》，33、61页。

配置。

第三，实施业主自治能稳定小区物业服务人员的队伍，提高服务质量。自治后物业服务人员的工资、福利等条件的改善对巩固和提高物业服务人员队伍水平具有现实意义。此外，实施自治物业服务，减少了中间环节，提高了服务效率。过去的春江花园物业管理处给物业总公司交钱容易用钱难，用钱就要减少物业服务企业的利润，业主享受物业服务受制于人。业主自治后，特事特办，急事急办，服务质量得到大幅度提高。

第八章 非营利组织与社区发展

第一节 基本原理

非营利组织是社区发展中的重要力量，它以既区别于政府组织又区别于市场营利组织的特点和作用，在社区发展中起着重要的推动作用。

一、非营利组织的含义和特征

非营利组织的英文是 non profit organization（NPO），亦称非政府组织（NGO）、第三部门（third sector）、慈善组织（philanthropic organizations）、志愿组织（voluntary organizations）。我们将非营利组织界定为：组织设立的目的不在于获取利润，且净盈余不得分配，由志愿人员组成的，具有独立、自治、公益和民间性质的组织。

美国约翰·霍普金斯大学非营利组织比较研究中心萨拉蒙教授指出，非营利组织具有六个特征：第一，正规性。非营利组织必须具有正式注册的合法身份，同时，还要有法人资格，即民事责任能力。第二，民间性。非营利组织从组织上与政府组织分离。它不是政府机构的组成部分，其决策层也不是政府官员控制的董事会。第三，非营利性。非营利组织不为其拥有者谋求利润。它在一定时期内积累的盈余，不得在组织缔造者之间分配，必须投入组织宗旨所规定的活动中。第四，自治性。非营利组织要能控制自己的活动，有不受外部控制的内部管理程序。第五，志愿性。在非营利组织的活动和管理中有显著的志愿参与成分。特别是形成有志愿者组成的董事会和广泛使用志愿人员。第六，公益性。非营利组织服务于某些公共目的和为公众奉献。而第三和第六个特征使之区别于营利组织。①

① 参见［美］莱斯特·萨拉蒙：《非营利领域及其存在的原因》，见李亚平、于海编选：《第三域的兴起——西方志愿工作及职员组织理论文选》，33～35页，上海，复旦大学出版社，1998。

二、非营利组织的理论基础

关于非营利组织的理论基础，可归纳为以下几个方面[①]：

1. 志愿服务理论

非营利组织的建立基于志愿主义的精神，积极投身于社会福利、慈善救助工作。然而，志愿工作者，无论是个人、团体或组织，其动力并非来自有形的金钱或物质报酬，主要是具有积极奉献的利他主义精神。自由意志与积极奉献的精神，以及社会责任感的激励，使志愿服务在动机与管理上都有别于政府和企业服务。

2. 社群主义理论

在基本价值方面，社群主义（communitarianism）不同于自由主义（liberalism）的传统，社群主义是在利他主义的引导下，建立共同体成员之间的信赖关系，以及培养公民的社群意识，它是与个人主义和利己主义的原则相对立的，同时，也不赞同任由市场机制作为公共财产的分配手段。社群（community）问题的解决之道无其他妙方，必须从社群里面找寻方法。

3. 市场失灵与政府失灵理论

由于市场结构本身的缺陷，以至于产生外部效应、信息不对称等市场失灵的现象，换言之，当私营部门运用市场机制无法满足消费者的偏好或需求时，非营利组织以其“不分配盈余”之属性，有助于提升民众对其服务品质的信赖度，这是非营利组织存在与发展的主要因素。政府失灵（government failure）的论点，主要是指出人民对于政府的绩效，特别是公共服务的供给，无法满意，在某些民众的需求回馈之间，可能会因制度设计或运作上的扭曲，以致出现松动现象，而非营利组织的特殊属性，恰可填补这一公共服务上的漏洞。

4. 第三者政府理论

由于对市场失灵与政府失灵理论的解释表示怀疑，萨拉蒙提出了“第三者政府理论”[②]（third party government theory），指出非营利组织的出现有其历史渊源，并不是因为弥补市场失灵与政府失灵而发展形成，尤其当代政府在公共服务

---

① 参见江明修主编：《非营利管理》，3～5页，台北，智胜文化事业有限公司，2002。

② L. M. Salamon，Partners in Public Service：The Scope and Theory of Government—Nonprofit Relations，in W. W. Powell，*The Nonprofit Sector*：*A Research Handbook*，New Haven：Yale University Press，1987.

输送上，依赖非政府机构的方面很多，而非营利组织在公共服务上较为多元、创新与弹性的做法，可以容易取得民众的信赖。政府于是扮演资源提供者与服务监督者的角色，相关的执行事项则委托民间执行，于是两者之间形成紧密的“协力关系”（partnership）。因此，非营利组织的存在，有其更为积极的功能与使命，而非扮演市场失灵或政府失灵下的补偿者角色。

三、非营利组织的分类与活动领域

在我国，非营利组织从法人形态上大体可归纳为三类：第一类，在民政部门注册登记的“民间组织”，具体可分为社会团体、基金会和民办非企业单位；第二类，未在民政部门登记注册的，属于民间自发的非法人资格组织，主要包括在工商部门登记获得企业法人资格的组织、各类挂靠组织以及大量无挂靠、无认可、无登记的非法人资格组织；第三类，外国非营利组织在中国所设的项目机构。

非营利组织的活动遍及现代社会的各个方面，可将其主要活动领域概括为以下七个方面①：

1. 慈善救助

慈善救助是非营利组织最古老、最典型也是最具社会影响力的活动领域。早期的非营利组织无一不致力于慈善救助并因此形成了巨大的社会影响力。如红十字会、乐施会、宣明会等，都是通过筹集善款，救助伤员、孤儿等弱势群体开展活动，并因此获得了广泛的社会认可。

2. 环境保护

环境保护是当今非营利组织非常集中和活跃的领域之一。无论国内国外，都有许多非常著名的非营利组织活跃在这个领域，如世界自然保护基金会、地球之友、自然之友、北京地球村等。该领域的非营利组织大体集中在五个方面：一是自然生态的保护，二是资源保护，三是动物保护，四是污染治理，五是对污染受害者的救助。

3. 公益服务

公益服务是面向各类受益人群直接提供具有公益性的社会服务。其较为集中的领域包括：面向残障人、智障人、孤独症患者的特殊教育，面向艾滋病人及易感人群的艾滋病防治，面向老年人的养老服务，以及在城乡社区开展的与各级政

① 参见王名：《非营利组织管理概论（修订版）》，6～10页，北京，中国人民大学出版社，2010。

府推行的各类公共政策相对应的各种公共服务等。

4. 扶贫发展

扶贫发展是指救助贫困与促进发展。该领域的非营利组织主要包括：发达国家从事开发援助的基金会等资助机构；总部设在发达国家但主要在发展中国家开展各种发展项目的发达国家发展型非政府组织；主要在国际上开展发展援助中介服务的国际发展非政府组织；专门开展小额信贷等活动的发展项目组织及草根组织等。

5. 权益保护

保护弱势群体的权益并帮助他们努力在社会中生存和发展，是许多非营利组织积极致力的事业。在国际上，除妇女权益保护方面活跃着一大批非营利组织外，在基本人权保护、儿童权益保护方面也都活跃着大量的非营利组织。

6. 行业协会

行业协会是非营利组织中的特殊部分，是活跃在市场经济活动中的非营利组织，由作为市场主体的企业或企业家，基于一定的经济关联性和利益共同性而结成的，具有共同体特征的社会团体。行业协会在反映产业、行业需求，推动行业自律，促进维护公平竞争和市场秩序，为企业会员服务，维护会员合法权益，促进会员与政府的联系等方面，发挥着不可替代的作用。

7. 社区发展

社区发展日益成为非营利组织活跃的重要领域。无论在城市还是乡村，随着社区的建设和发展，涌现出越来越多的各类非营利组织。社区层面的非营利组织通常以社区的空间范围为界，致力于社区内部的各种社会事务，其中既有公益性很强的如社区养老、社区消防、社区治安、社区教育、社区环保等非营利组织，也有大量趣味性、互益性、自助性或自娱自乐性的社区联谊组织。

四、非营利组织与社区发展

社区发展是非营利组织重要的关注领域，非营利组织对社区的发展也有着重要的推动作用，主要表现在以下几个方面：

1. 提供个性化、多元化的公共服务

对于政府无法履行的提供公共服务和社会福利的职能，非营利组织可以进行弥补。在社区中，非营利组织根据社区民众实际需要而提供的社会服务，在某种程度上比政府专业组织和专业人员提供的更具有人性化。

2. 维护良好的社会价值

非营利组织对公共服务的奉献精神，对人、自然、社会的关怀与关爱，对平等权利的重视，对参与的重视等，均体现了良好的社会价值，对社区社会资本的增加，对居民社区意识和社区归属感的增强，具有积极的促进作用。

3. 促进和扩大社会参与

社区是城市居民生活的共同体，这种共同体的实现有赖于居民深入而广泛的参与。非营利组织为社区居民参与公共事务提供了重要的平台。特别是，非营利组织表现出了对志愿者的吸引和动员能力，是充分利用人力资源和激励民众参与社区发展的重要手段。

第二节　典型案例

案例 1

美国马里兰州哥伦比亚镇的非营利组织治理模式①

1. 案例介绍

美国的行政管理层级有联邦、州、地方政府三级。在有些地区，地方政府是市镇；在另一些地区，地方政府只到县一级，县以下就没有任何地方政府了。马里兰州霍华德（Howard）县就是其中的一个代表。这个县有居民 27 万，下面有 6 个镇和一些农村地区，最大的哥伦比亚镇有 10 万人口，面积 14 000 英亩（约 56.7 平方公里），占整个县面积的 1/10。这个没有政府的镇是怎样治理的呢？

哥伦比亚镇始建于 1966 年 6 月，是由一家名叫劳斯公司的房地产开发商投资兴建的。这个房地产公司 1963 年 10 月开始进入霍华德县从事房地产开发。经过一年的建设，1967 年 6 月 21 日哥伦比亚镇开始有居民入住，至今已经建有 10 个居民小区，有超过 33 000 套单元房可供居民购买和拿政府补贴的单亲家庭居住，3 500 家企业入住，雇用了 89 000 多人。在哥伦比亚镇中心区，有办公场所和 27 英亩面积的湖泊，建有购物中心、体育场、音乐公园、霍华德县医院、霍华德县社区学院、霍华德县公共图书馆的主要分馆、剧院、宾馆、饭店等公共设

① 参见高新军：《美国地方政府治理案例调查与制度研究》，西安，西北大学出版社，2007；巴尼特 · F · 巴伦：《美国非营利部门的共同治理》，见 http://mjj. mca. gov. cn/article/jyjl/200712/20071200005014. shtml，2012-08-07。

施，镇区内14所小学、5所初中、7所高中构成了哥伦比亚镇的公共教育体系。哥伦比亚镇的开发资金全部来自私人银行和基金会，包括：康涅狄格通用人寿保险公司、大通曼哈顿银行、美国教师退休保险公司、摩根保险和制造业汉诺威信托公司，并成立了风险投资公司、霍华德研究开发公司。

在哥伦比亚镇，真正起管理作用的是哥伦比亚协会（Columbia Association，CA)。这是一个完全民间性质的非营利组织。它的决策机构是由11人组成的理事会（Columbia Council)，其理事任期3年，其中10人是由10个住宅小区的居民分别直接选举出来的代表，1人是开发公司的代表。理事会设主席1人，负责召集会议。理事会下设全日制的管理机构，由理事会对外公开招聘。10个住宅小区也有它们自己的社区协会（Community Association)，根据居民的多少，分别由3～5人组成，由本社区的居民直接选举产生，任期2年，成为住宅小区的决策机构。每个住宅小区的社区协会都招聘有1～3名专职的社区管理人员。哥伦比亚协会和十个住宅小区的社区协会都有自己的办公地点。哥伦比亚协会对10个社区协会有专门的资金补贴。

民间性质的哥伦比亚协会管理着哥伦比亚镇3 400英亩的公共绿地，90英里长的人行便道，165个停车位，252个步行桥梁，3个大型湖泊和20个小型池塘，34英里的溪流谷地，40英亩的交响乐公园、怀尔德湖公园和埃尔霍恩湖公园。此外还有2个18洞的高尔夫球场、9个室内和49个室外网球场、1个跑马场、1个室内冰场、1个滑板公园、1个运动场、1个保龄球中心、4个室内泳池和2个滑水场、23个室外泳池、3个田径俱乐部。另外，哥伦比亚协会还向居民提供进行宗教信仰活动的设施、卫生保健、公共交通、社区艺术活动组织和社区活动设施等。

在资金来源上，2005年哥伦比亚协会的总收入为5 773.4万美元，其中，运动和健身收入占38.5%（2 227.3万美元)；居民年度房租收入占29.4%（1 700.2万美元)；商业年度房租收入占15.3%（883.6万美元)；借款占10.9%（623.2万美元)；社区服务项目收入占5.1%（292.1万美元)；利息和其他收入占0.8%（47万美元)。从资金的来源上，我们可以清楚地看出，哥伦比亚协会并没有从居民上缴的税收中获得任何资源。

在资金的支出上，运动和健身项目设施支出占37.5%（2 168.6万美元)；公共绿地维护支出占16.3%（939.5万美元)；资本项目花费占15.6%（901.1万美元)；还债占12.1%（698.2万美元)；社区服务项目支出占8.0%（459.8万美元)；10个住宅小区社区协会支出占7.2%（416.9

万美元)；准备金占 1.8%（103.7 万美元）；哥伦比亚协会理事会支出占 1.5%（856 万美元）。从资金的支出上，我们也可以看出，花在公共服务上的经费占了整个支出的 69%。

哥伦比亚协会和霍华德县政府之间是通过合同划分彼此的职责的。县政府负责哥伦比亚镇的公共安全、消防、基础教育、垃圾处理、邮政、主要道路建设和维护、路灯、供水和排水、电力等公共服务项目和设施的建设维护。其余的公共服务如休闲娱乐健身、自然环境保护、停车服务、人行步道建设和维护、步行桥梁建设和维护、各种庆祝活动等则由哥伦比亚协会来承担。

从 1967 年 6 月 21 日第一批居民迁入哥伦比亚镇居住至今，整个镇区发展顺利，管理也井井有条。它的实践说明，由非营利组织来管理一个 10 万人口的社区，并不是天方夜谭。只要外部和内部的条件具备，非营利组织完全可以承担起这样的责任。

2. 案例分析

在其他国家由政府机构提供的社区公共服务，在美国却可能由非营利组织提供，而且这种公共服务的供给方式是非常有效的。这既与美国的历史文化传统有关，也是政府政策支持的结果。

（1）美国有悠久的结社传统。

结社的精神渗透在美国人生活的方方面面。托克维尔在《论美国的民主》一书中，对美国的结社精神做了深入论述：“美国人不论年龄多大，不论处于什么地位，不论志趣是什么，无不时时在组织社团。”“在法国，凡是创办新的事业，都由政府出面；在英国，则由当地的权贵带头；在美国，你会看到人们一定组织社团。”托克维尔认为，“美国人干一点小事也要成立一个社团”，主要是因为美国人似乎把结社视为采取行动的唯一手段。① 正是在这一历史传统的影响下，很多美国人更喜欢把非营利组织作为服务提供者，而不是依赖政府。

（2）美国的社区非营利组织发展成熟，有良好的治理结构。

美国的非营利组织的治理由来自不同背景的担任董（理）事会董事（理事）的志愿领导人承担。大多数非营利组织的董事（理事）都是自己遴选的。案例中哥伦比亚协会的决策机构就是由 11 人组成的理事会，其中 10 人是由 10 个住宅小区的居民分别直接选举出来的代表，1 人是开发公司的代表。这种为公益目的

---

① 参见［法］托克维尔：《论美国的民主》，北京，商务印书馆，1988。

成立和运作的非营利组织的董（理）事会既然由社区公众选举产生，自然会对社区公众负责。同时，通过本案例还可以发现，美国社区非营利组织的收入来源非常丰富，而且主要来自服务收费和房租，没有依靠过多的捐赠和政府的拨款。在支出方面，美国的社区非营利组织体现出了非营利性、公益性等典型特征，没有将收入用于分配，而是将钱花在社区公共服务上。

（3）政府与社区非营利组织结成良好的伙伴关系。

在美国，政府认识到非营利组织的巨大作用，因此与非营利组织结成了良好的伙伴关系。主要体现在美国政府直接和间接地支持非营利组织，包括：提供有利的法律和规制框架；通过税收激励办法，鼓励公民个人向非营利组织捐款；通过提供政府赠款和合同，向非营利组织提供直接财务支持；通过对使用非营利组织服务的个人进行补贴和税收优惠，间接地从财务上帮助非营利组织等。更重要的是，地方政府与非营利组织在社区治理中形成了明确的分工，并通过合同的形式确定下来，即纯公共物品的提供由政府负责，而准公共物品的提供则由非营利组织负责。

案例 2

加拿大的社区志愿者组织①

1. 案例介绍

加拿大政府把政府和志愿者组织视为两个不同的部门，后者由社区组织、社会企业慈善组织、合作和信用联盟、草根组织等组成，为生活在社区中的个人和家庭提供服务。社会企业就是那些发现社会需求，并根据社会需求来调动社会资源满足社会发展需要的社会组织形式。社区组织通过自己的独特方式提供私人部门和市场无法提供的公共物品和公共服务。政府与志愿者组织的关系是合作伙伴关系，为此，加拿大政府专门制定有关法律加以界定，并对志愿者组织进行资金等方面的支持。加拿大志愿者协会 90%的资金来自政府部门拨款。政府部门同时对志愿者组织使用政府资金情况进行定期评估，也对整个志愿者组织的绩效进行评估。

政府也购买志愿者组织的公共服务。根据政府与志愿者组织的协定，志愿者组织要根据社区的需求，为社区提供项目、服务，支持社区居民提高他们的生活

① 参见丁元竹：《加拿大的社区服务体系建设及对我国的启示》，载《中国发展观察》，2006（9）。

质量。在加拿大，大约有18万个志愿者组织，其中8万个登记注册为慈善组织。这些志愿者组织大约有工作人员130万人，占加拿大劳动力人口的9%。同时，这些组织还动员了650万名志愿者参与社区服务，这些志愿者每年贡献的时间为10亿小时，相当于58万个全职工作。志愿者组织充分实现了资本性资源和非资本性资源的有机结合来提供公共服务，实现公共目标。加拿大志愿者组织每年的资金收入为900亿加元，同时它们拥有1 030亿加元资产。每年有2 200万加拿大人为这些志愿者组织捐赠，总计50亿加元。另外，志愿者组织的资金还来自省政府和地方政府。联邦政府的资金主要用于：项目和服务输送、加强可持续能力、战略性投资、联盟和合作伙伴关系、政策对话和倡导、调查、创新等。志愿者组织是独立的，它们决定自己的优先领域和自己的事务。"非政府组织和志愿性团体形成网络，来处理社区发展、土地和住房、文化认同、社会服务的提供和人权保护等城市事务。"① 加拿大的城市治理、社区发展与志愿者组织的密切参与是分不开的。另外，联邦政府的减免税对志愿者组织的发展非常重要。

以魁北克为例，魁北克境内有8 000多个社区志愿者组织，50%属于独立的社区志愿者组织。在2004—2005年财政年度，魁北克政府支持了大约5 100个志愿者组织，省政府的20多个部门通过75个项目提供了大约6.3亿加元支持这些组织。在这些资金中，大约3.4亿加元用于支持4 135个组织的全部工作，换句话说，80%社区志愿者组织的资金来源于政府；政府将2.3亿加元用于购买志愿者组织的服务，占37%，0.5亿加元用于一次性支持1 584个志愿者组织的项目。到2005年4月，全职执行社区服务使命的组织获得了80 000.2万加元的政府资助。为了消除贫困，魁北克政府广泛动员各种社会力量参与，包括全体居民的参与，社区志愿者组织是政府进行社会动员的重要力量。其组织的特点是反应迅速，涉及人群广泛，能够快速处理复杂的个人和社会问题，也容易与被服务的居民建立融洽的关系。根据国家消除贫困战略，魁北克政府对社区组织的地位给予了新的界定：让社区志愿者组织在消除贫困中发挥更大的作用；支持它们在各个层次上介入扶贫——地方、区域乃至魁北克省。

再例如，志愿部门行动（the Voluntary Sector Initiative，VSI）是一个有自己特色，活动于加拿大政府与志愿者组织之间，以改善加拿大政府与志愿者组织之间关系和提高志愿者组织能力为己任的项目，设在加拿大人力资源和社会发展

① Scott A. Bollens，"Managing Urban Ethic Conflict"，in Robin Hambleton，Hank V. Savitch，and Murray Stewart，*Globalism and Local Democracy*，Houndmills：Palgrave Macmillan，2002，p. 118.

部。加拿大联邦政府连续5年投入9 800万加元支持这个项目，来加强联邦政府和志愿者组织之间的合作关系，提高志愿者组织理解和执行政策的能力，更好地服务于加拿大人民。政府支持的另外一个项目是志愿部门论坛（the Voluntary Sector Forum），其使命是为全加拿大志愿者组织提供领导力培训，协调志愿者组织，其目标是：在志愿者组织内部开展工作，通过全加拿大居民、省际、地区以及组织之间的网络，来提高志愿者组织与政府和其他部门一道工作的能力；确认志愿者组织新出现的问题，并及时处理；支持政府和志愿者组织之间的合作。

不过，像许多其他国家一样，志愿者组织在加拿大也被视为一个弱势部门，在一些政府官员看来，志愿者组织具有自身难以克服的缺陷——人员素质不高、缺乏资金、规模小等，这些缺陷妨碍了它们更好地发挥作用。好在加拿大政府已经对这个问题有了比较清醒的认识，所以，在政府有关部门设立了旨在推动志愿者组织能力提高的培训项目，并提供相应的资金支持。加拿大的社会企业、志愿者组织越来越由更多的社会企业家运作，新的社会企业家精神的兴起标志着加拿大社区组织和志愿者组织的发展进入一个新的阶段，通过新的手段和工具来实现社区发展的使命，其中包括：

——社会企业通过销售自己的产品和服务增加组织财政收入，提高组织发展的可持续性。社会企业的财政收入将用于组织的社会目标和使命，如推动扩大就业和促进青年的参与。

——社会企业增加了国内生产总值。2004年加拿大志愿者组织创造的产值占全国GDP的2.6%，远远高于航天工业（0.6%）、采矿业（1.0%）以及纸浆和造纸业（2.5%）。

——社会企业使接近90万人在社区组织就业，占全国劳动人口的5.4%。

联邦人力资源和社会发展部把政府社会发展优先领域与社区志愿者组织的活动密切结合起来，帮助本部门实现预定的社区目标，落实联邦政府的发展目标：

——支持更多的熟练技工和受教育劳动力自我发展；

——建立新的儿童照顾设施；

——为残疾人提供援助；

——促进移民安置；

——减轻买房或租房的压力；

——促进土著民族社区发展；

——减少犯罪；

——全国流行病预防。

2. 案例分析

(1) 加拿大的志愿者组织是促进社区发展的重要力量。

加拿大政府视社区志愿者组织为解决社会问题的能手，所以鼓励它们承担起家庭和社区的发展责任。加拿大志愿者组织的活动领域非常广泛，包括体育和娱乐、艺术和文化、宗教、环境保护等。这些组织活动在加拿大的社区中间，通过它们的工作人员和志愿者，确定社区需求，为社区居民提供有效服务，改善社区居民的生活，提高加拿大人民的生活质量。

(2) 加拿大政府高度支持志愿者组织在社区的发展。

加拿大政府非常重视志愿者组织的作用，首先是对志愿者组织提供资金方面的支持，加拿大志愿者协会 90%的资金来自政府部门拨款。其次，政府通过购买志愿者组织公共服务的方式支持志愿者组织的发展。根据加拿大政府与志愿者组织的协定，志愿者组织要依据社区的需求，为社区提供项目、服务，支持社区居民提高他们的生活质量。最后，加拿大政府经常审视自己与志愿者组织的关系，审视政府的政策与实践，并不断加以调整。如通过培训等方式加强志愿者组织的能力建设；采用社会企业的形式运作志愿者组织，以提高其资金筹集能力，推动其可持续发展。

(3) 志愿者行动是动员社区居民参与社区建设的有效途径。

在加拿大，志愿者组织众多，不仅解决了近 9%的劳动力就业问题，还动员了数以百万计的志愿者参与社区建设。社会成员通过志愿者组织贡献自己的时间、精力和其他资源来为社区成员提供服务，使社区更加安全、健康和充满活力。

案例 3

广州市文昌地区慈善会[①]

1. 案例介绍

广州市文昌地区慈善会正式成立于 1996 年 7 月，是由荔湾区逢源街道主要干部发起并领导的、以社区服务为导向的社区非营利组织。这个慈善会虽然是政府组织、干部倡导并发起，但并不是政府的附属机构，它是社团登记的社会独立

① 参见杨团：《社区公共服务》，297 页，北京，华夏出版社，2002。

法人，其宗旨是募集社会资金，组织社区互助，为辖区内的贫困人口和全体居民提供服务。

逢源街道位于广州市荔湾区中部，是广州市的老城区，人口居住密度高，而且中低收入者居多。60岁以上老人占到总人口的17%左右，孤老、残疾、特困等民政服务对象的比例也较高。在经济快速发展中，依赖固定不变的救济或微薄退休金生活的群体生活非常艰苦。保障社区弱势群体的生活成了社区的迫切任务。但是靠政府改善孤寡老人生活，当时政府拿不出更多的资金；靠发动街居干部捐助，贫困人口太多，街道干部的全部工资帮助他们也不够——只有依靠社会力量，广泛发动辖区内社会各界人士共同捐助。文昌地区慈善会除成立时街道办事处投入启动资金3万元外，所有资金均源于社会捐赠，迄今已累计获受赠款物150余万元。

慈善会的组织决策是独立自主的：决策权属于理事会，理事会由街道干部和社会人士、居民组成。理事会39名理事成员中，街道干部只占11名，其他28名则由辖区内单位、热心人士等担任。慈善会相继建立了民主管理制度、对捐赠款物的管理条例、财务管理制度等组织及管理制度。年度工作计划由总干事提出，理事会决定。总干事由街道办事处办公室主任兼任，街道办事处对其工作有建议权和监督权，没有干预权和决策权。慈善会设立专项账号、账目和财经监督小组，财经监督小组定期向理事会报告经费收支情况。社会各界捐款捐物的名单、数目也定期张榜公布。

文昌地区慈善会成立以来的主要工作有：

(1) 募集所需资金。从1996年7月成立至2000年6月，4年间文昌地区慈善会共募集用于慈善事业的现金、实物折合成人民币150多万元。

(2) 提供社区福利服务和公共服务。慈善会成立的初衷是服务社区的困难人群，尤其是孤寡老人。几年来，慈善会以结对、发慈善卡、发粮油实物补助、建立社区敬老院、志愿服务队为居家老人服务等多种形式，向全社区1 300多名孤老、残疾、特困、孤儿提供援助和服务。1998年，慈善会提出了明确的助养老人计划，当年助养老人150名，第二年助养老人200名。1999年慈善会又进一步推出了认养老人活动，发动社会各界认养老人92名。慈善会实际上承担了援助并保障孤寡老人生活的义务。

(3) 资助社区居民组织的活动。慈善会发动社区居民以自组织为原则，自行组建了十几个社区小社团，如社区志愿服务队、松柏之声、雀之友、松柏艺苑、太极辅导站等。这些组织由社区群众自行管理，开展活动，慈善会给予资金支

持。以资助社区各种兴趣协会、兴办社区互帮互助的大型活动、管理社区服务中心、招募社区志愿者以及邀请香港社会福利团体来穗兴办社会公共服务等方式，开展了为社区老人、儿童、残疾人服务以及社区文化娱乐、教育科普、体育健身、法律、卫生保健、居民再就业、计划生育、小区环境卫生等各项服务。还通过招募志愿服务队员到户与老人谈心的服务，逐渐改变了慈善活动重物质资助、轻精神安慰的问题。

(4) 修建社区公共设施。慈善会和街道办事处共同出资修缮了 70 多条麻石街，包括铺就麻石路面和架设头顶的遮阳绿化，既保存了西关麻石街老屋的古城风貌，又解决了雨天路面积水、晴天骄阳晒顶的环境难题，方便了居民的社区活动。1998—1999 年，慈善会出资兴建了社区卫生站、慈善门诊、康复设施；1999—2000 年，慈善会出资建成了残疾人康复中心、生殖健康保健服务中心等。

(5) 组织邻里互助，弘扬慈善意识。逢源街道地处荔湾老城区，居民多住麻石小街、西关老屋，习惯社区交往，一家有难八方支援，民风淳朴。文昌地区慈善会和街道办事处充分利用街道居民邻里交往的特点，建立了较为完善的邻里互助的志愿者组织制度。调查发现，2 700 多人的社区志愿服务队来自社区内的各行各业，也包括民营企业主在内。其中，超过 60%的人是直接由居委会和街道发动的，76.3%的志愿者的志愿行动具有经常性。志愿活动的范围很广，包括清洁卫生、协助社区干部工作、调解纠纷、帮助购物、探视老人、收集废品、家具/设备维修、送餐、医院陪护、补习文化、家庭修缮、理发等，不一而足。

2. 案例分析

文昌地区慈善会是在我国的土壤上建立和发展起来的非营利组织，有力地推动了社区发展，其创新模式值得总结。

(1) 组织模式创新：建立社区非营利组织，重整社区功能。

文昌地区慈善会成立以前，街道社区组织结构的核心是街道党工委和街道办事处。这是一种中国社区司空见惯的单一、封闭的政治组织模式，只能配置有限的行政资源，例如街道民政科，只能给为数不多的民政对象提供十分有限的政府救济，而不能有效地吸引和配置社会资源，所以社区的社会福利事业一直处于社会资源闲置、政府捉襟见肘的相互错位的尴尬境地。

文昌地区慈善会成立后，建立了社会资源自愿流入社区的组织渠道，形成了社区行政组织与社区福利服务组织即街道办事处与慈善会之间平等合作的伙伴关

系，原来单一、封闭的社区组织结构逐渐被开放、多元化的组织结构替代，一种新的行政资源和社会资源合理配置的体制和机制正在形成。街道通过慈善会获得社会资源，并通过慈善会将这些资源用于社区。慈善会通过街道办事处和社区服务中心开展助老、养老等慈善事业，实现自己的组织目标。组织体制和资源配置方式的变革带动了社区功能的整合，社区形成了新的分工模式：街道办事处主要管理公共事务，慈善会主要提供社区公共服务。社区组织、资源功能的全方位整合，真正促进了社区的协调发展，这也正是组织创新的意义所在。

（2）制度创新：依托社区非营利组织，建立社区公共服务供给制度体系。

文昌地区慈善会与众多的社区社团共同提供社区公共服务，形成了适应社区需求的多组织体系。若社区中只有一个组织在提供服务，那只能导致服务提供的萎缩和资源的无效率配置；而建立起一种服务供给组织的多中心秩序，即允许多个服务的生产者以及可替代的服务提供者同时存在，近似地造就类似市场竞争的效益，那么就有可能通过引进准市场操作机制，提高公共服务的供给效果和效率。

（3）机制创新：构建了政府组织与社区非营利组织的合作机制。

这个合作首先是组织上的，街道党工委书记兼任慈善会会长，街道办事处办公室主任兼任总干事，在慈善会工作人员中街道干部占 1/3；其次是管理上的，街道办事处把慈善会的工作内容纳入年度工作计划，街道民政科加强对慈善会的业务指导，街道财政科加强财务监督；最后是业务工作上的，例如慈善会通过社区志愿服务队负责全社区的老人上门服务，街道办事处要求各居委会做好志愿服务的宣传发动工作。文昌地区慈善会既是街道办事处领导下的社会资源募集机构，又是与街道办事处一起承担规划和实现社区公共服务的责任者，在确定社区公共服务需求、筹募公共资金、制定公共支出计划、决定服务安排、为特别服务融资（和香港社会福利团体合作即是一种融资形式）、维护公共秩序、监督服务生产单位绩效（慈善会资助社区群众组织要有成效检查）等方面都发挥了主要作用。

从慈善会我们首先看到的是它替代街道办事处成为社区服务的提供者；其次看到的是街道办事处和慈善会之间建立了一种新型的合作伙伴关系；最后看到的是，逢源街道成为当地居民具有共同追求、互敬互助、关系密切的社会生活共同体。这是一种建立在合作基础上的政府与社会组织互动的有益尝试。

案例 4

上海市浦东罗山市民会馆[①]

1. 案例介绍

上海市浦东新区自开发以来，新区政府一直在探索“小政府、大社会”的模式，浦东新区社会发展局也遵循这一精神积极探讨社会福利社会化的新路子。在社区建设中，如何引入市场机制，将国家投资的公共设施委托给民间社团经营；如何营造一个突破部门分割的体制，满足社区居民公共服务需求的新的综合性社区发展设施，一直是浦东新区社会发展局规划中的改革与发展的重要目标。所以当 1995 年一个新建小区——罗山街道的公建配套设施出现空置，就成为了它们实现自己目标的机会。社会发展局进行了一个大胆的体制性试验——将这个公建配套设施改建成一个市民休闲中心，集教育、文体、福利、卫生、市民求助多功能于一体，同时启动社会机制，物色一个社会组织对其进行管理。它们把这个社区公共设施命名为罗山市民会馆，以示与功能单一且由政府或政府派出机构营运的社区服务中心的区别。为此，浦东新区社会发展局向社会发出信息，征招愿意管理的志愿机构。

社会发展局最后选定了具有社会服务专业传统的非营利组织——上海基督教青年会。1996 年，社会发展局与青年会签署了协议，将罗山会馆正式委托给青年会运营和管理，由此共同开创了“政府主导、各方协作、市民参与、社区管理”的模式。青年会作为罗山会馆的法定托管机构，全权负责会馆的设施规划、项目开拓和财务收支。青年会充分利用会馆 4 000 平方米的占地面积，2 260 平方米的使用面积，精心设计了馆内老人院、钢琴房、图书馆、小影厅、健身房、乒乓房、茶室、活动长廊、文化广场、假日托儿所、市民教室、市民求助中心等 20 多个室内外设施，其设施总面积超过了 3 000 平方米。它们依托馆内设施开发了 50 多个经常性项目，开展了一系列的活动，据不完全统计，1996 年 2 月至 2000 年 11 月，到会馆参加活动或享受服务的市民已达 71.4 万人次。社会效益显著。

社会发展局除支付会馆的三大设施之一——“999”市民求助中心所需资金外，并没有给予罗山会馆日常营运补贴。街道也未给补贴。会馆的财政负担压在了青年会身上。1996 年，青年会投入启动资金 40 万元，1997 年又投入 18 万元，

① 参见陈统奎：《一所市民会馆的十年》，载《南风窗》，2006（302）；杨团：《推进社区公共服务的经验研究：导入新制度因素的两种方式》，载《管理世界》，2001（4）。

1998 年投入 10 万元。显然，若解决不了资金支持问题，青年会很难再支持下去。社区公共服务的融资和成本补偿问题正式提上了日程。

在经济压力之下，青年会开始了成本核算与效益度量方面的艰苦探索，形成了市场模拟机制，创立了从服务方向、服务质量到服务价格、服务成本的社区公共服务的产业化管理制度。它们将罗山会馆已开发的 41 个主要项目按照全额补贴、差额补贴、持平、微利四类进行分解，并一一核定其收费标准，严格其管理制度，使 1999 年末罗山会馆的财政状况终于达到了基本平衡。

根据罗山会馆近 4 年所开设公共服务项目的类型分析，在各类项目当中，属于纯粹的公共福利服务项目，需要全额补贴项目成本的有 13 个，占项目总数的 32.78％；略有收费但不足以支付成本必须补贴的项目有 4 个，占项目总数的 10％；通过努力可能收回成本的项目为 6 个，占项目总数的 13.55％；有微利的项目 18 个，占项目总数的 44％。

在提出社区服务项目分类定价方案的同时，罗山会馆还制定了一个可以度量其运营效果的指标体系。该体系的指导思想是，社会公共服务的社会效果衡量不能以价值指标为依据，而在非价值指标中，被服务对象的满意程度虽然度量可信度高，但度量成本也较高，还需要找到相对度量成本不高又可用的指标。由此确定需要从会馆运营者角度设计可以自测自查的指标，从而产生了测度会馆设施使用率的指标体系。

罗山会馆之所以取得成功，一个重要的原因来自青年会的志愿服务理念和由此产生的服务追求。青年会是一个具有百年历史的志愿团体，它将服务社会、造福人类的理念融进精心设计的会馆项目和充满活力的活动中，常年吸引了大批志愿服务者。据不完全统计，1998 年 1 月至 2000 年 10 月，来会馆提供的志愿服务总数是 19 500 人次，33 400 小时；如按照 36 个月，每月 30 天计，平均每天为会馆提供志愿服务 19 人次，30 小时；如以一个全职人员每天工作 8 小时，月工作 22 天，一年 12 个月折合，等于 15 个全职人员一年的工作时间。志愿者从事的服务有英语口语教学、表演、游戏、清洁、图书馆管理、谈心、医疗服务、体育健身等。参加志愿服务的有大中学生、敬老院老人，也有当地居民、职工以及来自香港地区的人员和驻沪的外籍人员。

2. 案例分析

罗山会馆是上海浦东新区政府与青年会共同协作孕育出的一个新型的非政府非营利的志愿机构。它的出现和成功证明了在中国现有的土壤上，完全可能通过模拟市场机制造就独立于市场之外也独立于政府之外的社会公共机构。其创新意

义在于以下几个方面：

（1）实现了社区公共服务领域所有权与生产经营权的分离。

将罗山会馆与目前由街道承办的社区服务中心作比较，可以清晰地看到政府角色的重大变化。街道承办的社区服务中心，其所有权、运营权和管理权统统由街道办事处垄断，而街道办事处是城市区级政府的派出机构，代行政府职能。在这种体制下，社区服务中心不可能成为独立的社会主体，而与政府处于一种"联体"状态：一方面政府可以直接干预机构的生产经营与内部管理，另一方面政府也可能陷入对机构承担无限责任的境地。在机构的内部，管理者可以在一定范围内追求自身的利益，政府在监督机构管理者上所花成本是很大的，机构管理者可以利用机构资源，以牺牲政府的目标为代价来实现个人或小团体的需求满足。而罗山会馆却冲破了这种旧体制，形成了一整套新的组织关系和组织形式：政府只保留所有者的权利，而将生产经营权交由一家体制外的社团独立执掌，避免了上述弊端。

（2）提供了新的社区非营利组织发育的范例。

罗山会馆这种新的机构既不能从行政体制也不能从市场体制中产生出来。它首先源于志愿服务的理念，而不是市场经营效率。这是青年会与中国社区服务中心承包者们的根本区别。社区服务中心本是政府在改革中新办的专为居民服务的公共设施，无疑，政府是想为人民办好事，但是办好事的方式却是行政化、命令式的社会动员方式和兴办新的行政化组织，就连居民自治组织也带有浓厚的行政化色彩。这与市民出于发自内心的志愿精神而自愿组织起来的非营利组织完全不同。行政组织的基本特性是下级服从上级，而志愿组织要求组织成员平等参与、自觉自愿地承担现代社会的公民责任。志愿组织的目标实现不依赖于行政命令，而是基于成员之间相互信任、相互激励所产生的一种凝聚力或组织力。青年会就是这样一个具有志愿传统的非营利组织，它的投入不期待任何对个人的回报。它将高效率的管理引入罗山会馆的同时，尤为注意将志愿理念通过会馆的活动灌输到每个被服务者，又通过这些志愿理念的受益者向社会广为传播，由此产生了一种在较为宽松的环境内的社会组织间的自发的互动。当然这种互动与体制内各种组织机构发生互动的性质很不同，它不是加固现有的行政体制，而是努力创造一种更具弹性、推动国家与社会之间合作的新体制。

（3）推进社区公共服务的机制性改革。

罗山会馆即是社会非营利组织与政府合作、生产社区公共服务产品的一种准市场的模式。它在如何采用经济方式和经济手段，并与其他手段相配合以达到增进社区公共福利的目的方面，在如何测量社区公共福利服务项目的质量和效率方面，都提供了可以深入探索的创新经验，体现出中国社会转型过程中非营利组织参与社会管理这一新的值得关注的社会政策趋向。

案例5

北京市寸草春晖老年心理服务中心①

1. 案例介绍

北京市寸草春晖老年心理服务中心是一家2006年在北京市民政局注册的民办非营利性机构，是全国第一家从事老年心理服务的专业机构。中心由北京市民政局主管，北京市老龄协会进行业务指导，为老年人提供心理热线、心理卫生科普讲座、心理咨询、老年健康知识推广、为老服务、志愿服务等社会公益服务。

2005年7月，“寸草春晖”的创办者杨萍和她的团队为做调查第一次来到北京西城区福绥境社区，为那里的空巢老人讲解《老年心理健康与老龄化》。讲完课后，老人们拉着不让走，说他们太需要这种关怀了。就是这次活动，让杨萍看到了老人们艰难的生存状况，毅然决定将服务中心做成一个公益的民间组织，为社区老人提供心理健康服务。

寸草春晖老年心理服务中心初入社区时，很多人不理解老年心理为何物。2005年8月8日，“寸草春晖”在北京朝阳区团结湖社区对70岁以上的空巢老人提供一对一咨询服务，只有6位老人愿意接受咨询，并且都只是抱着试一试的态度来的。经过他们细致耐心的讲解后，老人们的态度有了变化，还主动要求他们来社区聊天。70多岁的贾老人是个火暴脾气，跟老伴几十年来一直是吵得不可开交，严重的时候还能打得鼻青脸肿，与子女的关系也处得不好。与这两位老人结对后，“寸草春晖”的工作人员定时到老人家里探访，也同时劝说老人的子女。经过一段时间的工作后，两位老人现在住进了二女儿家，亲密无间，开始了几十年来未有的和睦生活。“他们说的话就是有道理，我们爱听。”现在很多老人都这样评价“寸草春晖”。

在老年心理服务领域，“寸草春晖”的一大特色是服务人员的专业性。作为

① 本案例参考了由北京志愿服务发展研究会编写的《奥运影响下的志愿组织》（案例报告集）中的《北京市寸草春晖老年心理服务中心调研报告》，结合《“寸草春晖”一路执着》（见人民政协网，2007-11-13）有关内容整理而成。

全国首家提出心灵抗老概念的非营利机构，北京市寸草春晖老年心理服务中心有以中国老年学学会老年心理专业委员会为主并整合其他相关专业的著名专家、知名学者组成的顾问队伍。中心主任杨萍师从中国科学院心理所教授吴振云，专攻老年心理学。其他成员大都来自心理学相关专业，而为老人提供咨询服务的人员都持有“心理咨询师执照”。在服务中心举办的多次免费讲座中，现场的专家都是来自中国科学院、北京大学等目前国内老年心理学的顶尖专家。

寸草春晖老年心理服务中心成立以来，主要做了以下工作：

科普宣讲。寸草春晖老年心理服务中心利用专业优势，经常走近社区，为老龄工作者、老年人开展相关的心理科普讲座。讲座内容包括老年人的沟通与服务、老年人自我心理调适等主题，从老年心理基础知识、耳聋眼花讲到克服记忆力不好的训练，讲到离退休的适应、居丧及大病的心理调整，以及老年人关注的家庭婚姻问题及与儿女相处等内容。科普宣讲极大地满足了老龄工作者以及老年人的需求，取得了良好的社会效果。

入户关怀。中心选择一定的社区开展与老年人结队帮扶工作，通过一对一的结队形式，采取定期与不定期相结合的方式，到老人家里为老人进行家务劳动、送医送药以及精神慰藉等方式的关怀，使老人们不仅得到物质上的帮助同时感到心理上的关爱，从心理上摆脱孤独、寂寞等常见老年群体心理问题。专业志愿者以心理学知识为基础，利用专业技术为手段，借助志愿服务的形式，为老年人提供心理服务、精神慰藉的专业服务。为老年人提供专业服务的同时还修正了他们的不良生活方式，帮助老年人养成健康的老年生活方式，大大提高了老年人的生活质量。

心理咨询。2007 年 4 月，在北京市委市政府有关领导的倡议下，北京市老龄协会、北京市慈善协会、北京市社会工作者协会和北京市社区服务中心密切配合，委托北京市寸草春晖老年心理服务中心负责承办，依托 96156 北京市社区公共服务热线，共同开通了 96156 北京市老年心理咨询热线，组织具备国家职业资格三级以上资质的心理咨询师值机 96156，全年无休，每天 8 时至 20 时免费为老年人解答心理健康问题。此外，中心还在北京朝阳区团结湖街道成立社区心理咨询室，由心理医疗专家参与，根据老年人的各种需求，针对老年人的心理疾病进行治疗，为老人延年益寿及家庭和谐发挥了积极的作用。

关注老年人的生活质量。北京市寸草春晖老年心理服务中心经过对 96156 老年心理咨询热线等相关的资料总结分析和不断探讨后，确定在心理学框架下的社区为老服务模式，以“老年广场沙龙”的形式搭建平台，将服务切实地送到老年人身边，为居家养老的老人和社区服务提供专业的科学的指导。通过96156社区大课堂，逐步在各级社区服务中心及社区居委会开展了“老年广场沙龙”系列活动。活动以老年生活兴趣培养、老年生活方式倡导、老年心理科普讲座、家庭关系调整、亲子活动等为主。自2009年重阳节开始，以电脑兴趣班、舞蹈班、书画班、亲子活动小组等老年人喜闻乐见的形式，吸引和倡导老年人参与自主管理，走出家门参加社会活动，累计服务近4 000人次，参与服务的志愿者达500人次。

资金短缺一直是阻碍“寸草春晖”发展的重要因素。杨萍也试着找过一些企业来提供资助，可是企业更为关注的是热门的青少年领域。尽管发展中还面临很多困难，但寸草春晖老年心理服务中心始终秉承“谁言寸草心，报得三春晖；关爱老年人，健康献爱心”的服务宗旨，立足社区，倡导积极健康的老龄化生活，在带动全社会共同关注老龄事业、服务老年人群方面作出了积极的贡献。

2. 案例分析

通过对北京寸草春晖老年心理服务中心的了解，我们可以发现该非营利组织在社区发展中具有明显的优势。

首先，寸草春晖老年心理服务中心具有相当高的专业性。该中心人员有着较高的学历，其中不乏从业经验丰富的心理学博士、硕士，对于参与服务的专业志愿者要求具有心理咨询师资质。极高的专业性是非营利组织提供社区服务的巨大优势。

其次，从外部环境来看，随着我国老龄化问题的日益凸显，全社会对老年人的关注日益增加。当前，空巢、独居老年人比例不断增加，感到孤独、寂寞、失落、悲观等不良情绪的老年人数量也呈上升趋势，心理疾病的患病率不断攀升。这些都成为影响老年人健康及生活质量、社区邻里关系、家庭成员和睦、子女安心工作等与社会和谐相关的不利因素。寸草春晖老年心理服务中心凭借专业优势，承担心理热线以及社区心理咨询室的咨询工作，为解决老年人心理问题，促进社区和谐发挥了积极作用。

但与此同时，以“寸草春晖”为代表的社区非营利组织在也存在一些困境和不足。首先，资金短缺是非营利组织发展中普遍面临的不可回避的问题。非营利组织的发展仅仅靠主观上的热情是远远不够的，还需要依托客观条件的支撑。非营利组织普遍缺乏筹资渠道，政府公共财政无法顾及，可获取的社会捐赠也有限。寸草春晖老年心理服务中心虽然与政府保持了良好的合作关系，具有一定的公信力，但在向外界寻求资助时，往往由于社会、企业对老年心理信息了解的不足而失败。政府资助和社会捐赠往往只注重资助项目，习惯捐赠弱势群体，而忽视资助实施项目的社会组织的自身建设。其次，管理能力不足。非营利组织的成员往往具有较高的精神境界，但同时缺少一定的专业管理能力。这种专业管理能力包括对中心自身运转的管理以及志愿服务项目、志愿者的管理等能力。管理能力的欠缺造成非营利组织难以形成有效的内部责任机制，缺乏发展的危机感和原动力。

从长远看，要促进非营利组织在社区的发展，应做好以下工作：第一，建立扶持非营利组织的政策体系。动员政府有关部门将一些微观层面、非营利服务性质的工作和服务职能向非营利组织转移；政府购买非营利组织的服务，通过购买服务来发挥非营利组织的作用；对非营利组织的人才进行培养；推动完善税收优惠等配套政策。第二，推动非营利组织提高自身能力。非营利组织要建立以章程为核心的内部治理结构，包括人事制度、财务制度、内部民主决策制度。同时还包括推动非营利组织向社会公开信息，增强非营利组织运作的透明度，提高自身的公信力。第三，依法加强监督，规范非营利组织的行为。民政部门作为非营利组织的管理部门，要通过建立非营利组织的年检、评估、信息公开等制度，对其实施监督和管理，防止个别非营利组织非法敛财，破坏法律和秩序，确保非营利组织在宪法和法律的框架下良性运行，为国家的改革发展、社会的稳定和谐作出自己应有的贡献。

案例6

国际关系学院的社区“服务自助超市”①

1. 案例介绍

买水买电要排队，去医院挂号要排队……很多市民都有办事排队的苦恼。但在北京市海淀区青龙桥街道国际关系学院社区，居民遇到这类麻烦事儿，只需打一个电话，社区服务自助超市就会帮助办理。用居委会主任金乐平的话来说：“这家超市其实就是由居委会搭建平台，把社区里能利用的资源尽可能利用起来，大家互帮互助。以社区为单位，与有服务需求的家庭结成服务‘对子’，力争不

① 参见王雅姝、张晓红：《“服务自助超市”：社区志愿服务新模式及其经验与启示——以国际关系学院社区为例》，载《内蒙古民族大学学报（社会科学版）》，2010（6）；《社区服务自助超市开张　家有麻烦事“超市”给您办》，载《北京日报》，2009-07-14。

出社区解决本社区的服务需求问题。”

这家社区服务自助超市的“门脸儿”设在居委会，“货架”和“服务商”则散落在社区的各个角落：理发上门找社区理发店的师傅；出诊、医疗咨询找社区卫生站；抬送病人找社区安保队；买煤气、代缴电话费就找社区里的协管员……志愿者成了居民的贴心人。社区里还有些老人行动不方便，难以出门。对他们来说，买菜、理发、缴电话费都是难事儿。现在他们只要拿着社区“服务自助超市”的清单，打个电话就可以得到志愿者的帮助。

从最初的社区“家委会”到如今的“服务自助超市”，国际关系学院社区志愿服务经历了曲折的发展。1984 年国际关系学院成立了“家委会”，2006 年家委会正式转制为国关社区居民委员会。随着居民生活水平的不断提高，一方面居民对社区生活提出了更高的要求，另一方面居民也有参与志愿服务的意愿。2003 年，在党支部和居委会的领导下，社区先后成立了 7 支志愿服务队，即党员志愿者队、巾帼志愿者队、青少年志愿者队、大学生志愿者队、外来人员志愿者队、消防志愿者队和在职党员志愿者队。“服务自助超市”正是在国关社区志愿者服务队的基础上发展起来的。

国关社区从 2008 年 7 月 1 日起，以“我埋单，他服务，你享受”的新理念，开始开展对社区困难群体的特殊服务。由社区向困难群体发放特殊服务卡，整合社区卫生服务站、理发店、菜站等服务资源，解决残疾人、老年人看病、理发和买菜的问题，扩大了社区服务的范围。2008 年 10 月 1 日，海淀区推出居家养老政府埋单服务，国关社区也开始试行。但是，经过几个月的实施，服务商拓展困难、服务质量差等问题逐步显现。究其根结，不少服务项目只有一个服务商，所以出现服务不及时、服务受限制等问题。2009 年 2 月，国关社区党支部和服务站召开了社区特殊服务回顾与拓展座谈会。在会上，居委会党支部书记提出 2009 年社区服务站的新设想：即在 2008 年特殊服务社区埋单的基础上，建立国关社区“服务自助超市”。2009 年 6 月 30 日，经过近 4 个月的试运行，“服务自助超市”正式挂牌成立了。

“超市”首批推出的 20 项服务内容包括：送餐上门、送水上门、送菜上门、送医上门、理发上门、洗衣上门、维修上门、修脚上门、居室保洁、清洁燃具、修理电话、代收电费、代收奶费、代购煤气、代缴话费、精神慰藉、早晚锻炼、棋牌娱乐及健康保健等。社区内的服务商都表示乐于参与社区志愿服务，这样做不仅满足了社区服务的要求，也扩大了自己的服务范围。而作为服务对象的广大居民则表示，“服务超市”的设立打通了服务通道，社区生活更加便利了。

经营蔬菜店的小苏是2003年进入国关社区的。刚开始经营的时候，并不提供送菜上门的服务，是社区服务站这个桥梁，使他的店和居民们的联系更紧密了。现在，他们不仅提供送菜上门的服务，还根据居民的要求，增加了送水、送奶、存储等志愿服务。他与居民的关系更加融洽，小店经营得很不错。经营理发店的小杨也是2003年进入社区的，2007年她的理发店开始为居民提供上门服务，只收取基本的理发费，不收取上门服务费。小杨说，能给居民带来实实在在的帮助，她是打心眼儿里高兴。

在“服务自助超市”的服务项目中，免费项目占50%以上，其他收费项目也只是收取成本费，服务商都在一定程度上提供了相应的志愿服务。根据内容的不同，服务主要分以下两类：第一类是志愿者提供的完全志愿服务。例如废品回收上门、电卡送上门、天然气维修、电话维修、订水订餐订牛奶等。第二类是服务商只收取产品或服务的成本，提供配送的部分志愿服务，例如送菜上门、理发上门、出诊和医疗咨询、房屋维修、代购煤气、楼道保洁等。一般来说，服务商象征性地收取成本，上门或订购则是他们提供的部分志愿服务。

“服务自助超市”整合了社区内的人力和物力资源，利用社区内的资源解决社区内的问题。不少服务商长期居住在国关社区，成为社区的居民和志愿者，而有能力提供志愿服务的居民，也和服务商一样，都是“服务自助超市”的志愿者。这一模式以社区为单位，广泛动员了社区内的各种服务力量。对于有特殊困难的家庭来说，志愿者与他们结成“一对一”或“几对一”的对子，使志愿服务工作相对固定。对其他家庭来说，有帮助需求时也可以随时随地请志愿者提供服务，十分方便。

该社区越来越多的居民已经接受了志愿服务的理念，逐渐把志愿服务作为一种生活方式，志愿服务成为社区居民日常生活的一部分。“服务自助超市”的运行，把原本闲置的资源整合起来，搭建了人与人相互交流的平台，切实解决了居民生活中的实际问题，使人们在紧张的工作之余体验到了他人的关爱、社区的温暖。

2. 案例分析

作为一种非营利组织参与社区发展的新模式，国际关系学院社区“服务自助超市”的启示在于：

（1）满足了社区居民生活需求，构建了互助网络。

“服务自助超市”致力于提供各种社区服务，满足居民的基本生活需求。通过自助超市，社区志愿组织与居民之间的联系更加密切了，能够在最短的时间内了解他们的各种需求和遇到的问题，也能够迅速、灵活地采取行动，通过这些具体而细致的活动，更好地满足居民的多重需求。同时，社区志愿组织深入社会底层，对孤寡病残等弱势群体进行救助，不但能解决他们的实际生活困难，提高他们的生活质量，改善他们的生活处境，同时也能唤起社区居民甚至社会公众对他们的同情和关心。因此，社区志愿组织能在社区中构建起一个居民互助网络，通过开发每个居民的能量，依靠大家的合力来解决居民面临的问题，促进和维护每位居民的身心健康和生活福祉。

（2）促进了社区人际交往，增进了社区和谐。

“服务自助超市”自开张以来，社区里居民的联系由于互帮互助而密切了起来。邻里间交往的增多不仅能促进社区内各种信息的交换，也有助于建立起和谐的人际关系网络。通过参与和接受志愿服务，居民们增加了彼此交流的机会，在频繁的互动中，建立起信赖和互惠的关系。在为他人提供服务的同时，也能从对方的肯定和感谢中获得满足和喜悦。这种身心上的愉悦和收获，在客观上创造了社区持续而良性的共建氛围。同时，和谐的人际关系也有助于消除误解，减少社会排斥，降低彼此的疏离感，减少社区问题的发生，在个人与个人之间、在不同的社会群体之间起到一种黏合作用。因此，积极参与社区志愿活动，可以提高居民对社区的认同感和归属感，从而增进社区和谐。

（3）联结不同领域，促进资源互补。

“服务自助超市”最显著的特点和最明显的优势就在于，它在一个由客观条件所限的范围内，整合了可以发挥功能的最多的资源，实现了资源能效的最大化。社区志愿服务是一种交往的场域，不仅是社区居民、志愿组织、政府部门和驻区单位之间相互联系和沟通的纽带，也为他们提供了一个施展才华、贡献才干的舞台。最重要的是，社区可以通过志愿活动更好地宣传自己的福利政策，体现对社区居民的人文关怀。社区志愿服务就是一种整合各种分散资源的中介，使其由离散形成聚合，得到合理有效的运用，充分地发挥其应有的功能。因此，从宏观上说，社区志愿服务是社区发展的助推器，在社区建设和发展的整个过程中发挥着重要的作用，从而成为促进社会建设和构建和谐社会的一条重要途径。

第九章 社区参与和社区志愿服务

第一节 基本原理

一、社区参与的含义

社区参与是"为社区所有成员创造机会，让更广泛的社会民众能够积极贡献与影响发展过程，平等地分享发展成果"①。从这个定义看，社区参与包含两个层次：第一，就社区民众而言，希望为他们创造一种能够追求自主的平等机会；第二，就整个社会民众而言，希望能对国家的发展过程有所帮助，并且能够平等地分享发展成果。

联合国经济及社会理事会（United Nations Economic and Social Council）的决议案认为，社区参与包含三个条件：第一，需要在民众民主自愿的基础上使其融入社会发展过程；第二，必须平等地分享参与所带来的利益；第三，必须参与决策制定程序，包括目标设定，政策方案的形成、执行与评估。因此，社区参与就是社区民众平等地参与社区发展与社区决策的过程。

二、社区居民参与社区管理的意义

社区民众往往比政府专业部门更了解他们的需要，由他们参与社区问题的解决会更有效率。正如奥斯本与盖布勒在《改革政府——企业家精神如何改革着公共部门》一书中所言：公民是那些自己明白自己问题所在的人，好的公民组成强有力的社区。② 社区对其成员的责任关切超过了服务提供系统对其服务对象的责任关切；社区比专业人员更了解自己的问题；社区解决问题，提供关心；社区比

---

① United Nations, *Popular Participation as A Strategy for Promoting Community Level Action and National Development*, New York, 1981.

② 参见［美］戴维·奥斯本、特德·盖布勒：《改革政府——企业家精神如何改革着公共部门》，23页，上海，上海译文出版社，2006。

大型服务机构更灵活更有创造性、花费更少，能更有效地实施行为规范标准；社区的真正注意力是能力提升。[①] 因此社区参与是改造社区、建设社区的主要动力，是促进政府民主管理和社区自主管理的重要途径，有利于社区意识的提高、社区认同感的增强，有助于社区问题的解决和社区公共服务水平的提高。

三、社区参与的内容与方式

1. 社区参与的内容

"参与什么"，即参与的客体或参与的内容有哪些。从总体上说，社区参与的客体可分为政治性参与和非政治性参与两大类。政治性参与是指与国家政治事务或本社区权力运作有关的公共性参与，比如选举各级人大代表和社区居委会成员、讨论决定本社区的重大事项等。非政治性参与是指与居民日常生活有关且与社区权力运作不相干的事务性参与，比如组织老年娱乐活动、举办社区体育竞赛、青年志愿者在社区内开展活动等。当前非政治性参与是社区参与的主要内容，但随着"单位"体制改革的不断深入，政治性参与的内容也在不断增多。总之，社区参与的内容是围绕着社区民众共同关心的社区公共事务及涉及社区公共利益的事务。社区民众参与的热情程度、持久性以及广泛性是与社区公共利益的实现程度成正比的。

2. 社区参与的方式

"怎样参与"，即参与的途径或参与的形式是什么。一般而言，社区参与的形式可分为制度性参与和非制度性参与两大类。制度性参与是指社区成员在既定制度规范内的参与活动，常见的形式有选举、表态、执行、管理、决策、监督、观察等。非制度性参与是指社区成员超越既定制度规范的参与活动，常见的形式有议论、投诉、抗议等。在世界上许多国家中，社区公民参与公共决策的制定和社区公共事务处理的方式是很多的，从参与的层面上划分主要有：

（1）立法与司法层次的参与。

出席听证会是一项最有影响力的公民参与策略之一。听证会可以分为两种方式：一种是立法型的听证，即依据行政程序法的规定，立法机关就某项问题的处理方式举行听证会，公民依照法律的规定或行政机关的决定参与听证；另一种为司法型的听证，通常是由法官主持，为了解待审案件中原告和被告的不同意见，

① 参见［美］戴维·奥斯本、特德·盖布勒：《改革政府——企业家精神如何改革着公共部门》，35～38页。

双方允许辩论，亦可盘问证人，而公民可参与听证，了解案件的审理情况。

（2）咨询层次的参与。

参加公听会，对公共事务的处理发表意见。政府计划机关和有关部门在制定地方发展计划和做出行政决定之前，要听取社区民众的意见，如政府对某项公共事务采取管制型的政策，政府对某项公共服务收费的价格进行调整，设置垃圾焚化厂（或填埋场）、变电所，以及更换人行街道等市民关注的重大议题，都要事先征求民众的意见。这种参与方式也是美国等国家制定公共政策最常使用的方式。

（3）实质层次的参与。

这种参与是指公共政策的制定和公共事务的处理直接由非官方的组织以及社区民众组织来实施。有三种形式：一是合作式参与，由政府官员与社区居民代表共同组成决策委员会来决定社区事务的处理；二是授权参与，如授予非营利组织、民间组织决定某种公共议题的权力；三是直接控制，公民组织和民众直接决定社区公共事务的处理，如采取自治的形式，自我决定公共议题及公共事务处理的方式。

西方国家城市居民社区参与的范围主要有：都市发展目标的确定；都市计划的研究、审议与检查；都市的开发；都市环境改造与发展计划（含公共空间环境改造）；社区规划；行政业务的咨询与服务意见反馈；社区文化、教育以及其他公共事务的参与。

四、社区志愿服务

社区志愿服务是由社区居民提供或以社区居民为服务对象的志愿服务，它是当代志愿服务的一种重要类型。通常，凡是那些为解决社区问题，促进社区进步，自愿贡献时间、才智或钱物，且不图报酬的行为，都属于社区志愿服务的范畴。①

1．社区志愿服务的本质特征

（1）志愿非强迫的行为。志愿服务是发自内心、心甘情愿的付出，是个人意志的选择，即“喜欢做，甘愿受”，而不是任何机构或人员动员或胁迫的结果，这也是志愿服务动力的源泉。

（2）非经济性报酬的付出。志愿工作不是用于取得报酬的职业。许多志愿服务不仅没有报酬，甚至还要自己有经济的支出，当然有些志愿组织也会给志愿者一些交通和误餐补助。

（3）非本职工作。志愿是除本职工作之外的、有余力的付出。在做好本职工

①　参见侯玉兰、唐忠新：《社区志愿服务理论与实务》，8页，北京，中国社会出版社，2009。

作的基础上，为他人和社会作出力所能及的贡献。

（4）个人内在价值与社会伦理的结合。志愿服务通过个人的努力，影响或有助于服务他人的社会伦理价值的实现。

2．志愿服务的理念

美国学者艾斯利曾经对志愿服务进行过大规模的访谈调查，归纳出志愿服务理念的八个方面①：

（1）利他主义：意指对他人或社会进行服务的无私的承诺。

（2）承诺：志愿者对个人、组织或目标、理念的承诺，愿意去服务。

（3）自由意志：不受命运、他人、团体或组织的影响，有自行决定的权利。

（4）学习：志愿者通过服务工作的需要和体验，去学习相关的知识、技术、态度、观念和公民意识等。

（5）没有财物酬劳：志愿者没有薪资，但可以领误餐费、补助活动注册费，免费使用设备或打折购物。

（6）组织：志愿者可以个人或通过组织行动，但趋势上是以组织活动为主流。

（7）心理的好处：志愿者的动机不只是利他主义，也能在工作中得到成就感及个人、事业的成长。

（8）牺牲：志愿者服务别人，却可能牺牲自己的时间、个人生活、家庭生活、婚姻等，这种牺牲精神已成为志愿者行动的基础。

这八项要素超越一般志愿服务的认知，但也充分地将志愿服务的含义完全展现出来，因此，志愿服务是一种在自由意志下，对个人或组织给予服务的承诺，牺牲个人的时间、体力或生活，不以财物报酬为目的，个人的或组织的利他行为，但其服务也带给个人学习经验和心理成就。

3．志愿服务的动机

（1）利他主义。长期以来，利他思想被认为是人们参与志愿服务工作的主要理由。所谓利他主义是指通过自己付出的服务，使他人获得满足的理念、行为。利他主义也是人性“善”的发扬，通过这种帮助他人的行为使“善”能够相互感染并逐步扩大其影响。

（2）社会参与。公民参与社会活动的方式有许多种，而志愿服务工作则是最普遍的方法。人们参与志愿服务工作的过程，一方面可以满足公民参与社会生活的愿望，同时也有利于公民实现社会责任。

---

① P. J. Isley，*Enhancing the Volunteer Experience*，San Francisco：Jossey Bass Publishers，1990.

（3）需求满足。根据马斯洛的需求层次理论，人类的需求包括生理需求、安全需求、归属需求、爱与尊重的需求、自我实现的需求。实际上马斯洛还提出了超出五个需求的第六个需求——超越自我实现的需求，即“灵性的需求”。这种需求远远超出了个人的需要，而是以满足他人的幸福作为个人的最高需求，也就是把个人的“善”发挥出来。参与志愿服务的人员通常在志愿服务的过程中由于受到他人的尊重，从而感悟到生活的价值，在与他人的互动过程中得到承认与满足。

（4）自我提升。许多参与志愿服务的人员通过志愿服务工作以及在工作中所受到的训练和知识经验的积累，从而使自身的素质、能力得到了提升，这也是很多年轻的志愿者参与志愿活动的原因之一。

4. 志愿服务的内容与方式

（1）参加组织内的志愿活动。

这种志愿活动内容广泛，如在政府组织、非营利组织、慈善组织等机构中从事志愿活动，不领取专职人员薪水。又如到社区大学辅导学生、参加教学管理活动，到青少年基金会参加活动，到社区居民委员会参加为社区老年人服务的活动等。

（2）直接的慈善服务。

直接的慈善服务即面对面地提供服务，以个人认为方便的方式提供服务。这是志愿者最常采取的助人行为，如对独居老人的定期探访并提供物质和精神上的帮助，清理社区环境，对放学后的儿童提供临时照顾等。

（3）参与“自助团体”活动。

这是由相同情形的人所组成的团体，在这个团体中互相帮助、互相鼓励，一起克服困难。如智障儿童家长联谊会、癌症患者联谊会等，在这个团体中大家共同“出钱出力”来为组织成员提供帮助，同时，自己也是受益者。

第二节　典型案例

案例 1

美国组约的社区听证会①

1. 案例介绍

在美国，社区会议和社区听证是社区定期举行的、讨论社区发展事务的专门

① 参见谢芳：《美国社区》，北京，中国社会出版社，2004。

会议，也是社区居民参与社区建设和管理的最直接方式。在纽约曼哈顿社区，每个月都要举行社区会议和社区听证会。各个社区董事会在会前会通过报纸、电视、告示等媒介向全体居民公布社区会议和社区听证会的具体内容、开会时间和开会地点。在开社区会议期间，媒体都会对社区会议的内容做专门报道，做到“广而告之”。无论会前会后，社区董事会都会安排时间广泛听取公众意见。

社区听证会最重要的议题就是社区预算的讨论。社区董事会每年至少要召开两次有关社区预算的听证会，时间是每年 9—10 月。社区居民可以针对社区某一方面的需求，要求增加项目开发费用。

《纽约时报》义务为纽约市社区董事会刊登召开社区会议和社区听证会的通知。《通知》告知每一个社区举行听证会的时间、地点、议题。举行社区会议和社区听证会的地点不是固定的。但是一般选在本社区的一个公共事业单位举行，如公立学校的礼堂、公立医院的会议厅、社区里的一所教堂、社区学院的大礼堂、开在社区里的画廊或社区董事会的办公地点等。社区会议召开的时间一般选择在下午 5:30—7:30，这个时间安排是为了方便更多的社区居民在下班后赶来参加会议。

1997 年春天，纽约市第四社区董事会多次举行听证会，讨论社区里的一家名为“薄雪花俱乐部”的“扰民”问题。“薄雪花俱乐部”位于纽约市第 11 大道 43 街。住在附近的居民多次向社区董事会举报该俱乐部在经营中有“放纵”男妓卖淫的行为（纽约市法律禁止公开揽客卖淫）。居民代表芭芭拉·菲尔达在写给社区董事会的一封信中反映：“……中午 12:30，我和我丈夫正打算出去遛狗，看到窗外有两个男妓穿着女人的衣服刚从俱乐部出来。他们钻进停靠在街边的小汽车里……不久人行道上就出现了乱扔的避孕套。一些上俱乐部娱乐的人经常肆无忌惮地在人行道上小便，将我家门口弄得臭气熏天……这种情景是经常出现的。”芭芭拉在信中要求社区董事会做调查后向市里有关部门如实反映情况，她的要求很直接——关闭这家俱乐部。

两年前该社区的一些居民就曾经向社区董事会、警察分局反映这家俱乐部存在的问题。当时街坊们还组织了一个名为“居民反对街头卖淫”的民间团体，向警察分局施压，要他们多多逮捕在附近街区招揽顾客的妓女。另外，他们还通过地方媒体发布新闻，呼吁舆论关心社区精神文明建设。这些措施的确起到了一些作用，妓女已经不太敢在这里公开揽客了。然而，妓女走了，男妓又来了。

1997 年 4 月讨论是否关闭“薄雪花俱乐部”的社区听证会终于召开了。俱乐部老板上台辩解：最近因市长办公室下属的“午夜行动小组”在他的俱乐部逮

捕了妓女，并向他发来警告信后，他才知道发生的事情。他说，他收到信后已经加强了保安力量，阻止有卖淫嫌疑的人进入俱乐部。他还在俱乐部里张贴禁止从事拉客、贩毒行为的告示。他在台上答应社区居民，将在店里安装闭路电视，预防拉客、贩毒事件发生。

可是出席听证会的社区居民和负责社区治安的社区董事会委员好像不乐意听他的解释。他们认为俱乐部老板的预防措施来得晚了一点。来听证会上作证的警察分局警官约翰·考斯泰罗说："我们经常能在这里抓到打算卖淫的妓女。说明拉客、卖淫成了这家俱乐部的普遍现象。"社区居民代表安妮·马里奥也作证，她不得不将 6 岁儿子的床位挪到屋子里的另一角落，以免儿子在深更半夜听到"猫叫"受惊吓。她接着说，"社区居民有权从事经营，但是经营内容必须规定在一定的范围和限度里面"。最终，在社区居民的强烈要求下，在听证会举行一周以后，这家俱乐部被法院勒令关闭。

有关社区居民的就业、生计问题，社区里商业设施的合理布局，尤其是影响到社区街道景观的商业设施建设问题都是社区听证会上经常能够听到的议题。

1997 年，"星巴克"计划在纽约上西区开设第 57 家分店，但是遭到了上西区居民的反对。

纽约市上西区是历史悠久的人文社区，有许多美国著名的文化界、艺术界人士居住。社区的南部有林肯艺术中心、大都会歌剧院、茱莉亚音乐学院，北部有全美最大的自然历史博物馆、美国历史学会、美国道德学会。居民们认为，上西区是一个有人文传统的社区，而像"星巴克"那样"千店一面"的咖啡连锁店是不适合在这种人文氛围中存在的。居民们还认为，由于"星巴克"连锁店的开业，社区里原有的街头小咖啡馆受到了冲击，纷纷倒闭。这些情调各不相同的街头咖啡馆和街头小商铺才是符合上西区历史文化背景的景观。况且，社区中的小商人的利益理应受到保护。上台发言的人不少，他们抱怨"星巴克"缺少街头咖啡馆的人情味，如街坊与店主之间的嘘寒问暖。另外在"星巴克"，主人的爱犬是不允许登堂入室的，这一条尤其不能被纽约市民接受。他们认为带着爱犬，找一个街头咖啡座，一待就是半天，这几乎成了纽约人打发周末时间的生活方式了。最终，社区居民们决定继续向有关方面施加压力。时隔不久就有消息传来，"星巴克"暂时放弃了在上西区开设新的连锁店的计划。

2. 案例分析

在美国，居民之所以热情高涨、积极参与到社区事务中来，其原因不外乎以下几个方面：

(1) 悠久的自治传统。

传统对人们思想观念和行为的影响是显而易见的。当英国第一批清教徒来到美洲时，他们也将古老英国在郡和镇的基础上实行自治的传统带到了这片新大陆，并且根据实际需要形成了以乡镇为基础的新英格兰乡镇自治制度。人民按照乡镇自主的原则行使自己的权利，凡是涉及全体居民利益的事务，都需要在公众场所召开公民大会讨论决定。这一传统不仅推动了美国的独立运动，提高了人们参与公共事务的觉悟，而且也深刻地影响着美国社会。纽约社区居民积极参与社区事务，实际上是这一传统的体现和在社区层面上的延伸。媒体为社区居民参与所提供的义务通知实际上也是对这一传统的遵循。

(2) 强大的公民社会。

美国的公民社会发展比较成熟，“非营利组织作为自主性的社会组织，是公民社会的主体和核心结构要素，在公民社会发育及完善中扮演着重要角色”，所以“其一定的规模和独立程度标志着公民社会的成熟”①。美国税务局对非营利组织的税务管理代码为 501 (c)。2008 年在美国国内税务局 (IRS) 税务登记的符合 501 (c) 条款的非营利组织已达 151 万多个，总资产 4.34 万亿美元，年收入 1.92 万亿美元，年支出 1.81 万亿美元。其中符合501 (c) (3) 条款的公共慈善机构 95.8 万多家，总资产 2.62 万亿美元，年收入 1.44 万亿美元，年支出 1.34 万亿美元。② 这些非营利组织活动领域广泛，它们一方面动员志愿者直接参与到社区的建设中来；另一方面也培养了公民的参与意识，提升了公民对公共事务的关注，从而间接地推动了社区的建设和发展。

(3) 强烈的社区参与意识。

美国人有很强的社区参与意识，他们认为这是我的社区，社区里所发生的一切都与我息息相关，我在社区中有一份权利，同时对社区有一份责任，因此我要全力参与社区事务，保护自己的权利，尽到我作为社区一员的责任和义务。正是这种强烈的参与意识，促使社区居民关心社区的发展，关心社区中发生的一切及其对自己利益造成的影响。这种社区参与意识既是社区发展的原动力，也是社区建设的重要一环。此外，这种社区参与意识还是社区居民对社区的一种态度，是居民对社区的认同的表现，而这种认同感正是居民乐于参与社区活动的重要心理因素。

---

① 王黎：《试论我国非营利组织发展对公民社会培育的意义》，载《中国集体经济》，2007 (4)。

② 参见王劲颖、沈东亮、屈涛、刘忠祥：《美国非营利组织运作和管理的启示与思考——民政部赴美国代表团学习考察报告》，载《社团管理研究》，2011 (3)。

案例 2

南京市工人新村的社区议事园①

1. 案例介绍

南京市工人新村社区始建于 20 世纪 50 年代初，面积 7.68 万平方米，常住居民 6 200 多人，2 288 户，其中 80%是工人家庭。在多年创建文明社区的实践中，小区悟出了一个道理，那就是：要把创建文明社区由政府的事变为百姓自己的事。2000 年，工人新村抓住鼓楼区在社区试点居民议事机制的契机，大胆创新社区事务的民主决策形式，办起议事园，通过居民参与，解决了许多社区矛盾和涉及居民切身利益的事情。

社区议事园作为社区的常设决策机构，是社区整个议事机制的核心，它以全体社区居民为主体，以议事会、议事箱、议事栏、议事厅为载体。议事会由社区单位、知名人士、党风廉政监督员、社区党员、社区居民代表组织，或根据议题邀请有关专家和群众参加。议事箱设在小区的各个角落，以便社区居委会及时全面了解社区居民的问题和困难。议事栏设在宣传橱窗内，内容包括本期议题、群众反映、专家点评、回音壁四个部分，将议题、讨论过程和反馈情况及时向社区成员公布。议事厅用于召开议事会和接待群众来访，为广大居民群众参政议政提供场所。议事会、议事箱、议事栏、议事厅构成了议事园活动立体化、多层面的居民群众交流、沟通的载体。此外，工人新村社区还制作了议事快报，将议事活动信息反馈到社区居民之中。

议事活动有四项规程，一是充分酝酿，确定议事话题；二是民主参与，开展你说我议；三是提升层面，实行专家点评；四是双向交流，落实好回音壁。自 2000 年以来，工人新村共有千人走进社区议事厅，参与社区事务决策和讨论，每月居委会平均收到来电、来信、来访 20 多次，5 年多解决尖锐矛盾和公共、个人利益性事务 30 多起。社区议事园成立以来的议事内容主要涉及社区公共事务、社区保障、社区管理、社区治安等多方面，出现次数较多的主要有社区公共事务、社区治安、社区服务。工人新村社区议事园作为社区议事、决策的重要组织，吸引广大居民积极参与社区事务，为社区参

---

①　参见马芹芬：《社区民间组织：社区参与的有效载体——以工人新村社区议事园为例》，载《企业家天地》，2006（6）；《坚持以人为本构建和谐社区——鼓楼区工人新村社区议事园总结材料》，见http://www.yfzs.gov.cn/gb/info/FZGL/XXDT/2005-07/08/1005062183.html，2012-06-28。

与提供了有效的载体。

一起讨论，用好空地。工人新村有一块1 000平方米的狭长空地，由于长期没有利用，成了违章搭建之地，附近居民反应强烈，怨声载道。后来虽然拆除了违建，但又有人在这里倒垃圾、种菜。于是，一个以“空地如何利用”为议题的议事会召开了。经过多次讨论，有人建议建设居民休闲广场，使居民有个散步、放松的好去处，该建议得到了大家的赞同。在区、街道、社区的共同努力下，广场已于2005年8月建成，解决了老小区群众休闲无处去的现实难题。社区居民曹家慧看到环境那么美，还主动出资近2 000元购买了2张石桌、8个石凳放在广场，供大家使用。

自我教育，自我提升。在小区遛狗，是居民反应强烈的一大难题。不少居民出于卫生和安全的考虑对小区遛狗很反感。社区议事园就以“小区遛狗该不该”为议题，请环卫专家、养狗人、居民代表参加议事会。会上，大家纷纷谴责遛狗人不讲社会公德、不顾他人安全、破坏小区卫生的行为。大家达成共识：必须提醒遛狗人树立公共卫生意识。要求遛狗人自带工具，不得在公共场所留下狗粪。会后，在小区里遛狗的居民明显减少。即使有少数居民继续遛狗，也携带清洁工具，主动清理狗粪，自觉维护小区的卫生环境。由于这是多数居民的意见，少数人不得不自觉去遵守，民主决策显示了巨大的力量。

帮困助弱，人际互助。工人新村的程绪芳乳腺癌手术后失去了劳动能力，爱人患精神病不能参加工作，女儿刚上小学一年级，家庭生活十分困难。社区召开议事会，讨论如何帮助这样的困难家庭。与会者认为：单靠低保解决不了问题，要依靠社会各方面的力量共同帮助。于是请南京电视台、《南京晨报》介绍程绪芳的家庭情况，呼吁社会的广泛关怀。南京政治学院哲学系研究生班专门结对帮助程绪芳的孩子解决学费难题，市政府办公厅政策研究处党小组送来了慰问金和食品，社区群众和居委会成员也常送些衣物和食品。程绪芳对社会各界的帮助十分感谢，表示要用自己微薄的力量回报社会。现在，她坚持每周参加社区义务巡逻和公益性劳动。

化解矛盾，解决争议。工人新村小区内原有一个苏果便利店，2005年要改建成菜场，群众得知后反应强烈，认为建菜场会对小区产生环境污染，留下安全隐患。社区居委会及时召开社区议事会，邀请政府相关部门、街道、业主、居民群众代表参加，展开面对面的沟通，政府部门对相关政策给予解释，最后各方达成共识，业主停止了菜场的施工。

“要得火锅城”坐落在工人新村的外围，2003年开业前，28户居民的投诉信

摆在区政府信访办等十几家部门的桌面上，油烟、噪音、消防隐患……社区居民忧心忡忡。一个由街道、社区居委会出面组织的协调会随即在工人新村社区的议事园举行，居民代表、火锅城业主以及政府部门有关人员参加了会议。矛盾双方争执不下，不欢而散，但居民代表会上提出的意见，还是让火锅城业主意识到了矛盾的根源。议事园接着召开第二次、第三次协调会，政府职能部门证明了火锅城的消防设施、油烟排放确实达到国家标准，火锅城答应对噪音和装修对居民的影响进行整改和赔偿。居民情绪渐趋稳定，火锅城也顺利开业，大家相安无事。

2. 案例分析

南京市工人新村社区议事园在解决社区问题、化解社区矛盾、促进社区和谐、提高社区居民生活质量方面发挥了积极作用，其经验值得借鉴。

（1）社区议事机制的保障。

工人新村社区议事园是一个以全体居民为主体，以议事会、议事箱、议事栏、议事厅为载体的社区议事机制。通过议事载体，社区居民之间可以实现多层次、立体化的交流，就彼此关心的问题达成共识，寻求自我解决问题的途径。遛狗问题是很多社区都存在的问题，也是一个老大难问题。通过社区议事会，工人新村社区的居民就这一问题达成了共识，为该问题的妥善解决创造了前提。这一过程也是社区居民自我教育、自我提升的过程。此外，社区居委会也能够通过这些议事载体，及时全面地了解社区居民的问题和困难。工人新村社区议事园还建立了确定议题——民主参与——专家点评——双向交流的议事规程，规范了整个议事程序，提高了议事的成效。工人新村社区议事机制的另一个亮点就是及时通过议事载体向社区居民反馈议事活动信息，保障社区居民对议事活动的知情权，增强了议事活动的公开性、透明性，同时也便于社区居民开展监督。

（2）公共事务的决策权由社区居民掌握。

社区居民是社区管理的重要主体，同时也最了解自身的需求。在以往的社区管理中，社区居民虽然对公共事务的决策有一定的影响力，但很少真正掌握公共事务的决策权，而工人新村社区议事园则将公共事务的决策权交到了居民手中。工人新村的空地由于没有得到合理利用，成了违章搭建之地。空地如何利用与每一位社区居民的切身利益休戚相关，空地如何利用实际上已经成为小区的一项公共事务。工人新村社区居民通过讨论，最终决定建设休闲广场，不仅解决了小区居民的休闲去处问题，而且在此过程中使社区实现了自我管理，拓宽了社区参与。这种做法还培养了居民关心公众事务、民主协商解决的自觉意识。

(3) 为社区居民参与矛盾解决提供平台。

社区在一定程度上是社会的缩影，在社区中，除了社区居民这一利益主体外，还有其他利益主体的存在。由于利益诉求的多元化，利益主体之间往往很容易产生矛盾和冲突。如果这些矛盾和冲突处理不当，或者没有得到有效的解决，不仅会影响居民的生活质量，而且会影响到社会和谐，为社会稳定埋下隐患。在本案例中，“要得火锅城”的油烟、噪音、消防隐患使得居民忧心忡忡，双方的矛盾也因此产生。但是通过议事园这一平台，火锅城业主意识到了矛盾的根源，并与居民进行了进一步的交流。最终通过政府职能部门提供的确实存在问题的证明，火锅城业主通过整改和赔偿打消了居民的疑虑，平息了居民的情绪，火锅城得以开业，双方的矛盾得到了顺利解决。

案例3

地铁5号线因民意而加站①

1. 案例介绍

2005年，纵贯北京南北的交通大动脉地铁5号线动工。按照地铁5号线的原有规划，人口稠密的天通苑，只设一站，能不能在天通苑人口最密集的地方再加上一站？天通苑人饱受堵车之苦。从天通苑进城，必经立水桥，在这区区两公里多的路上，赶上大堵车时，能一个钟头不动窝。早也堵、晚也堵，堵得天通苑上班族苦不堪言。

加站，由虚拟到现实

起初，这只是在社区网上论坛里说说的话题。后来，十多位天通苑居民在网下自发成立了一个“加站推动小组”。加站，由虚拟到现实，变成了一项有组织的社区公益行动。

牵头的阮亚占，在“家住天通苑”论坛的网名叫“超级马甲”。他深受堵车之苦，一直关注天通苑的交通问题。像不少天通苑邻居一样，他也认为5号线的设计极不合理。

花了两个晚上，阮亚占写好了一份《行动指南》。在帖子中，他呼吁天通苑的邻居们用下列方式迅速行动：第一，打电话，“在本周内给下列单位打至少一

---

① 参见林天宏：《北京天通苑10年成长记：创造社区民主运动奇迹》，载《中国青年报》，2009-07-01；董月玲：《地铁5号线因民意增加天通苑站 居民网上推动》，载《中国青年报》，2008-01-02。

次电话”。他列出了市长热线、市规划委、市人大、市交通委等部门的电话号码。第二，寄信，“在本周内给下列单位寄一封信”。除了列出详细地址外，他还写好三四种信的模板，从网上直接打印就行。第三，发邮件。邮件内容也写好了。第四，登门拜访，“有时间的老同志，请直接到有关部门面谈”。第五，发动亲朋好友，动用各种社会关系，想尽办法把意见反映到政府相关部门，一定要让政府知道，让领导知道。

在帖子最后，他说：“最关键的是我们一定要行动！想想，如果有10 000人这么做了，会是什么结果？大家一起努力吧！用我们的行动，改写我们的未来！”

帖子被置顶发出，反响很大，点击率达8 000之多。“加站”，一下成了网上关注度最高的事。一批热心加站的网友陆陆续续聚集在了论坛里。起先他们只是网上沟通交流，后来干脆网下碰头商量，就这样，一个“加站小组”自发地形成了。

很快，无数天通苑居民的电话打到了12345市长热线、北京市规划委、交通委、地铁建设指挥部等部门。阮亚占自己也打了电话，得到的答复让他有些沮丧。“他们说这是不可能的。理由是，5号线属奥运工程，时间紧，施工都接近尾声了，又要加一站，耽误工期怎么办？假如重新修改设计，要涉及20几个专业，难度大，加站的想法不现实。”阮亚占没把这个结果在网上告诉大家，只说打电话沟通了，呼吁大家做该做的事，别放弃。

天通苑人一共打了多少个电话，没有确切统计。总之到后来，一听说是加站的事，接电话的人立马就问：“你是天通苑的吧？”还有的说：“你们快别打了，我们都没办法上班了。”

2005年8月，动工两年的5号线，已经修到了天通苑，规划中的车站已经在挖坑了，轨道上的桥墩、路基也开始建了，想要加站的地方，过街天桥都修好了。如果不行动，木已成舟，加站就来不及了，所以那段时间，大家电话打得最频繁，简直像电话轰炸。

营造更大的声势

两周过去了，政府方面始终没有什么反馈。“加站小组”的一个成员联系上一位家住天通苑的记者，让他以记者的身份打电话问问，得到的答复是：政府正在论证能否加站。

于是，“加站小组”的成员又组织了一次碰头会议，决定由“加站小组”策划组织一个网下的“万人签名”活动，营造更大声势。

可是，在这样一个人口密集的大型社区，搞这种群体性活动，把老百姓聚在一块，会不会引起官员的误解和恐慌，政府能同意吗?

“加站小组”马上分头行动。阮亚占坐上“摩的”，先去了东小口派出所，说想搞一个现场签名活动。民警细问了活动的种种安排，又问了活动目的。“我说是感谢政府啊！他说，那没问题。在派出所备了案，等于我们的活动合法化了。”随后，阮亚占又去找物业，主任一听汇报，也立马同意了。“签名那天，他还派人，代表50名保安到现场签名支持呢。”“加站小组”里的一位退休老干部“信天游”去了居委会，最后也谈妥了。

两天后，“加站小组”在网上发出紧急通知：“各位邻居：近来，我们从多家媒体报道和相关部门获悉，为解决11万人出行难，党和政府计划在天通苑西三区和北一区附近增加一个5号线车站。

“为感谢党和政府对我们天通苑社区的关心，为期待加站计划尽快实施，经过紧急商议，我们计划组织一次签署联名感谢信的活动。

“同时，我们紧急声明：我们坚决反对任何违法语言和行为，严格执行党和政府的方针政策。另外，近期，为避免干扰政府部门的工作，应尽可能减少发邮件和打电话。”

签名活动在网下如期进行，进展情况随时被报到网上。

现场签名活动定在2005年9月3日，这天是个周末，地点在社区的一块空地上。事前，“加站小组”进行了分工，有人安排人员详细记录现场情况，有人负责紧急通知公安，还有人负责请居委会协助，其他人员则看好签名表，负责疏散人群……不过，签名现场秩序井然，事先准备的很多应急措施都没派上用场。

现场签名只进行了一天，加上贴在楼梯口，放在餐馆、商场、吧台、工地、路口等地方的签名表，这次活动共收集到签名8 310个。

“奇迹”诞生

收集上来的签名表，有些已经皱皱巴巴，有的签名不规范。在花去一周汇总整理后，“加站小组”的五名代表把8 310人签名的册子送到了市信访办。

随后，北京市专门召开了市长交通工作专题会，“原则上”同意了天通苑小区段增设车站的设计方案。很快，增站方案在市规划委网站上进行了公示。

一个“奇迹”就这样诞生了。

2. 案例分析

天通苑地铁加站事件是社区居民主动参与社区管理，表达利益诉求，并通过网络推动，最终影响城市规划和公共政策的一个典型案例。

（1）从事件的起因来看，居民参与乃是基于对自己利益的关注。

地铁的线路规划、站点设计属于城市规划的一部分，在本质上是一种政府的行为。但是由于种种原因，政府在规划的过程中往往容易忽视部分居民的需求，这就使得居民参与具有重要的意义。居民参与可以使政府了解居民需求，进而采取措施，满足居民需求，实现居民利益。而居民参与的动力来源之一便是对自身利益的关注。按照地铁5号线的原有规划在人口稠密的天通苑只设一站，这对分流人群、改善交通、缓解堵塞无疑具有积极的作用，但还是不能满足天通苑居民的交通出行需求。政府的规划和居民的需求之间还存在着一定的差距。于是，在天通苑人口最密集的地方再加上一站就成为了此地居民的心声。对这个与自己生活密切相关问题的持续关注使得社区居民最终行动起来，表达自己的利益诉求。

（2）从事件的经过来看，在表达利益诉求的过程中，社区居民始终坚持理性表达。

利益表达是利益实现的前提条件，也是利益实现的现实基础。利益表达的方式会影响到利益实现的程度。在天通苑地铁加站事件中，社区居民表现出很高的利益表达能力。在该活动的发起阶段，社区居民采用打电话、寄信、发邮件、登门拜访等形式，向相关部门表达自己的利益诉求，使相关部门了解自己的需求。为了营造更大声势，实现加站的目标，社区居民发起了“万人签名”活动。为了消除误解，社区居民还主动跟所在地的派出所、物业等单位进行沟通，并且态度鲜明地提出“坚决反对任何违法语言和行为”，始终将表达方式控制在合法、理性的范围内。

（3）从事件的结果来看，不仅直接实现了社区居民的利益诉求，而且提高了社区居民的参与能力。

公共议程和政府议程是政策议程的两个阶段，政策议程的建立是社会问题转化为政策问题的关键一步，而公众议程所形成的强大推动力对政府议程的建立具有决定性的影响。天通苑的居民通过各种方式向政府部门提出自己的诉求，引起了有关部门的注意，并将加站这项议题纳入了政府议程。在北京市专门召开的市长交通工作专题会上，同意了天通苑小区段增设车站的方案，社区居民加站的诉求最终得到了满足。通过这件事，社区居民参与能力也得到了提升，参与意识和公共意识都得到了增强，所取得的成功也必将促使社区居民更加积极、主动地表达自己的诉求。

案例4

北京市三环新城社区的网络参与[①]

1. 案例介绍

三环新城社区是由北京樾源苑房地产开发有限公司开发的大型经济适用房社区，坐落于西南三环丰益桥与万柳桥之间，总规模约100万平方米。社区居民常住户8 073户，常住人口28 000余人，以年轻业主为主，被称为“年轻的城”。2005年起，小区建成并开始入住，很长时间内没有建立居委会和业主委员会等社区组织，社区矛盾日益暴露出来，如人口密集、居民缺乏活动场所、道路等基础设施相对不完善等，业主与开发商、物业公司矛盾尖锐，社区群体性事件、治安案件时有发生，引起了媒体的关注。

三环新城社区网是在入住之初由几位热心公益的业主自发创办的公益性服务网站，2006年11月20日正式开通。据社区网创始人“小恐龙”介绍，创建社区网的初始动因很简单，仅仅是为了方便业主交流房屋装修信息。后来随着入住居民的增多，社区网逐渐成为三环新城社区的信息集散平台、居民沟通交流的有效渠道、社区文体活动形成发展的场所。此时，尽管居民也会在社区网上讨论社区公共事务，但影响范围较小，没有引起广泛关注。2008年12月，三环新城社区居委会、社区服务站开始筹建后，面对三环新城社区面积大、人口多、社区矛盾突出等情况，为了迅速赢得居民的认可，顺利开展工作，社区居委会筹建负责人主动与社区网联系，提出在社区网上开设“社区居委会”、“社区服务站”等板块，作为社区组织与居民沟通、交流的平台。在此之后，社区组织负责人开始在社区网上积极发帖，回应居民的利益诉求，动员居民参加社区活动，帮助居民解决实际问题，这使得社区网迅速赢得了更多居民的关注和参与。截至2010年6月，三环新城社区网共有主题板块20个，注册会员21 336人，主题帖文33 008个，平均每日发帖195个，其中“新城日报”、“物业直通车”、“社区服务站”、“社区居委会”、“邻里互助”等板块是居民关注的热门板块，分别是社区居民之间、社区居民与社区居委会等社区治理主体间交流的平台。

三环新城76.2%的社区居民是三环新城社区网的注册用户，近24%的社区居民是发帖用户（发帖会员6 656人）。

---

① 参见魏娜、崔玉开：《城市社区治理的网络参与机制研究》，载《教学与研究》，2011（6）。

三环新城自2005年建成后，一直没有建立居委会。2008年12月至2009年6月，在三环新城所在的新村街道办事处指导下，社区党工委、社区居委会、社区工作站开始筹建，筹建负责人为新村街道任命的社区党工委书记兼社区工作站站长。为了迅速打开工作局面，赢得社区居民的认可和支持，该筹建负责人主动进驻社区网，并于2008年12月3日，以社区居委会的用户名开始在社区网发帖，一方面及时发布与居民生活相关的政策法规、办事程序、服务通知；另一方面及时回复居民在网上提出的问题和建议，使社区网成为社区组织与居民沟通的有效平台，并迅速赢得了居民的认可和信任。同时，社区居委会还统筹了社区网中已建立起来的各类活动组织资源，组织开展了社区羽毛球比赛、社区跳蚤市场、社区儿童春游等活动。截至2010年6月，社区居委会发帖2 091篇，平均每日发帖3.52篇。

业主与物业公司的矛盾一直是三环新城社区的主要矛盾。业主经常在社区网上对物业公司的服务表示不满，甚至有部分业主号召大家拒缴物业费。因此，物业公司对社区网的态度是排斥的。但是社区居委会和社区网管理员认为，如果在社区网这个平台上，没有物业公司的声音，就不能有效解决社区公共事务，于是他们积极动员物业公司进驻社区网，与居民进行面对面的沟通。2009年12月28日，经过居委会和社区网管理员长时间的协调沟通，物业公司决定进驻社区网。物业公司进驻社区网以后，对居民的建议及投诉积极回应，自2009年12月29日注册至2010年6月，物业公司发布主题帖23篇，跟帖40篇，主要内容为发布便民通知、对业主提出的问题进行回应等。

自2005年开始，随着三环新城作为一个大型社区在西南三环边建成，出行拥堵成为困扰业主的一大问题。由于没有直接连通社区与三环的道路，三环新城周边的交通拥堵问题非常严重，引起了居民的严重不满。此时，与三环新城相邻的优筑社区开发商承建了一条可以直通三环的育芳园北路，这条路直接贯通三环新城社区与南三环，如果开通后，将极大缓解三环新城周边的交通压力。但是由于种种原因，道路修好以后迟迟不能开通。自2009年年初起，为了尽早让道路开通，居民们通过求助媒体、拨打市长热线等多种方式反映呼声，但收效甚微。在此情况下，社区网管理员开始在社区网上发帖，并采用置顶、标题加粗加黑等方式进行议题设置，集中、大量、突出地对这一问题发表意见，引起居民对这一问题的高度关注。在此之后，三环新城的居民开始以社区网为平台，在互联网上表达诉求、商讨对策，半年时间发布相关帖文近千篇。居民的言论引起了社区居委会的重视，他们上网发帖，积极回复居

民的意见，表示认同居民反映问题的合理性，将把居民意见向街道办事处反映，共同寻求问题的解决，同时呼吁居民理性表达自己的诉求，不要采取过激行为。这之后，社区居委会定期把居民在网上表达的意见上报给街道办事处，并通过社区网及时向居民通报事件进展，在与居民的沟通中赢得了居民的信任。在各方逐步达成共识的基础上，丰台区政府积极介入事件，组织居民代表、社区居委会、开发商和其他利益相关者开会，形成了问题解决方案。不久，道路开通，三环新城的拥堵问题得到了极大缓解。

2. 案例分析

互联网的迅猛发展催生了大量的网络社区，极大地拓宽了公民参与的渠道，激发了公民参与的热情。与传统媒介参与方式不同，公民网络参与具有开放性、灵活性、分散性和自主性等特征。① 三环新城社区参与的一个亮点就在于，通过网络社区平台，居民与社区居委会、物业公司、社区服务站等社区治理主体形成了良性互动机制，社区公共事务得到了有效解决，增强了居民的社区认同感。

（1）从公共议题的产生来看，我国传统的社区管理模式更强调对社区行政性事务的解决，政府大包大揽，居民依赖性较强，属被动式执行参与。而社区治理的逻辑起点则是社区公共事务的解决。正是社区中的公共事务激发了公民的参与意识。但在现实中，由于单位的消失，居民找不到跟政府沟通的中介，个人零散的意见表达被视为公民对个人选择性事务的关注，而无法引起重视。互联网的发展为公民参与社区治理提供了新的渠道。互联网虚拟、匿名的特性消除了影响人们参与的心理障碍，极大地激发了公民的参与热情。公民在现实生活中本来处于压抑状态的利益诉求通过互联网得以释放，并在网络社区中得到聚集，形成公共议题。三环新城社区的实践表明，社区精英的倡导和参与，是居民在社区网上关注和参与公共事务的重要因素。

（2）居民能否以主体的身份介入社区公共事务的治理，居民能否与社区治理其他主体就社区公共事务的解决平等对话、理性协商，这是决定公民参与是否有效的关键。在传统的社区管理模式下，国家与政府的力量渗透到社会生活的方方面面，居民个人无法与政府在理性辩论的基础上就普遍问题达成共识。互联网开放、自由、互动、去中心化的特点使得理想公共领域在互联网上得到了实现。其中最重要的是，使社区治理结构扁平化，居民与社区居委会、物业公司等社区治理主体间在网络公共领域中形成了平等的关系，建立了社区治理主体间平等对

① 参见李超元等：《凝视虚拟世界：网络的社会文化》，天津，天津社会科学院出版社，2004。

话、理性协商的沟通机制。三环新城社区的实践表明，居民与社区治理主体能在网络社区上就社区公共事务的解决进行理性协商的关键是社区组织出于维护自身合法性、增加居民认同感等因素的考虑，认同了网络参与方式。

（3）社区参与的一个结果就是社区的再生产。人们通过参与过程提升了原本没有或遭到忽略的家园意识和主体意识，经由认同的产生和转化将共同生活的物理空间建构为具有社会意义的地域共同体。三环新城社区的实践证明，社区公共事务的有效解决使得社区治理主体间形成了良好的互动，居民的社区认同感和社区意识不断增强。同时，通过参与社区公共事务，公民对社区有了更为丰富的了解，公民的参与行为也更加成熟、理性，参与能力不断提高。

案例5

帮助居民点滴小事　志愿服务在社区遍地开花①

1. 案例介绍

扫地时顺便把楼道卫生打扫一遍，买菜时帮邻居大妈带上一点，出门时顺带把邻居家门口的垃圾捎下去，散步时把楼前楼后的野广告清理一下……这些日常生活中互帮互助的点滴小事，已经在大连市沙河口区李家街道的居民中蔚然成风。

近年来，李家街道党工委精心组织辖区帮万家服务队、劳模110服务队、小红灯笼服务队、巾帼家庭志愿者、暖巢管家服务队等特色志愿者团队，通过开展“站好先锋岗”系列活动，培育和壮大了辖区志愿者队伍，促进了志愿服务活动持续健康开展，营造了温馨和谐的社会氛围。目前，李家街道登记在册的社区志愿服务团队有40余支，志愿者650余人。各支团队开展志愿服务活动150余次，服务对象1.7万余人，服务时间万余小时，深受居民喜爱和欢迎。

“我最喜欢看到孩子们红红的脸蛋绽开天真的笑容。”李家街道霞光爱心辅导站大学生志愿者王涛说。2004年，锦霞社区牵头与锦绣小学、东北财经大学联合开展了青年志愿者“勤工助学”活动，组织辖区的流动、贫困儿童成立了霞光爱心辅导站。大学生志愿者每周三下午到社区为在锦绣小学就读的农村来连孩子义务辅导功课，讲解课外知识。“神奇的大自然”、“京剧艺术”、“暑假安全”、

① 参见许晓楠：《帮助居民点滴小事　志愿服务在社区遍地开花》，载《大连日报》，2010-12-05。

“火的由来”、“力的特性”等课程最为孩子们所喜爱，精辟的讲述、精彩活泼的多媒体课件激起了孩子们学习的兴趣。6年来，大学生志愿者换了一茬又一茬，但爱心助学的接力棒却一届一届传了下来。

在霞光爱心辅导站里，孩子们得到了无微不至的关怀，成绩普遍大幅提高，性格也活泼开朗了。来自安徽省阜阳市的徐城城经过志愿者一年的辅导，语文成绩从13分提高到了65.5分。锦霞社区居委会克服了办公条件有限等困难，将桌椅、图书、音响、投影仪等硬件设施无偿提供给孩子们使用，还定期组织孩子们开展“小消费者”选健康文具、清明节为烈士扫墓、端午粽飘香等课外活动。6年来，锦霞社区霞光爱心辅导站获得了流动、贫困儿童的喜爱，学校的欢迎，家长的称赞，社会的好评，共有154名流动、贫困儿童从中受益，63名青年志愿者先后提供义务服务。

暖巢管家温暖空巢老人心

俗话说，远亲不如近邻，这句话用在锦华社区吴有志阿姨和李淑珍老人身上再贴切不过了。59岁的吴阿姨是社区里一名暖巢管家志愿者，跟体弱多病的空巢老人李淑珍结成了帮扶对子。李淑珍老人已是76岁高龄，常年多病，老伴身体也不好，儿女经常不在身边，热心肠的吴阿姨经常主动到她家，帮助老人买菜、晒被子、陪洗澡、代缴水电煤气费、在老人外出期间帮助老人保管钥匙等。2009年3月，李淑珍的老伴因病去世了。吴有志有时间就去李淑珍老人家陪她聊天。有了她的帮助和照料，让原本有些精神恍惚的李淑珍老人生活变得不再寂寞。邻居们都说：“亲姐妹都做不到她这样啊！”

为了给社区内的“空巢”老人、孤寡老人和伤病残人员提供生活方便，李家街道成立了暖巢管家志愿者服务队，开展了“暖巢管家一键通”服务。“一键通”就是把社区的办公电话、社区工作者和暖巢管家志愿者的手机号码，保存在那些行动不便、记忆力差的“空巢”老人、孤寡老人和伤病残人员的手机或座机上，并设置快捷键。当他们遇到紧急、突发的事需要帮助时，只要按电话上的一个键就可以接通志愿者的手机。社区开展“一键通”服务以来，已为辖区“空巢”、孤寡老人家庭、伤病残家庭提供服务300余次，如为空巢老人家里维修爆裂的暖气管、为残疾人买菜购粮、为孤寡老人救治突发疾病等。居民们经常说，“一键通”服务让他们真真切切地感受到社区、居民是一家人，“一键通”是居民与社区的“连心通”。

帮万家服务队24小时为居民服务

家住绿景社区的王颖斌老人近日收到了社区帮万家服务队送来的助听器，高

兴得合不拢嘴。王颖斌老人 90 多岁了，为了省钱给老伴看病，王老一直舍不得花钱买助听器，因为听不清别人说话，他的脾气越来越差。绿景社区帮万家服务队得知此事后，联系辖区企业为王老送去了一部助听器，还请厂家的工作人员上门为老人指导。老人高兴地说："谢谢帮万家，谢谢你们一直惦记着我，七年了，我终于重回有声世界。"

提起李家街道帮万家服务队，居民们无不对其赞不绝口。李家街道帮万家服务队成立于 2010 年 1 月，由 10 名专业技术人员组成。之后各社区也纷纷建立了帮万家服务站，以"便民、利民、为民、亲民"为宗旨，实行 24 小时全天式服务，节假日不休息，承诺居民"8 小时到场、48 小时完工、永久保修"，第一时间为辖区居民解决衣食住行等方方面面的难题。经过近一年的实践和努力，共为辖区居民服务 1 959 户（次），收到锦旗 19 面，感谢信 39 封。家住文园社区 104 号楼的陈老夫妇，儿女不在身边，家里坐便器堵塞数日，找了几家单位都没修好。老人试探性地拨打了帮万家热线电话，队长刘云喜立即带人赶到老人家里。由于堵塞时间较长，坐便池内积压大量污物，工具无法深入，刘队长就用手清理，维修后老两口感动得热泪盈眶。随着帮万家服务队不断壮大队伍，一批专业、正规、有爱心的商业服务网点也加盟其中，形成了"帮万家联盟"，为居民提供优质优惠服务。一些离退休或者有手艺的居民也主动找到社区，要求加入帮万家志愿服务队，发挥自己的余热，"社区帮居民、居民帮居民、居民帮社区"的理念在李家街道辖区深入人心。

2. 案例分析

李家街道的社区志愿服务具有以下几个特点：

（1）志愿服务社区化。

社区志愿服务以社会志愿者和本社区志愿者相结合，尤其是重视和培养社区志愿者的服务精神，提倡社区居民参与社区服务，并以自助为主。社区服务建立在社区居民主动参与的基础上，只有这样才能从根本上使志愿服务深入人心。因为民众通常是首先关心身边的人，人们对发生在身边的求助会给予很大的关心，最容易提供力所能及的帮助；对社区的环境改善、文化教育以及其他公益事业作出一些贡献的同时，自己也受益。这种在一定范围内的志愿服务更容易被社区居民认同，同时也有利于进行组织和协调。李家街道重视发展本社区的志愿团体，登记在册的社区志愿团体多达 40 余支。这些志愿团体拉近了社区居民之间的距离，降低了社区成员间的疏离感，在增进社区团结、提升社会资本方面发挥了重要作用。

（2）提供公共服务。

志愿服务来自民间，具有灵活、快速、亲切的特色。通过不同地区或不同类别的志愿服务，可协助政府延伸公共服务，普及至更多的社会弱势群体或更偏远的地区。社区志愿服务立足于社区，直接服务于社区居民，在了解居民需要、满足居民需求、改善居民生活、提供有针对性的服务方面具有很大的优势。李家街道的社区志愿服务依据居民不同的需求，提供了多元的社区服务，满足了不同的对象。其志愿服务涉及社区救助、社区文教卫生服务等领域，既有针对流动、贫困儿童而成立的霞光爱心辅导站，又有服务于“空巢”老人、孤寡老人和伤病残人员的暖巢管家志愿者服务队，还有24小时为居民服务的帮万家服务队，服务项目丰富，在提高居民生活质量方面发挥了重要作用，同时也在社区层面延伸了政府的公共服务。

（3）传播志愿精神。

志愿服务是现代文明社会不可或缺的一部分，具有传递爱心、传播文明、促进社会进步的积极意义。中华民族自古以来就有民间邻里互助的传统，“老吾老以及人之老，幼吾幼以及人之幼”早已成为人们关心他人、相互照顾的伦理基础。随着城市化的发展、人员流动的加快，现代都市间人际关系日益疏离和冷漠，人们更加渴望人与人之间的沟通和互助。志愿者在为服务对象提供帮助，增强他们归属感的同时，也将一份浓浓的爱意传递给他们，在无形当中传播了志愿精神，促使这些服务对象加入到志愿服务的行列中来，也成为一名志愿者——李家街道的社区志愿者中，既有青年大学生，又有离退休人员这对培养青年的公益精神，发挥离退休人员的余热，传播志愿精神意义深远。

案例6

新加坡：由基层领袖打理的社区①

1. 案例介绍

2011年6月27日，新加坡武吉巴督区举行更新婚约誓言活动。30多对婚龄达几十年的夫妇更新结婚誓言。武吉巴督区基层领袖每年策划数百场这样的活动以增进社区凝聚力。

① 参见曾庆斌、吴礼晖：《三万基层领袖打理出和谐社区　新加坡依靠社区自治实现族群融合》，载《佛山日报》，2011-08-15。

临近中秋，武吉巴督区基层领袖林翠花开始筹划2011年如何举办中秋节社区聚会。林翠花虽是居民委员会副主席，却不拿薪水。在新加坡，有3万多名林翠花式的义工骨干活跃在社区。

社区服务人员九成是义工

来自中国、印度、印度尼西亚、斯里兰卡的新移民依次上台介绍自己，台下的社区居民掌声一阵接一阵。宣誓之后，大家一边享用点心饮料，一边交流，相互认识。这是武吉巴督区新移民入籍仪式上的一幕。与许多国家将入籍仪式放在法庭不同，新加坡的入籍仪式放在民众俱乐部（即社区活动中心），以方便新老居民认识。

仪式上的20多位工作人员，包括主持人、礼仪小姐、前台接待都是义工。林翠花也是其中之一。从40岁开始至今，林翠花已经连续26年参加聚会工作，曾连任三届居委会主席，如今退为副主席。

“我今天是以居委会的国民联合督导员的身份来参加入籍仪式的。”林翠花说，居民委员会是新加坡最基层的社会组织，一般管辖5～10座组屋，约2 000户。居民委员会的核心职能是促进种族和谐，增强社区凝聚力。居民委员会下设各种专业委员会，常年举办各种文体活动。新移民进入社区后，居民委员会每次举办活动都会邀请他们，帮助他们尽快融入社区。策划组织开展这些活动的都是社区义工。

入籍仪式几天后，林翠花又参与组织了一场更新婚约誓言活动。30多对老夫老妻，穿着婚纱礼服，聚在一起重温结婚仪式。林宝珠和丈夫满脸幸福，仿佛回到27年前初婚时刻。她说，居委会经常搞活动紧密邻里关系，她会有选择地参加。生活中遇到困难也首选跟居委会反映，因为不必像找政府官员那样拘束。

武吉巴督区有数万名居民，共有10个居民委员会，拿薪水进行社区管理的却只有民众俱乐部的15位专职员工，日常管理主要依靠300多位义工兼职完成。民众俱乐部是武吉巴督区社区活动的主要场所，里面设有图书室、健身房，常年组织烹饪、外语、游泳、插花等各种培训班。俱乐部下设妇女执行委员会、乐龄俱乐部等各种组织，吸纳义工参与活动组织。物业管理、社区矫正等专业性服务则外包给企业与社工机构。

目前，新加坡几百万人口中有100多万人参与志愿服务，其中3万名骨干是基层领袖，领导1 800多个基层组织。新加坡的义工来自社会各个层面，既有政府高官也有退休警察，既有企业老板也有公司职员，既有黄皮肤黑眼睛的也有高鼻子蓝眼睛的。

优秀社区志愿服务者获嘉奖

祖籍南海的钟腾芳早年在父亲的影响下参加社区志愿服务，个人事业成功后，又积极为武吉巴督区建设捐款，出谋划策。2000年，钟腾芳获得了“武吉巴督区杰出社区服务奖”，2004年荣获“公共服务奖章”。因为在社区服务领域的卓越贡献，钟腾芳被委任为新加坡婚姻注册局婚礼监誓司兼副注册官。

每年新加坡的国庆日，表现卓越的基层领袖将由总统亲自颁发公共服务奖章、公共服务勋章或公共服务勋条。这一荣誉是全体新加坡公民都十分向往的，钟腾芳在自己的名片上也特意标注了这些荣誉称号。除了精神上的奖励外，新加坡还为基层领袖们提供了物质上的奖励，如在其所服务的选区内享有免费停车的权利，其子女可获得进入最好学校的优先选择权，其在政府部门或机构中的职务还可得到提升。

在林顺福看来，物质与精神奖励固然是新加坡基层领袖的动力之一，更重要的是新加坡人能从义工服务中实现自我价值，新加坡人的志愿服务精神也是有其历史渊源的。

新加坡是个移民社会，早年华人到那里没人照顾，华人只能心连心、手牵手，自己帮自己，比如陈嘉庚建华文学校。这种精神一直保留下来。20世纪60年代，新加坡也曾发生种族冲突，最后也是靠教师、商人、同乡会首领等精英人士自发组织起来，保护乡民，平息事件。事后新加坡政府在这批人的基础上组织起了最初的公民咨询委员会。可见，志愿服务精神不是一年两年就可以建立起来的，它需要一个漫长的培养和公民觉醒过程。

议员是社区管理“首长”

在新加坡，社区等同于选区，国会议员实际上是社区的最高管理者。议员是社区各个组织的顾问，公民咨询委员会、居民委员会、民众俱乐部管委会成员都需经议员提名。议员每周都要在社区接见选民，了解居民诉求，检视社区服务，然后做出改善。议员为了让选民满意，必定选择脚踏实地做社区服务的人做基层领袖，因为义工参与社区活动两三年之后，如果通过了基层领袖与议员的考察，就会升为居委会委员，每隔几年提升一次。从居委会副主席、主席、民众俱乐部管委会委员到公民咨询委员会委员有多个层级。基层领袖每次得到提升后，都要去人民协会属下的国家社区领袖训练学院接受系统培训，培训内容从纪律到技能无所不包。完善的培训制度让基层领袖即便是在少数几个由反对党掌握的社区，

也都会按照政府要求规范服务。

2. 案例分析

新加坡是一个多族群构成的国家，社区志愿服务在新加坡族群融合中扮演了重要角色。新加坡的社区志愿服务有以下几个特点：

（1）完善的社区志愿服务激励机制。

新加坡的社区服务激励机制可以分为外在激励机制和内在激励机制两部分。多种激励形式并重，激励方式灵活多样。外在激励机制属于社会价值认同性质的激励机制，表现在物质奖励和精神奖励两个层面。新加坡除了在精神方面给予志愿者各种荣誉称号，激发了人们从事社区志愿服务的自豪感和荣誉感之外，也重视物质层面的奖励，给予志愿者本人或其家人在升职、入学、福利等方面的优先权。内在激励机制源于义工的内在需求和动机。志愿者在志愿服务的过程中，发现自己的服务给别人带来了方便和快乐，认识到了志愿服务的价值所在，势必会产生志愿服务的神圣感。别人认可也会使义工产生成就感。同时在志愿服务的过程中，志愿者锻炼了能力，提升了自身素质。所有的这些都会激励志愿者提供更高水平的志愿服务。

（2）大量的社区志愿服务人员。

社区志愿服务人员来源于民众，服务于民众，是现代社会城市社区建设中的一支生力军。新加坡的社区志愿服务人员呈现出两个特点，一是数量大，二是骨干多。在新加坡有100多万名志愿服务者，这为社区志愿服务提供了充足的人力资源。新加坡的社区活动之所以能够开展得如火如荼，得益于庞大的社区志愿服务人员做后盾。此外，新加坡还有3万名基层领袖作为社区志愿服务的骨干。这些基层领袖来自于其所在的社区，对社区居民的了解透彻，服务居民也最有效，在鼓励新移民参与社区活动，增进社区凝聚力，促进族群融合，维护社区稳定，乃至社会稳定等方面发挥了积极作用。相比于全靠政府来组织活动，他们在组织社区活动时，所需要动用的资源少，效率更高。

（3）重视对社区志愿服务人员的培训。

志愿者培训是志愿者服务工作的重要一环。多数志愿者具有较高的服务热情，但仅凭服务热情并不能顺利、出色地完成服务。由于志愿服务工作存在着多样性，部分志愿活动还带有专业性的特点，如何合理引导志愿者发挥自己的热情就显得十分重要。好的培训对于提高志愿者素质和服务质量具有重要意义，它可以帮助志愿者了解志愿精神以及服务对象的需求，掌握开展志愿活动所必需的专业知识和技巧，提升服务能力，避免在服务过程中出现行为失范，从而更好地参与志愿服务。新加坡建立了完善的培训制度，为基层领袖提供全面、系统培训，使他们具备开展志愿服务所必需的专业知识和技能，从而保证了社区志愿服务的质量，跨越了简单的服务层面。

案例7

北京市丰台区育仁里社区“邻里救急金”无偿帮扶百余居民①

1. 案例介绍

“请会员2011年11月7日积极缴纳爱心基金。”丰台区育仁里社区宣传栏“爱心基金”筹款的通知格外引人注目。这个被居民誉为“邻里救急金”的项目，由居民自发筹款、捐款者轮流管理，款项帮助突发急病、家中起火、子女升学无钱缴费的家庭。据统计，小区“爱心基金”运行六年来，共帮助百余居民。

邻居营救发病老太受启发

“爱心基金”负责人之一谢文英说，老人发病住院急需现金，家中火灾或被盗也急需救助，儿女升学无钱缴学费等都可以申请借用，没有利息，但绝不允许用来炒股等。她说，成立“爱心基金”是因为6年前的一件“急事”。2005年年初，一名老太深夜发病，儿女将老人送到医院，需要交1万元押金，但家人手中没那么多现金，几名老邻居得知后给老太筹了1万元。这件事情过后，张志远和几名老邻居商量，想通过建立爱心基金式的储备库，帮助因突发事件急需用钱的居民。建议得到了许多人的支持，因为育仁里社区共800户，大多是老年人，发病急需救命钱并非个案。随后，张志远等人自发组建了“爱心基金”，“通知贴出1周，30多人报名，当月就筹到近8 000元”。“爱心基金”就这样成立了。

轮流分组管理现金

钱是筹集到了，可是怎么管理这笔钱？基金想出了自己的“绝招”。

目前，基金共有36名居民参与，多数是老人，每人每月出200元，按月登记入账，形成当月总金额7 800元。然后，负责人将36人分成三个小组，每组12人，总负责人将总金额7 800元等分成3份，每份2 600元，由3个小组分别管理，每人负责1个月。如果当月的资金没有使用，负责管钱的小组负责人就将钱交给下个月份的负责人，下个月份的负责人将该款项和当月新筹集的资金一同

① 参见刘珍妮：《小区“邻里救急金”6年帮百余居民》，载《新京报》，2011-11-04。

管理。每月都依此类推。

为了保证随时急用，资金只放在管理者手中，不存入银行。不存入银行还有另外一个考虑，那就是体现纯公益性，不从银行产生利息。这样，基金运行6年，资金都是由每名成员分散保管，每人保管的数额不超3 000元，这是因为小数额保管比较安全，即使出现被盗、丢失等情况，保管的人也有能力赔偿。如果会员因搬家等情况离开社区，可以自由退出基金，并取回此前每月捐出的金额。

如何使用"爱心基金"?

"爱心基金"的适用范围是：长期居住在本小区、户口也在本小区的居民，且与邻居们相互熟悉，如遇急病（手术、住院押金等）、急用（子女入学、给老人办丧事等）、遇灾（火灾、车祸、被盗等）均可通过居委会申请借用现金，金额根据其实际情况，从几百到上万元不等。申请流程是：(1) 借款人到居委会填写申请单和承诺书，居委会盖章；(2) 借款人到"爱心基金"负责人处填写借条；(3) 收到居委会证明和总负责人通知后，借款人凭借条去当月管钱人处支取现金。

困难解决后，借款人需按时还钱，以便帮助别的居民。还款的约定是：1万元以内3个月归还；2万～5万元6个月归还；10万元以上一年内还清。"爱心基金"运行6年来，目前还没有出现过借钱不还的情况。这是因为居民遇到困难申请用钱时，要填写多个书面凭证，包括资金使用申请书和还款承诺书等，上面既有居委会的公章，也有借款人签名。借款人使用资金时还要打借条，双方签字，这些凭证都具有相应的法律责任。另外，大家都是老邻居，相互知根知底，也在很大程度上避免了拖欠借款现象的发生。

循环利用共帮扶百余居民

对于"爱心基金"，居民杨善礼感触最深。72岁的他既是小区"爱心基金"参与者，也是受益者。"老伴生前经常得到'爱心基金'救助。"杨善礼说，妻子在世时患有尿毒症、乳腺癌等，老两口每月3 000元的退休金都用于给老太太治病。由于儿女长期不在身边，杨善礼老两口成了空巢老人。2007年12月的一天夜里，感冒受凉的老伴突然呼吸困难，杨善礼赶紧拨打120，将老伴送往医院，"医院诊断为心脏衰竭，马上住院抢救，押金3 000元"。平常都用存折取钱的杨善礼深夜无处取钱，只好找到小区"爱心基金"负责人、老邻居谢文英。很快，3 000元"救命钱"到手。如今，杨善礼的老伴已经去世，一个人生活的他每月坚持上交200元："邻居们的钱救过我老伴，希望我的钱也能帮助邻居们!"

据统计，基金成立后，6 年内共得到 60 多人的参与。其间，有的会员搬家或去世，但总有新人加入。6 年来，居民流动使用救助金达 67 万元，共救助 6 次突发急病，解决了上百人燃眉之急。

2. 案例分析

育仁里社区的“爱心基金”是特殊条件下邻里互助的产物，其产生和发展具有自己独特的价值。当前，我国正处于单位基本解体、居民由单位人向社会人转变的转型期，大量由单位承担的社会救助和福利职能被移交给社区，在这一承接的过程中，由于各方面的原因，部分职能被消解、分化，甚至放弃。然而，居民的需求却仍然存在，甚至在老龄社会快速到来的大背景下，这一需求正呈增长态势。这样，必然存在许多基层政府或社会组织无暇顾及的地方，“爱心基金”产生的背景正是如此。作为老年型社区，生病住院、丧事、火灾、车祸等重大事故可能会让他们，无力独自承担陷入困境，而他们的子女或因远离他们居住工作，或因其他原因，总是不能及时赶到。于是，由居民自发成立的“爱心基金”应运而生，极大地弥补了老旧社区固有的缺陷，为居民解决燃眉之急提供了组织化保障和外部支持，因而得到了居民的积极支持和衷心拥护。也正是因为这样，“爱心基金”使得育仁里社区真正拥有了社区的内涵——守望相助、成为居民的精神家园。

不过，我们也可以看到，育仁里社区的“爱心基金”主要建立在以下基础上：第一，社区同质性程度高；第二，居民非常熟悉，知根知底，因而切断了其与陌生社会的联系，将不拥有本地户口且不熟悉的居民排除在外；第三，依靠居民的自觉。可以想象，这样的基金受众面不会很大，而且没有吸引社区内财力丰厚的人士或企业的资助，因此只是一个弱者在特定情况下的自我保护机制，并不能发挥更大的作用。

此外，“爱心基金”不是严格意义上的社区基金会，因为它不能向特定群体提供无偿捐赠，而是通过借款形式，以缓解居民一时困难，避免其陷入困境，属于互助协会。在运作上，基金也很不完善，例如，是否需要备案或登记注册，如何将规模扩大，并实现管理运作的组织化、制度化、规范化和法律化，这些都需要基金的发起人加以改善，以防止出现以钱谋私现象。不过，对于一个邻里自发组织的互助团体来说，提出过高的制度化要求可能并不合适，毕竟这种基金得到了社区居民的大力支持，6 年来也实现了成功运转。这恰恰说明，转型期的中国急需这样的自发性互助团体，以帮助社区居民解决公共管理的漏洞，化解社会矛盾，提高社区参与能力和凝聚力。至于其制度化与科学化，则是规模扩大以后的事情。

第十章 国外社区管理实践

第一节 基本原理

一、国外社区管理的主体

总的来说，各国社区管理的组织体系是趋同的，主要由政府、社区服务组织、社区民众三部分组成。其中，政府是社区管理的组织者，社区服务组织是社区管理的服务提供者，社区民众是社区管理的参与者。

1. 政府

由于政府对社区的参与或控制程度以及政府关于社区的公共政策、发展规划有所不同，不同国家的政府在社区中的管理模式也不尽相同，主要包括政府主导模式、社区自治模式和混合模式三种类型，分别以新加坡、美国和日本为代表。

2. 社区服务组织

社区服务组织主要是指非营利组织。作为社区组织三大板块（政府、市场和非营利组织）之一的非营利组织，是社区服务、管理的提供者，在社区发展中发挥的作用越来越受到国际社会的重视。

在国外，非营利组织已经成为社区发展的主力军，社区非营利组织在沟通政府与民众、缓解社会冲突方面起着重要的润滑剂作用。美国、日本、英国等国的非营利组织都在社区建立了组织网络，这些非营利组织在社区中开展了形式多样的社区服务和社区发展项目。例如，日本现在有数万个非营利组织在社会中开展活动，其中有23 001个慈善组织和12 000个福利组织，最强大的是以社区为中心的互助组织，它囊括了90%以上的日本家庭。此外，国外的非营利组织开展社区服务的针对性都比较强，因为这样能更好地满足社区民众的多样化需求。例如，很多国家都建立了如解决无家可归者、青少年出走等本社区关注问题的团体，或以扶助弱势群体为主要功能的团体。

除了非营利组织，活跃在社区中的各种各样的以营利为目的的商业服务机构、社会团体、中小企业、中介机构等经济组织也是国外社区发展的重要力量。

3. 社区民众

社区民众是社区发展的主体，离开了社区民众的支持和参与，社区发展就失去了民众基础，就没有了生命力。所以，各国都很关注本国社区居民的需求，纷纷构建了激励民众参与社区管理的利益驱动机制。这些国家的社区居民也表现出了很高的参与热情。

在欧美发达国家，日趋增多的由民间社会团体、中产阶级个人（特别是著名人士）和政府有关部门共同组成的咨询协商组织已经开始影响政府的决策过程和社会资源分配方向；同时，以中产阶级为代表的“合格的现代公民”积极参与原本由政府承担的社会管理事务，使得政府有能力不断发展其服务于公民社会的职能，从而使政府与公民从原来的制衡关系开始向相互依赖的一体化方向发展。这就为社区发展提供了一个更为广阔的发展平台和更为强大的发展动力。所以，在这些国家，民众参与社区活动或志愿者活动的比例很高，每个普通民众对社区的关注感和认同感都很强。以加拿大为例，1997 年的一项名为“捐赠、志愿服务与参与”的调查显示，在 15 岁以上的加拿大人中，有 88%的人给慈善组织和非营利组织捐赠过钱或物，约有 750 万人在 1996—1997 年间提供过志愿服务，志愿服务时间总数超过 11 亿小时，志愿者人数比 1987 年增加了 40%，而同期增长的人口数仅为 20%。

二、国外社区管理的模式

从政府与社区的关系以及政府推动社区发展的形式来看，国外社区发展的主要模式有政府主导模式、社区自治模式与混合模式三种。①

1. 政府主导模式

政府主导模式的基本特点是政府行为与社区行为紧密结合，政府对社区的干预较为直接和具体，并在社区设有各种形式的派出机构，社区发展特别是管理方面的行政性较强、官方色彩较浓。以新加坡为例，政府中设有国家住宅发展局，负责对社区工作的指导和管理，其主要职能包括：(1) 对住宅小区、邻里中心和社区中心及公共服务设施的规划。(2) 对社区领袖和居民顾问委员会、社区中心

① 参见林流主编：《新时期社区建设与管理》，529～533 页，上海，上海人民出版社，1997。

管理委员会及居民委员会等社区组织领导人的培训。(3) 为居民委员会提供办公场所和设施及沟通政府与社区的联系渠道。(4) 发起某些社区活动，倡导特定的社会价值观。(5) 对社区建设予以财政上的支持。

政府主导的社区管理模式主要有以下几个特点：一是完善的社区管理体系。政府对社区发展进行管理，职能分明、结构严密、井然有序。二是政府行为与社区行为紧密结合。在新加坡，社区发展的行政性较强，政府中设有专门的社区组织管理部门负责对社区工作的指导和管理。三是居民自主参与意识差。在政府主导模式下，居民习惯接受制度安排，习惯自上而下的管理模式，居民对社区管理民主参与意识比较薄弱。

2. 社区自治模式

社区自治模式的主要特点是政府行为与社区行为相对分离。政府对社区的干预主要以间接方式进行，其主要职能是通过制定各种法律法规进而规范社区内不同集团、组织、家庭和个人的行为，协调社区内的各种利益关系并为社区成员的民主参与提供制度保障。而社区内的具体事务则完全实行自主自治，与政府部门没有直接的联系。在这种模式下，社区发展规划仍是由政府部门负责编制并拨专款加以实施的，但规划过程却充分体现了自上而下与自下而上相结合的原则。以美国为例，由于最高法院根据宪法修正案裁定：只要不影响区域或国家的整体发展，每个社区都有权决定自己的特色。因此，涉及社区建设的规划编制和修改、土地利用法规和开发计划的审批等，都要举行听证会征询社区成员的意见。

社区自治模式在西方发达国家的城市中比较流行，其核心是充分发挥大量社会中介组织的作用。这些组织以寻找和发现新的社区需求为动力，以为社区居民提供各种服务为宗旨，在财税政策等方面能获得来自政府部门的大力支持。从美国的情况看，社会中介组织的内部结构一般可分三个层次：第一层次是由出资人、社区居民代表、政治领袖和社会工作者组成的董事会，其职责是制定方案、确立目标和招聘成员等。第二层次是由董事会任免的执行总裁，其职能是执行董事会制定的方案，管理组织资源，开发服务项目，争取社会募捐，考核和评估雇用人员。第三层次是带薪工作的职员，其职责是协助总裁开展日常工作、进行人员培训、对雇员进行评估和监督。

3. 混合模式

在混合模式中，政府对社区发展的干预较为宽松，政府的主要职能是规划、指导并提供经费支持，官方色彩与民间自治特点在社区发展的许多方面交织在一起。日本是这一模式的代表。在政府系统中，由自治省负责社区工作，地方政府

也设立“社区建设委员会”和“自治活动课”等相应机构。在城市基层社区层面，日本设有“町会联合会”和“町会”这两个层次的带有行政色彩的自治组织，它们在许多方面分别发挥着类似我国街道和居民委员会的作用。“町会联合会”的职能主要包括垃圾的收集和清运，青少年教育，与警察机构和地方政府组成联合防范协会改善社区治安状况。“町会”则承担了大量与社区成员相关的日常事务，主要包括环境管理、青少年教育、社区治安、办理国民健康保险、办理社会福利、代收税款以及对保释人员的教育跟踪和刑释人员的就业安置等。

混合模式主要有以下特点：一是体现为民服务的思想意识。日本社区管理模式的总体设想和规划、资金的投向、机构的设置等都体现了以人为本的思想，把为区民服务作为出发点，特别对社区内的老、弱、病、残等人给予重视和关怀。二是政府指导、监督社区管理工作的开展。在日本城市社区管理中，政府与社区工作部分分开，通过相应的政府组织指导社区工作，并对社区提供资金支持，有一套完善的资金使用体系。三是城市社区管理呈现民主化自治的趋势。政府并不直接对城市社区进行管理，而是由社区中“町会”等组织进行社区管理，居民主动参加社区部分领域管理的意识较强。

三、国外社区管理的经验与启示

国外社区管理的丰富实践为我国的社区建设提供了许多有益的借鉴。

1. 建立多元化的社区服务主体模式

国外经验启示我们，成功的社区治理应是“政府引导支持、社区和非营利组织主办、私人机构通过市场提供服务、居民个人和志愿者积极参与”的多元化模式。政府与社区、非营利组织和私人机构之间是密切合作、相互补充的伙伴关系，城市社区作为独立的自治组织，联合志愿组织、非营利组织、邻里关系等社区资源，成为政府社区建设项目和计划的主要承担者；政府的职能则主要在规划指导、法律环境、购买服务等方面。

就我国国情而言，政府在社区治理中的重要地位是不可或缺的。在多元化的社区服务主体模式中，政府应当主动从公共事务治理、公益事业、社会福利的提供者转变为社区各种公共服务的购买者、促进者和管理者。一方面，政府要充分发挥主导作用，做好社区规划，发挥好组织、协调作用，使资源的利用尽可能最大化；另一方面，政府要将一部分权力下放给社区，建立政府与社区之间的互动合作机制，以法律规范明确两者的权限、职责，实现政府与社区的协同治理。

2. 培育和鼓励社区非营利组织的发展

社区是承载政府剥离出来的社会力量的载体，非营利机构的发展是推进政企、政事、政社分开，实现“小政府、大社会”的动力。从国外经验看来，非营利组织在承接政府职能方面起到了举足轻重的作用。

以英国为例，英国的社区非营利组织既是居民的代理者，又是政府的合作者，是政府与居民之间沟通的桥梁。重要的是非营利组织始终把社区居民的要求放在首位，不断开拓社区服务功能，其服务范围几乎涵盖“老有所养、幼有所托、孤有所扶、残有所助、贫有所济、难有所帮、学有所教、需有所供”的方方面面。各种非营利组织的蓬勃发展满足了居民生活不同类型、不同层次的需求。

相比之下，当前我国的非营利组织数量少、规模小，在社区治理中发挥的作用非常有限，因此当务之急是从政策层面加大培育和扶持力度。从英国的经验看，有两条值得借鉴：其一是降低登记门槛，完善政策制度，促进非营利组织充分发展。其二是通过政府购买服务加大对非营利组织发展的财政支持。政府采购是一种既能有效提供必要的财政支持，同时又不至于过多干涉非营利组织内部事务的较好的机制。

3. 倡导社区自主治理

美国政府积极倡导赋权社区政策，鼓励社区居民参与地方政府的决策过程，并对政府的社区服务政策执行情况进行监督。在政府支持下，社区享有充分的自治权，这种以满足居民的需求和意愿为宗旨、由社区自治组织和社区居民共同参与的社区自主治理成为了社区管理的核心。

我国的社区自治从理念到实践都有待加强。虽然近年来业主委员会等自治组织有了一定程度的发展，但其发挥的作用仍较为局限。为此，第一，要加强自治理念的宣传，鼓励广大社区居民自愿地、积极地和直接地参与社区事务的治理和公益事业的建设，提升社区自治能力；第二，要加强社区自治组织建设，使之真正成为社区民众参与社区事务的自治组织，成为社区民众力量的组织者和利益代表者，将自主权交还给公民社会，通过激发社区的积极性来实现社区复兴，减少社区组织的“行政化倾向”；第三，通过增强社区民众利益保障和实际诉求的动力来提升社区参与的积极性、持久性和广泛性，使社区参与制度化和规范化，确保社区民众真正做到当家作主。

总之，美国、日本、加拿大和英国在各自社区建设中分别形成了适合自身经济、社会和历史文化特征的社区治理方式，促进了城市社区有序协调发展。我国的社区建设也必须在充分借鉴和吸收国外成功经验的基础上，以构建和谐社区为目标，走出一条适合本国国情的发展之路。

第二节　典型案例

案例 1

美国格林贝尔特市的社区治理①

1. 案例介绍

在美国，一个城市同时也可以被视为一个社区，这与美国根深蒂固的地方自治传统密不可分。地方自治作为美国重要的政治景观之一，其最基本的特征是，地方自治机关由居民选举产生，由自治机关管理地方事务。格林贝尔特市（Greenbelt，简称 G 市）就是这样的典型。

G 市位于华盛顿特区东北部，面积约为 15.6 平方公里，有 9 368 户，居民 21 456 人。该市的社区治理模式比较典型，有浓郁的美国特色。

G 市社区治理模式

G 市作为一个自治型的社区，在遵守联邦、州、县之法律的前提下，自行制定城市宪章，由当地居民选举市议会作为权力机关，聘请专业的市政经理作为行政机关的最高负责人，然后成立了若干由当地居民组成的咨询委员会作为特定领域事项的咨询机构，除了正式编制的市政雇员之外的大部分岗位，包括市议会成员、各咨询委员会委员都是无薪或者仅有少量的补贴。整个社区运转的费用，包括警察、消防、体育娱乐、环卫等费用都来源于地方税收，基本上完全依靠地方的人力、物力、财力自行处理社区内的事务。G 市的治理模式可以概括为居民自治基础上的专家行政模式。

具体而言，G 市实行的是市议会/市政经理的管理模式，同时设有公共安全、体育娱乐等 13 个委员会为市议会的决策提供咨询意见。由当地市民在无党派前提下普选产生一个五人制市议会，负责制定城市政策和法令、批准年度预算等重大事宜，五位市议员中得票最多的自动成为市长。同时，市议会公开聘用一位接受过专门训练、具有丰富经验的行政专家担任全职市政经理，负责整个社区的行政管理。市政经理的职责包括起草和执行市政年度预算，任命与奖惩市政各行政部门职员。其任期不限，只对市议会负责，其详细治理结构如

① 参见孙英翔、刘朱胜：《一个典型美国社区的前世今生》，载《社区》，2007 (17)。

图 10—1 所示。

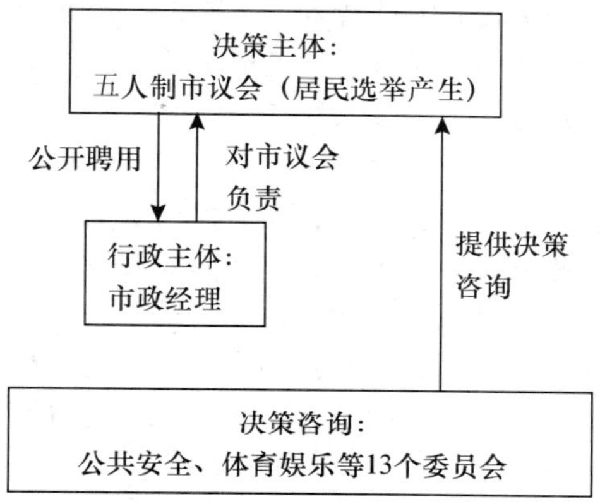

图 10—1　G 市的社区治理结构

如何实现市民自治

具体而言，G 市居民自治的形式包括议会普选、委员会咨询、社区组织和社区义工、信息公开等。

（1）市议员选举。投票选举市议会成员或者参加选举是 G 市居民最重要的自治手段之一。根据城市宪章的规定，市议会议员每两年选举一次，凡是符合一定条件的本地成年居民均可参加选举。

（2）居民对社区事务的委员会参与模式。在 G 市，公民不但可以通过竞选市议员来参政议政，同时可以通过参加各种咨询委员会来实现对地方政治的影响，咨询委员会在 G 市的自治过程中发挥着重要的作用。此外，许多普通市民对社区管理有很高的热情。热心市民加入城市管理委员会中，承担大量的咨询工作并提出专业的意见，不但为城市政府节省了大量的人事经费支出，同时也使得整个社区管理的过程更加透明化和民主化。

（3）利用社区组织实现自治权。在美国，各种由普通市民组成的社区组织非常发达。社区内绝大部分的居民都是某一社区组织中的一员，有的还是几个社区组织的成员。每个组织都有自己的利益所在，通常可以通过一定的利益表达机制，如参加市政会议，与政府和政治家对话，要求他们满足自己的利益诉求。同时，在地方政府讨论与他们的利益密切相关的议题时，他们可以通过游说市政议员、争取其他组织支持等方式，影响和左右政府决策的最后结果。

（4）社区志愿者。很多 G 市市民会通过参与合作组织来直接承担市政事务，包括杂货店、学校图书馆、老年公寓等。许多居民拿出私人时间充当社区志愿者，提供无偿的劳动。在美国，人力资源成本极高，几乎每个城市都面临着相对紧缩的财政预算与相对繁重的市政事务之间的矛盾，大量城市志愿者的工作，一方面缓解了城市财政的压力，另一方面也促进了整个社区的和谐。

（5）政府信息公开。在G市，政府日常使用的公文、会议记录，包括年度财政预算等信息都向民众公开，并可供民众查阅。原则上除了关于人事档案和个人隐私等的文件以外，凡是地方政府制作和使用的文件等信息，本地居民（有的地方政府不限于本地人）都可以在经过有关部门批准之后阅读或复制。同时，当地政府的官方网站会公开每次市议会会议的议题、时间、地点，当地居民可以自由参加，并且按照适当的程序对市议员或者市政经理进行质询。

2. 案例分析

美国的社区治理模式是一种由政府、社区机构与各种社区组织、社区居民等共同协作的社会化社区治理模式，以居民自治为主要特征。作为一个典型的美国社区，G市的社区管理模式正体现了分工协作、居民自治的特点，在促进社区和谐、实现决策民主化等方面都起到了非常积极的作用。在美国，地方自治的发展很大程度上要依靠政府的转移支付制度，社区与政府间的关系是合作非对抗。在社区管理中，美国的地方政府较好地做到了“放手”而不“放任”，“掌舵”而不是“划桨”。同时，根据G市的自治经验，社区组织是社区成员实现与公权力平等对话的有效途径之一，拥有一批成熟发展的社区组织也是社区建设专业化和社会化的重要目标和主要标志。由此可以看出，社区治理是通过政府与社区组织、社区居民、非营利组织的共同努力改善社区环境，促进社区经济发展，提高社区居民生活质量，最终走向善治的过程。我国的社区发展正处于起步阶段，在理论与实践方面还有很大的发展空间，尽管存在着文化及社会环境方面的诸多差异，美国的社会化社区治理模式仍然对我国社区治理的实践探索有着积极的借鉴意义。

案例2

日本东京的社区管理模式[①]

1. 案例介绍

日本东京称“都”，是日本唯一的一个称作都的行政单位。在都下面设区、

① 参见吴鹏森、章友德主编：《城市社区建设与管理》，441～445页，上海，上海人民出版社，2007。

市、町、村等政府机构，这些机构从理论上讲并没有行政级别的差异，也没有隶属关系，只有管辖范围和事务的区别。这几个行政机关在日本分别被称为区役所、市役所、町役所和村役所，它们都是为东京居民办事的场所，因此它们是直接接触居民，对居民社区进行管理的组织。“役”在日语中有“苦役”、“劳役”的含义。日本古代就以“苦役”警戒政府官吏，高官厚禄是为百姓服“役”的，不是用来坐享清福的。

日本东京的区、市、町、村等单位的工作范围十分广阔，包括了城市居民生活的方方面面。这些机构不是简单的发号施令的机构，而是实实在在地为居民办事的机构，居民生活中所遇到的许多事情都在它们的职责范围之内。列入各役所范围之内的事务包括为居民办理纳税、养老金、医保、结婚、离婚、户籍、法人执照；处理社区内的环境保护、治安防范、土地使用、园林绿化等方面的问题；对关系国计民生的第三产业的发展进行规划，并有权监督、调控，以稳定居民生活；对辖区内居民进行各种宣传教育引导，特别是交通安全教育常抓不懈；解决辖区内各级各类学校出现的问题，确保教学的正常运转与教学质量的提高；为居民提高网络服务，定期或不定期免费发放各类刊物或资料。

日本东京的这几级管理机构的办事效率都较高，这首先得益于管辖的地域与人口范围设置合理。东京基层政府平均管辖人口 25 万，其中，中心城区平均辖区人口为 36.5 万，平均面积 16 平方公里。辖区人口密度与世界多数发达国家大城市的水平大体相当。中心城区的人口密度比其他发达国家的大城市要小。社区之所以管理高效有序，是靠全面的自主性保证的。社区的事情不论大小都是社区自己决定。因为每一个小一级的机构主要的职责就是负责自己所辖区的居民的工作，它们与大一级的机构之间没有隶属关系，也就是说，一个管辖人口不到 1 000 人的村级机构，并不隶属于管理人口在 20 万人以上的区域机构，所谓上级，只是指管辖事务范围与管辖人口范围大的机构，而在行政管辖权力方面双方是并列的，上级无权干预社区事务。这就为提高办事效率清除了许多障碍和推诿现象。除此之外，东京的社区管理机构还具有以下一些特点：

（1）开放式办公。所谓“开放”式办公，是指办公场所的开放和办公室的开放。首先，所有的管理机构都没有门卫、围墙，无登记手续，可以自由出入，这就为老百姓办事提供了方便。其次，办公室无屏障。办公室集中在一起，同在一个大门之中，形成联合办公和共同办公的格局，为了办一件事，不用到处找人。共同办公的厅很大，可同时容纳数十人办公，一个课（科、室）一个“窗口”，一个窗口与另一个窗口之间没有间隔，浑然一体。每个办公桌上都摆放着有关这

个科室的牌子，使前来办事的居民一目了然，一看就明白自己该到哪个窗口办事。办公方式与银行雷同：居民申报自己所需要的项目后领取一块铜牌，坐在沙发上等待呼叫，呼叫一律使用尊称。这种办公方式，不仅拉近了居民与役所的距离，而且使办公公开化了。此外，完不成的任务禁止带回家，利于反腐倡廉。

(2) 全天候、不关门的办公。在日本，各个役所都没有关门的日子，它们仿照《圣经》上上帝创世说的方法，把一周的七天全都安排了工作：周一市政建设、周二建筑、周三交通事故、周四法律、周五老人、周六工人、周日人权，每周如此循环。居民有了生活方面问题，按性质对照一周七日的安排，对号入座，非常方便。

(3) 实行社区官员责任制。为了使自己办理的事务能够顺利完成，各役所负责该事务的官员必须深入社区了解情况。他们一般采用召开恳谈会、调查会等形式了解社区居民的情况。对于各种垦谈会、调查会，居民可以自由参加，在会上交换意见或表述民意。为了取得第一手资料，官员直接深入居民中，进行观察和调研，通过眼见、耳听、心明、手动，掌握各种情况。此外，还设有移动区长办公室、移动市长办公室、移动町长办公室，与居民不拘形式地广泛接触。为避免遗漏，役所备有区、市、町、村长的明信片，邮资由役所支付，免费供居民随时索取，有什么要求、意见、情况通过明信片发出，不仅行政公开化，连要求、意见都透明。区、市、町、村定期向居民发放刊物，类似于我国许多大型超市的广告行为，分为日、周、月不同类型。刊物上有居民收入情况、物价指数、人口问题、就业问题、社会福利、交通事故、治安情况及农林牧副渔等市场和劳务等方面的统计数据，应有尽有，十分详细。区、市、町、村官员经常在电视中与居民见面，以普通居民身份与居民会谈。居民会见官员可直接到办公室，没有秘书、警卫等阻拦询问，使人感到平易近人。

(4) 照章办事，依法办事，不徇私情。在解决社区问题时，日本一切按章办事，依法行政，法规、条例与规定是约束居民行为的主要手段。正常情况下，居民能自己遵守，法外不能“施恩”，这与日本人较高文化水准及其民族文化理念有关。

(5) 社区管理中的民主与平等。在日本，任何居民都有直接向区长、市长、町长、村长反映问题的权利。这些管理者也都必须倾听社区居民的声音，为社区居民排忧解难。在社区，不仅周一到周五有值班的区长、市长、町长、村长亲自为居民解决各种问题，而且各个管理层领导的移动电话、住宅电话都公开告诉居民，为居民随时向他们反映问题提供方便。社区官员能解决的问题，一般都立即解决；不能解决的问题，立即转交给有关部门，责令解决。一般社区不设置监察

机构，社区问题由社区官员民主协商，沟通解决。

2. 案例分析

首先，日本是一个注重法律和讲求民主的国家，这种理念在社区管理上体现得非常明显。在日本，与社区相关的法规、条例、规定很多，对各种问题的解决方式也十分具体，几乎所有的有关社区问题的处理方式都有法可依。对于各种违法行为，也都有相应的处罚规定。居住在社区内的居民，无论是国会议员、企业家、歌星名流，还是普通居民，都必须遵守社区的规章制度，无一例外。我国要搞好社区建设，也要不断推进民主和法制建设，逐步实现政府职能转变。

其次，无论从大的社区规划，还是到具体的办事方式和办事效率，日本的社区工作均体现了以人为本的思想，把尊重人、方便人、为居民服务作为一切工作的出发点，以满足人民物质和精神的不同需要为工作目标，这同样值得我国的社区管理机构学习。

再次，日本在社区管理中推行社区官员责任制的做法也值得我国借鉴。作为社区管理的重要主体之一，日本的社区官员十分重视民意，他们不仅通过恳谈会、调查会等形式来了解社区意见，还通过调研、移动办公室、明信片等方式来倾听社区民众的声音。日本社区官员的这些做法体现出他们服务社区公众的强烈责任感，这也正是我国目前社区管理中所欠缺的。

最后，日本社区管理模式能够成功的原因除了其法律和民主的传统比较深厚，还在于其社区居民的积极参与和配合。这也启示我国在社区管理中要重视社区居民的感受，要通过各种方式培养社区居民对社区的归属感，鼓励社区居民积极参与到社区管理中，真正成为社区的主人。例如，日本在社区管理中把管理层领导的移动电话、住宅电话都公开告诉居民，为居民随时向他们反映问题提供方便就是一个提高社区居民参与的方法。这样的做法也可以推广到我国的社区管理中。

案例3

加拿大温哥华的社区治理模式①

1. 案例介绍

温哥华位于加拿大不列颠哥伦比亚省南端，是加拿大仅次于多伦多、蒙特利

① 参见张大维：《你所不知道的加拿大社区建设（二）》，载《社区》，2010（9）；张大维：《你所不知道的加拿大社区建设（三）》，载《社区》，2010（11）。

尔的第三大城市，面积 2 930 平方公里，2001 年人口约为 54.6 万。加拿大的社区治理一般涉及 4 个机构：社区中心、邻舍中心、社区中心委员会（简称社区委员会）、邻舍中心董事会。

温哥华市政府投资运营的社区中心，是由温哥华公园及康乐局（简称公园局）与当地社区委员会共同管理的。一般情况下，公园局负责运营，社区委员会负责监督。温哥华公园局是温哥华市为数不多的几个民选机构之一，主要承担着制定长远规划和具体政策，指导各类组织开展活动并提供服务，改善社区环境，听取居民心声等职责。温哥华市公园局理事会委员每 3 年选举一次，公园局理事会的主席和副主席由理事会选举产生，任期 1 年。公园局理事会一般每两个星期举行一次会议，而其下属的两个专业委员会——规划及环境委员会、服务和预算委员会一般一个月举行一次会议，以讨论、审查和制定发展报告和规划项目。社区中心的执行总裁和工作人员则是公园局理事会代表政府聘用的。社区中心的运作经费主要来自温哥华市政府，以服务收费、租赁收入及其他所得作为补充。但据了解，政府对社区中心运作的财政预算也是波动的。

社区中心提供的服务项目或服务设施主要有：文化教育、休闲娱乐、艺术指导、适应计划、育儿服务、咨询服务、康乐服务、青年服务、专业培训（课程包括健美操、舞蹈、游泳、溜冰、球类、文化、语言、儿童保健、老人照料、艺术工艺等）等服务，以及相应的服务设施。邻舍中心提供的服务项目或服务设施主要有：老人日照及特价午餐服务、学前教育及儿童托管服务、移民政策与社区融入服务、老人与儿童代际沟通活动、私密空间和公共空间聊天室等。和社区中心一样，智障人士服务、安老养老服务等专业性、福利性的社区服务一般由专业性的民间机构提供。

温哥华的社区中心具有以下主要特点：第一，在运作方式上，采取政府主导、民间合作、专业执行的模式，即政府在社区中心的发展上起主导作用，社区委员会与政府一起合作监管社区中心的运作，专业化的机构或社工负责提供服务。第二，在资金来源上，政府投资为主，服务收费、社会捐赠和自主筹资等为辅。第三，在职责功能上，主要面向社区居民提供文化、娱乐、体育等发展性服务，专业性和福利性的社区服务（如智障人士服务、安老养老服务等）一般不在服务之列。第四，在管理方式上，以温哥华公园局和当地社区委员会共同管理为主。

温哥华的邻舍中心具有以下主要特点：在运作方式上，采取民间主导、政府辅助、专业执行的模式，即民间成立的邻舍中心董事会主导邻舍中心发展，政府采用项目申报的形式对邻舍中心进行资助，专业化的机构或社工具体提供服务。

在资金来源上，大致由以下多元主体承担：一是政府通过接受项目申报的形式视情况决定资助份额（多的可以达到70%）；二是针对创新性项目的中央公益金资助（10%～15%）；三是社会捐赠（10%～15%）；四是服务收费（约10%）以及自主募集等。在职责功能上，主要提供托儿、日照、救助等福利性服务。在管理方式上，一般由邻舍中心成立的邻舍中心董事会自主管理，没有政府机构参与运作和具体监管。

社区委员会是由一些关心社区发展、热心公益事业、希望满足自身需求的社区居民自发成立的群众性自治组织，加入其中的居民则为社区委员会会员。社区委员会设理事会，理事会成员由社区委员会会员选举产生，通常任期1年，理事会一般由理事长、副理事长、财务主管（司库）、秘书和执行理事组成。社区委员会的一个很重要的职责就是监管社区中心的运作，它们有权建议社区中心开展什么服务项目，有权否决社区中心的经费使用，有权审查社区中心的经费开支（如，社区中心的支出只有通过社区委员会的司库签字才能生效）。另外，社区委员会也可以申请自己的慈善账号，可以公开向社会募集资金，所得资金可以投入到社区中心的一些社区服务项目。除此之外，社区委员会还经常召开各种会议讨论与社区发展相关的重大问题，参与评议政府工作及对城市发展规划提出建议，组织会员或居民参加各种社区活动，开展社区听证会，反映居民需求，美化社区环境，提升人文素养，营造和谐氛围。

2. 案例分析

在加拿大，社区是指历史地演化形成的地域性社群共同体，政治性架构、法律性架构和行政性区划也都是在社区基础上发展起来的，因此具有较强的自发性和自主性。同时，加拿大政府也很注重发挥市场在社区服务提供中的作用，加拿大的社区治理模式体现了这些特点：

第一，社区管理的民间性。加拿大社区管理的一个突出特点是它的民间性。社区委员会和邻舍中心董事会都是活跃在社区中进行管理和服务的组织，并且它们都是由关心社区发展、热心公益事业、希望满足自身需求的社区居民自发组成的，都具有较强的民间性，并不隶属于上层的政府机构，它们更加关注服务而非管理。

第二，服务提供的市场化。在社区服务的提供方式上，加拿大政府主要采取资助社区中心和邻舍中心的建设和发展的形式，这实际上是优化了公共服务供给方式，降低了行政成本，提高了服务效率。以邻舍中心为例，其服务质量好坏直接关系到其再次向政府申报项目获得资助的多少，而其服务质量好坏则直接由实际的效益和居民的评价来决定。

第三，民间组织的独立性。在加拿大社区，社区委员会和邻舍中心董事会是两个具有监督职能的民间组织。社区委员会有权监管社区中心运作、有权决定社区中心的资金如何使用。社区中心管钱，社区委员会管账，社区中心的支出只有通过社区委员会的司库签字才能生效。邻舍中心董事会则负责监督邻舍中心的运作。二者不受政府直接干预，保持独立性，以谋求社区发展为目标，接受居民监督。

案例 4

英国的社区照顾①

1. 案例介绍

人口老龄化已是全球普遍存在的现象，如何让老年人安享天年、老有所养，已成为各国普遍关心和努力探索的问题。20 世纪 80 年代，英国 65 岁以上的老年人口就已经占全国总人口的 15%，远远超过了国际公认的 7%的老龄化标准，是世界上老年人口比例最高的国家之一。作为较早进入“银发”时代的国家，英国对老年人采取的社区照顾模式对逐渐步入老龄化的中国有相当大的借鉴意义。

一般来说，社区照顾包含“社区内照顾”(care in the community) 和“由社区照顾”(care by the community) 两个概念。“社区内照顾”是指有需要及依赖外来照顾的人们，在社区内的小型服务单位或住所中获得受薪的专业工作人员照顾；而“由社区照顾”则指由家人、朋友、邻居及区内志愿人士提供照顾。因此，社区服务既包括由政府、社区甚至市场化的企业等各种非营利和营利的社会服务机构提供的专业服务，也包括由社区内的居民提供的非正式服务。

伴随着现代化的发展，英国家庭的养老功能已明显衰退，法律不再规定子女必须赡养父母，而老年人也普遍认为子女有自己的生活，父母不应该拖累他们。因此，英国人与子女共同生活的比率很低，将近 80%的老年人不与子女同住。在这种情况下，独居的老人可以使用不同程度的社区照顾服务来满足生活需求。社区照顾的主要内容包括：

第一，生活照料（饮食起居的照顾、打扫卫生、代为购物等）。生活照料又

---

① 参见杨蓓蕾：《英国的社区照顾：一种新型的养老模式》，载《探索与争鸣》，2000（12）；唐忠新：《社区照顾：英国的养老模式》，载《浙江日报》，2006-05-20。

分为：居家服务、家庭照顾、老年人公寓、托老所四种形式。

(1) 居家服务，是为居住在自己家中、有部分生活能力但又不能完全自理的老年人提供的一种服务。具体包括上门送饭、做饭、打扫居室衣物、洗澡、理发、购物、陪同上医院等项目。从事居家服务的工作人员有志愿服务者，也有政府雇员，这些服务或免费或收费低。一般收费由地方政府决定，在老年人能够承担的范围之内，不足部分由政府支付。

(2) 家庭照顾，是对生活不能自理、卧病在床的老年人，在家接受亲属全方位照顾的形式。政府发给老年人与住院同样的津贴，这样使家庭在照顾老年人时有了一定的经济保证。现在英国不少老年人就生活在亲人的照顾与关怀之中。

(3) 老年人公寓，是对社区内有生活自理能力但身边无人照顾的老年夫妇或单身老年人提供的一种照顾方式。老年人公寓由二居室组成，生活设施齐全。公寓内还设有“生命线”，一旦老年人感到不适，只要拉动生命线就可获得救助。老年人可以在公寓内过着自在的生活。老年人公寓收费低，但数量有限。

(4) 托老所，包括暂托所和老年人院。因家人临时外出或度假，无人照料的老年人便可送到暂托所，由工作人员代为照顾，时间可以是几小时或几天，最长一般为两周，不超过一个月。而对那些生活不能自理又无人照顾的老年人则送入老年人院。当然，现在的老年人院是分散在各个社区中的小型院舍，这样，老年人可以不必离开他们所熟悉的生活环境。

第二，物质支援，提供食物、安装设施、减免税收等。如，地方政府或志愿者组织用专车供应热饭。每年约有 3 000 万份直接送到老年人的家中，2 000 万份送至各托老所和老年人俱乐部中。为帮助老年人在家独立生活，地方政府负责为他们安装楼梯、浴室、厕所等处的扶手，设置无台阶通道和电器、暖气设备等设施，改建厨房和房门等。政府对超过 65 岁以上的纳税人给予适当的纳税补贴，住房税也相应减少。在英国 66 岁以上的老年人可以享受国内旅游车船票减免的权利，电灯、电视、电话费和冬季取暖费也有优惠的待遇。

第三，心理支持，治病、护理、传授养生之道等。如，保健医生上门为老年人看病，免处方费；保健访问者上门为老年人传授养生之道，如保暖、防止瘫痪、营养及帮助老年人预防疾病等。每年约有 60 万名老年人接受此类访问。还有家庭护士上门为老年人护理、换药、洗澡等。

第四，整体关怀，改善生活环境、发动周围资源予以支持等。如，由英国政府出资兴办具有综合服务功能的社区活动中心，为老年人提供一个娱乐、社交的场所。行动不便的老年人则由中心定期派专车接送。同时，为帮助老年人摆脱孤

独，促进心智健康，适当增加老年人的收入，社区为老年人提供力所能及的钟点场所——老年人工作室，每日 2 个小时左右。另外，也有一些志愿工作可供老年人参与。目前英国约有 20%的老年人参加了各类志愿者组织。英国各个社区经常举办各种联谊会，提出带老年人到乡间去郊游的口号，人们自愿组织起来和孤独老人交朋友，利用休息日和他们谈心，用自己的车带他们去郊游，或请到家中来喝茶，为老年人的生活增添乐趣。

从运行模式来看，英国社区照顾的主要特点是依托社区，官办民助或民办官助。不管是哪种方式，政府在其中发挥着主导作用。与此同时，非政府/非营利组织发挥着骨干作用。此外，英国作为高度发达的市场经济国家，还有大量的以营利为目的的商业性老人服务机构，弥补社区照顾的不足。

从人员构成上看，英国社区照顾的服务体系主要由经理人、主要工作人员和照顾人员组成。经理人为某一社区照顾的总负责人，主要掌管资金的分配、人员的聘用及工作监督。主要工作人员负责照顾社区内一定数量的老年人，为他们发放养老金，了解老年人的需要及解决一些重要问题。照顾人员是受雇直接从事老年人生活服务的人，多为老年人的亲人和邻居，政府给予他们一定的服务补贴。

2. 案例分析

(1) 从内容和模式上看，英国的社区照顾主要有以下特点：第一，政策引导。英国政府既制定社区照顾这一社会福利政策，又订立具体的措施，以使社区能切实地承担起这一职能。第二，政府出资。英国的社区照顾在财政出资上完全体现了以政府为主的特点，很多服务设施都是由政府资助的，社区、家庭和个人的支出不多。第三，依靠社区。英国的社区照顾主要是立足社区、依靠社区，以社区为依托，各种服务设施都建立在社区中，且社区照顾的方式尽量与老年人的生活相融合。第四，体系完整。各种社区照顾机构既有政府出资社区举办的非营利性的机构，也有私营的、商业性的服务机构。提供服务的人员既有政府雇员，又有民间的专业工作人员和志愿服务人员，形成了多主体、多层次的服务体系，以满足不同情况的老年人的需求。

(2) 中国正处于人口高速老龄化阶段，从 2010 年到 2040 年，老年人口比重平均每 10 年将提高 3.99 个百分点。中国的养老问题特别是老年人照顾问题将面临极为严峻的挑战。英国在解决老年人照顾问题时发展出的社区照顾模式，为中国提供了很好的借鉴。它避免了过去大型照顾机构冷漠、程式化的专业照顾带来的负面效应，通过发展非正式的照顾，弥补或矫正正式照顾的缺陷与偏差，在合理分配资源或重新分配资源的基础上，依靠社区自身的力量，发挥社区网络的作

用，以民主和参与的精神发展社区照顾事业，使受照顾者的权利和尊严得到体现，需要得到满足，价值和人格得到尊重。因此，探索符合中国国情的社区照顾模式对解决现阶段我国的养老问题具有重要意义。同时，社区养老服务需要大量的专业社会工作者，目前在民政系统的社会福利领域内从事社会管理和公共服务工作的有40万名工作者，都面临着技术培训和专业化水平的问题。因此要加快建设专业化技术化的工作人员队伍，提高社区服务人员的专业化水平。

（3）社区照顾模式促进了服务资源的有效整合，“社区内照顾”体现了服务策略的改变，即通过服务的非院舍化及支援性服务的加强，使被照顾者留在自己熟悉的社区中生活。“由社区照顾”则突出了服务资源的综合运用，即发动被照顾者的亲朋好友及邻居等提供协助照顾。社区照顾注重利用社区中存在的非正式的自然关系网络，使其和正式网络相结合，向服务对象提供帮助，从而建立一个关怀性社区。从更大范围来看，社区照顾的开展不能只局限于社区内部的服务资源，而应同时加强与民政部门、卫生部门的沟通协作，在社区层面搞好与民政福利服务资源和国有卫生保健服务资源的整合。例如，充分发挥市级、区级养老机构与综合性医院对社区居家照顾、日间托管照顾、社区机构照顾的指导和辐射作用，促进社区生活服务中心、社区医疗服务中心、养老院与托老所之间的密切合作，促进上门护理服务与设置家庭病床服务的紧密结合，全方位地做好在家老人和入院老人的照顾工作，使有限的照顾资源发挥最大的社会效益。

第十一章 港澳台地区的社区管理实践

第一节 基本原理

一、香港社区管理

自1842年英国对香港实行统治以来，一直到20世纪50年代，港英当局很少关注华人社区事务。二战后，外来移民骤然增多，使社会救助体系面临严峻挑战。在此情况下，港英当局从巩固自身统治的角度出发，开始鼓励和支持街坊福利会等民间组织开展社区救助活动。尤其是1966—1967年发生的两次大规模暴动，迫使港英当局认识到加强社区管理的重要性，遂先是设立了区民政署，后又建立了民政区委员会、分区委员会和互助委员会的三级社区管理网络。其中，分区委员会设于68个市政分区（每个分区约5万人）内，由政府相关部门代表和居民组成。互助委员会是基层社区业主组织，成立目的是鼓励民间居民通过自治解决多层大厦的管理问题。

1976年，港英当局组建了由多个相关政府部门参加的社区建设委员会，并提出了社区建设的三个目标：支持社区发展行动及建立居民组织，倡导互相关怀和负责任的社区精神；鼓励居民参与社区文娱康体活动及政府举办的社区活动，提高居民对社区事务的兴趣和参与程度；通过加深对切身问题的认识，以互助合作的方式促进社区福利事业的发展，树立社区精神和归属感。

20世纪80年代初期，港英当局实施地方改革，由市民选举成立区议会，区议会宣传政府政策，反映居民意见，还在获得拨款的情况下承担区内环境改造、康乐及文化活动、社区活动、社区福利等项目的组织、自主和统筹等职能。这在一定程度上为社区建设提供了制度框架。

回归以来，香港政府继续开展社区建设工作，并提出了以发展邻舍服务，倡导自助、互助精神为方向，通过建立和巩固社区居民与社区组织之间的互动关系，

更合理、节省地运用社区资源，提高公民意识，缓解社区冲突的思路和要求。

香港社区建设的管理者主要是社会福利局、民政事务局和区议会，不过这些机构不是直接提供服务，而是通过建立健全的资助制度，向社会组织购买相应的服务，因此社区建设的实际运作者是志愿机构和社会工作者。通常，社区建设涵盖以下内容：

社区服务。主要包括各种文化娱乐、体育、健康、卫生、教育、妇女儿童、婚姻辅导、福利服务等。在香港，每 10 万人口设立一个社区中心，每 5 万人口设立一个社区福利大厦，每 2 万人建立一个社区会堂、老人中心和青少年中心。每个社区中心设有日间托儿所、图书馆、各年龄组的友谊会社、公用会堂以及各种职业训练班。社区中心的目标是为了提供设施以举办有关福利服务的社区建设活动，以此鼓励个人参与社区活动，自主解决社区问题，改善社区生活质量，从而在街道层面发展社区关系和社区精神。青少年指导是社区中心的重点工作。

社区发展。社区组织联合社区内的机构提供社区服务、推行社区教育、推进区内组织关系、发掘培养社区领袖。社区中心设有多个小组工作部，分管不同的社区服务和社区发展工作，例如教育小组、辅导小组、兴趣小组等。各小组的工作原则是根据社区需要，设计丰富多样的活动，以激发参与者的兴趣与能力，培育社区精神。在社区发展过程中，香港十分重视家庭的角色，因此社区中心大多采用家庭会员制。从 20 世纪 70 年代末到 2004 年，港英当局及香港政府主要资助邻舍层面的社区发展计划。2004 年后，香港政府的重心放在了城市重建中的居民、临时房屋区的居民、妇女、劳工、边缘人士等，相关的服务有：社区及邻里服务、无家者服务、新来港定居人士服务、妇女服务、家庭服务。

社区照顾。在香港，被界定为需要特殊关注或照顾的人士有：接受政府综合援助的家庭、接受政府社会福利署服务的家庭、独居人士、伤残人士、破碎家庭、长期患病者、被社会标签者、其他特殊群体（如新移民、失业者）。照顾的方式主要是中途宿舍、个别辅导、职业训练、职业介绍、社会教育、政策倡议。社区照顾的内容是：伤残照顾——及早诊断及预防、教育及技能训练、医疗及康复服务、伤残康复服务；老人照顾——心理健康、医疗、居住、家居、康体服务，目标是保障老人的健康生活；儿童及青少年照顾——针对孤儿、破碎家庭的孩子、受虐儿童、有行为问题或犯罪记录的儿童。①

① 参见黎熙元、童晓频、蒋廉雄：《社区建设——理念、实践与模式比较》，78～98 页，北京，商务印书馆，2006。

总体上看，香港社区管理的特征是：(1) 社区服务机构网络化；(2) 服务内容系列化，可分为：新来港人士服务、消除贫困服务、家庭助理服务、家庭生活教育服务、康复服务、弱智人士暂居服务、学校社会工作服务、老年人服务、扶助就业服务、医疗服务；(3) 非政府机构的社区服务特色化；(4) 社区工作职业化和专业化。①

二、台湾社区管理

在台湾，社区都有比较明确的范围和界限，“一村里一社区，村里即社区”，主要根据台湾当局社区发展的需要进行划分，而非根据自然聚居落户的范围来定。从历史脉络来看，台湾社区政策的演进大致可分为社区发展（1965—1987年）、社区营造（1987—2000年）、社区总体营造（2000年至今）三个阶段，其主要方案包括：1965年“民生主义现阶段社会政策”、1968年“社区发展工作纲要”、1991年再修订“社区发展工作纲要”、1994年“社区总体营造”政策、2000年“行政院社区总体营造计划心点子创意征选活动”、2002年“新故乡社区营造计划”及2005年的“台湾健康社区六星计划”。总体上看，台湾的社区管理已逐渐从政府主导的自上而下政策执行更替成强调公民参与的自下而上操作理念，再到当今的重视多元、跨域整合的网络式治理模式。②

政府主导阶段主要集中在20世纪90年代以前，包括两个时期：一是1965年以前以农村社区建设为主的基层民生建设时期，二是1965年到20世纪80年代末期民生主义阶段社会政策与台湾当局主导的行政型社区发展时期。1991年，台湾地区政府部门颁布“社区发展工作纲要”，规定：当前台湾社区工作以社区居民为主体，实行社区居民参与，各级行政部门共同辅助和支持，共同改善社区生活和社会环境，从社区基础设施建设、生产福利和精神伦理三方面同时推进，并配合政府各部门工作的社区发展。自此，台湾社区建设进入了自下而上的阶段，台湾当局不再主导社区建设。这一时期发生的主要变化是：确立了社区发展协会的法人地位；以宗教团体为主的民间组织发挥着重要作用；社区领袖和民众在社区发展的作用越来越大；台湾当局各部门多角度、多方式推动社区发展。其中，比较有影响的社区发展运动有：“交通与建设委员会”的社区总体营造计划、

---

① 参见刘君德、靳润成、张俊芳编著：《中国社区地理》，178～182页，北京，科学出版社，2004。

② 参见江大树、张力亚：《社区营造、政策类型与治理网络之构建：六星计划的比较分析》，载《府际关系研究通讯》，2008（4）。

“卫生署”的社区健康营造计划、“教育部”的学习型社区、“营建署”的城乡新风貌、“经济部”的形象商圈、“农业委员会”的新故乡运动。①

以“台湾健康社区六星计划”（简称“六星计划”）为代表，台湾社区管理进入了网络式治理时期。六星计划涵盖产业发展、社区医疗、社区治安、人文教育、环境景观、环保生态六大方面，这也是其得名之由来。其中，产业发展计划的目标是推动产业转型升级，促进有机农业及绿色消费，发展产业策略联盟，增加就业机会；社区医疗的目标是发展社区照护服务，强化社区儿童照顾，落实社区健康营造；社区治安的目标是建立社区安全维护体系，落实社区防灾系统，建立家暴防范系统；人文教育的目标是培养、凝聚社区意识，强化社区组织运作，落实社区终身学习，促进社区青少年发展；环境景观的目标是社区风貌营造，社区设施及空间活化；环保生态的目标是推动清净家园工作，加强自然生态保育，推动社区零废弃，强化社区污染防治。六星计划的实施主要有以下几种模式：以坡地防灾应变和河川污染防治巡守计划为代表的政府主导模式，以犯罪预防为典型的政府与社区双核心协力模式，以人文教育及产业发展为代表的政府、社区、辅导团队三方协力模式，以社区医疗为代表的专业为主、辅导团队与社区为辅、政府次之之模式，以环境景观及环保生态为代表的社区为主、辅导团队为辅、政府次之之模式。这种网络式治理模式具有以下特点：行动主体的多元化、所需资源的差异性、政策类型划分排他性不足、各政策类型整合性目标不显著、政策不延续性，因而代表着台湾社区建设的最新实践。②

三、澳门社区管理

澳葡政府对社会服务的直接参与始于20世纪30年代。1960年设立公共救济处，扩大了社会服务的范围，增设了一些设施。20世纪80年代，公共救济处改为社会工作司，社会服务的范围进一步扩展至房屋、个案辅导工作，并增加了对社会团体的资助，设立分区办事处。20世纪90年代，澳门又把社会服务区分为家庭暨社区服务和社会互助两个部门。目前，特区政府社会工作局在社会服务方面的主要职能是支持民间团体提供服务，资助并监管这些机构的财政状况和服务状况。在澳门，社会服务只针对特定的人群，而不是面向全体市民。通常，主要

① 参见刘君德、靳润成、张俊芳编著：《中国社区地理》，187～193页。

② 参见江大树、张力亚：《社区营造、政策类型与治理网络之构建：六星计划的比较分析》，载《府际关系研究通讯》，2008（4）。

服务由私人组织、慈善组织提供，服务主要包括社区环境治理、老人和儿童服务及社区综合服务。①

澳门的社区服务颇有特色，它不是指一种服务"类别"，而是表现了服务工作的一种"地域"性质，即以社区为中心，覆盖本社区居民的社会服务工作。因此，澳门的社区中心主要是为某一特定地区的居民提供的服务活动，以改善居民生活的"前线"服务机构。目前，澳门共有25个街坊会，将澳门划分成南、北、中和路凼四个区域。1983年，澳门成立了"澳门街坊会联合总会"。澳门各街坊会及联合总会在帮助区域内澳门居民解决困难方面，颇有影响力。许多地区性的问题，如防火、防盗、治安、"木屋"居民的转移和安置、经济房屋或社会房屋的申请等，各街坊会均会主动为居民向有关的政府部门提出申请、联系和寻求解决办法。

总体上看，澳门社区管理与服务具有以下特点：(1) 服务项目及服务供给多元化；(2) 非政府团体是社区服务的主要力量；(3) 政府对服务的介入较少，且避免直接营运；(4) 社区服务与基层自治相伴发展②；(5) 社区建设中注重保存传统文化特色；(6) 社区建设贯彻"以人为本"的理念；(7) 工会是社区服务的重要机构③。

第二节　典型案例

案例1

香港社区养老模式④

1. 案例介绍

在香港，经过多年的探索，社区养老逐渐成为一种比较完善的社会福利。

谁来参加社区养老

74岁的李女士，丈夫最近去世，自己又不慎摔伤。从医院回家后，行动仍

① 参见黎熙元、童晓频、蒋廉雄：《社区建设——理念、实践与模式比较》，102～107页。

② 参见上书，108～112页。

③ 参见刘君德、靳润成、张俊芳编著：《中国社区地理》，185～187页。

④ 参见高峰：《两全其美的香港社区养老模式》，载《改革与开放》，2011 (3)；《社区照顾：香港的养老模式及对内地城市养老的启示》，见 http://www.sowosky.com/forum.php? mod=viewthread&tid=70061，2012-06-17。

然不便，每日三餐都要麻烦邻居代买，要么只好随便吃点面包、饼干。年近八旬的梁老伯，现住在女儿家中，女儿要接送自己的两个孩子上下学，还要打零工贴补家用。老人独自留在家里只能看电视或睡觉，时间很难打发。

调查显示，香港居住于家庭的约100万名老人当中，有80.9%表示，假如日后身体状况转差时，仍希望可以在自己家中生活，而非搬进安老院。李女士、梁老伯是属于这80.9%中的老人，他们都愿意参加到社区养老的计划中来。

在香港的社区长者照料中心，可以看到为每位老人设立的个案分析卷宗。这些卷宗告诉服务者，你所服务的是谁，他在心理、生理、社交、经济方面面临着什么样的问题，哪些问题需要优先解决及如何解决。

谁来提供服务

1969年，全港首支家务助理队创立。由于社会反响良好，需求增长，家务助理队的数目不断增加，迄今已有近200支。除家务助理队外，隶属于各类社会服务机构的社工，也是社区安老服务队伍的一部分。目前，香港注册社工达12 970人，而且，社工中有超过98%的人取得了专门的社会工作学位。除了高学历的社工外，其他的社区服务人员上岗前也都经过了专业培训，上岗后，继续在实际工作中接受再培训的课程，并实行岗位竞争制。他们的权益同样受到劳工法的保护。有专业技能，有权益保障，管理有制度、成规模，社区服务者就能安下心来，用心为老人服务，他们同样受到社会的尊重和欢迎。

谁来埋单

以家务助理为例，在香港，它被视为一项选择性社会服务，采取收费方式。政府鼓励有条件的老人，为自己享受的服务埋单。强调家务助理不是一项免费服务能够使老人以消费者的立场，来对服务提出更高的要求，而不是以被施惠者的心态，勉强接受并不满意的服务。相应地，家务助理员也要收起施予的心态，拿出服务的精神。

此外，社会福利署还直接向相关服务机构提供资助。由此，通过资助服务机构援助困难老人并调控收费标准。实际上，公共财政也为社区养老服务的一部分埋单。

2. 案例分析

从1973年开始，港英当局提出“家居照顾”的口号，其核心是把老人留在社区内与家人一同居住，而非把他们送进养老院。近几年，为应对香港社会的不断老龄化，香港社会福利署除了投入大量资源增加长者服务外，更在服务模式上做出更新及重整，通过年年推进的“长者志愿服务队”、“护老者支援服务”、“家居照顾及膳食服务”、“老有所为活动计划”、“综合家居照顾服务队”等，务求使资源的运用更具成本效益，使更多有需要的老年人受惠。香港的社区养老模式对内地做好居家养老有很好的启示。

第一，要处理好保持原有传统和推进新的服务模式的关系，即在保存原有的老人社区照顾传统的基础上，努力创建服务内容综合化、照顾形式多样化、覆盖范围全体化的老人社区照顾体系。要针对老人的不同需求，开展多种多样的老年人社区照顾和服务。在服务形式上，可采取居家服务、社区中心设施服务、社区支援网络服务等多种模式，方便老年人根据自己的需求和习惯采用不同的服务项目和服务形式。为有需要的老年人提供不同层次的服务，尤其要重视低龄老人发挥“余热”，提倡老人照顾的“时间储备”。内地有些社区推出了“花草幼儿园”等活动项目，由老年人照顾上班族的花草，结对子，在老人有需要的时候，年轻人也可以提供帮助。这种模式是推进社区交流、发挥老年人余热的很好方案。

第二，要处理好权利和义务的关系。老人社区照顾的经费由政府、单位、社区和家庭个人共同承担。老人社区照顾是需要财力支撑的，随着老人数量的增多和需求的扩大，所需资金越来越多，因此需要有一个通畅的资金筹集渠道。政府投资的金额毕竟有限，可以通过社会募集、福利企业经营等方式广泛募集资金，同时也可以由老人适当缴纳相应的费用来提高服务质量，促进服务多样化。

第三，要处理好社区照顾和家庭养老的关系，把“家庭养老为主、社会养老为辅”作为相当长时期内应予贯彻的主导方针。不能忽视传统社会以家庭亲友为主的社会支持网络在老人养老问题上的精神和物质作用。因此，社区养老要在家庭为重点的前提下，以减轻其他家庭成员负担为目的，提高老年人的生活质量。

案例 2

澳门的社区卫生服务①

1. 案例介绍

1985 年，澳葡政府响应世界卫生组织“人人享有卫生保健”的号召，启动了初级卫生保健工作。为了加强基层卫生工作，自 1985 年起，澳葡政府严格按

① 参见王建辉、陈昕、石斌：《澳门社区卫生服务工作概况》，载《中国全科医学》，2008（3）。

照区域卫生规划，用8年时间逐步建立起由6所（社区）卫生中心、2所服务站组成的公立基层卫生机构，扎扎实实地开展社区卫生服务工作。

澳门社区卫生服务体系由6个卫生中心、2个卫生站、2个技术单位构成，从属于卫生局一般卫生护理副体系，由技术协调室直接管理。澳门社区卫生服务机构由政府严格按照区域卫生规划设置，保证全体居民步行15分钟即可获得免费的预防保健和基本医疗服务，并在方便、可及的前提下，根据实际情况加以调整。例如，由于人口不断增加，台山和黑沙环两所卫生中心已经不能满足卫生需求，特区政府于2008年将两家卫生中心合并，建立了规模更大、现代化程度更高的新卫生中心——黑沙环卫生中心。

澳门社区卫生服务实行完全的政府主导，（社区）卫生中心（站）的所有业务用房、设备器材、人员工资、工作经费全部由政府财政予以全面保证。社区卫生服务机构实行收支两条线管理，不需要通过服务收费来筹措经费建设业务用房、购买设备、发放工资等。社区卫生服务机构的药品和医用耗材实行政府统一采购配送，用药范围由卫生局药物委员会统一制定（目前有300多个品种），并进行统一招标采购和定价。所有社区卫生机构的工作人员均按政府公务员管理，和医院专科医务人员一样享受较高的福利待遇。医务人员的个人收入与卫生机构的业务收入、个人所开具的处方及临床检查单等无关。

澳门社区卫生服务机构为全体居民提供免费的预防、保健、诊断、治疗和基本药物等服务。凡当地居民，不论年龄、职业，到（社区）卫生中心（站）接受的服务及由卫生中心转诊到仁伯爵综合医院进行的实验室检查，均不必缴费。居民接受服务通常要预约，（社区）卫生中心（站）实行门诊分时段（每天分成7个工作时段）预约/轮候制度。（社区）卫生中心（站）实行以全科医师为单位的诊治模式，全科医师是真正意义上的“全科”，其工作范围涵盖了成人保健、儿童保健、妇女保健、产前保健、家庭访视、学童保健等各项内容。全科医师每日门诊量在35人次左右，平均每位病人的诊治时间为15分钟，工作量相对饱和。医师在医疗过程中，只从病情需要的角度出发，不考虑费用的问题。

澳门卫生体系通过委员会制度保证工作质量，第81/99/M号法令对各种委员会的组成、职责和工作程序也作出了规定。一般卫生护理体系内也成立了若干由各卫生中心医护骨干组成的各种技术委员会，如初级卫生保健医护委员会、健康检查委员会等。委员会成员不定期召开一些业务会议，讨论工作中需要规范和改进的内容，既体现了人员的精干、高效，又能解决大量的基层实际问题，保证了社区卫生服务工作质量能得到持续改进。

2. 案例分析

政府对卫生工作的主导体现了卫生服务的公益性质，保证了居民享受社区卫生服务的公平性和可及性。澳门居民无论贫富，均可在政府举办的各（社区）卫生中心（站）免费获得预防保健和一般常见病的诊疗服务。据统计，2005年有78.55%的澳门居民在政府举办的各（社区）卫生中心（站）接受过服务，居民对基层卫生服务普遍认可。其经验体现在以下几个方面：

（1）政府重视是澳门社区卫生工作成功的保障。

政府每年拿出收入的1.7%用于居民医疗卫生事务，其中15%～16%用于社区卫生事务。澳门特别行政区以政府为主导的卫生事业以较低的支出水平保证了居民获取卫生服务的公平性和可及性，取得了良好的社会效果。公立卫生机构的所有业务用房、设备器材、人员工资、工作经费全部由政府财政予以保证。公立卫生机构的医师、护士、管理人员均按政府公务员管理，享受较高的福利待遇。

（2）健全的法律、法规体系保证了社区卫生服务的可持续发展。

澳门的医疗卫生服务早在20世纪80年代初就有了较完善的法律、法规，进入90年代又进行了一些新的修改，使其更加完善。1999年11月15日颁布的第81/99/M号法令奠定了目前澳门卫生服务体系的基础。该法令明确了卫生局及下属医院和卫生中心的设置、组织架构、人员配制等，并对在卫生中心从事全科工作的医师所必须经历的考试、培训和资格审查作了规定。同时通过几部法律确定了卫生局及下属的卫生技术人员均为公共行政工作人员，各卫生中心均属政府机构，享受公务人员待遇，其中全科及其他医技人员的薪酬也经第22/88/M号法律、第81/99/M号法令确定由政府支付，医护人员不需要考虑诊疗费用和自身收入问题，可以全心全意地为居民提供高质量的社区卫生服务。

（3）重视社区卫生服务、强化预防保健工作、建立合理的分级医疗格局是解决“看病难、看病贵”问题的有效手段。

政府举办的社区卫生服务机构，其公益性有切实的制度保障，不存在诱导需求、过度医疗的风险，医务人员队伍稳定、素质高、服务好，值得居民信赖，不会出现居民“看病难、看病贵”的情况。由于卫生中心的全科医师长期工作于同一地点，对本社区居民的生活、工作、社会背景和个性类型比较熟悉，能够提出合适的预防和治疗建议，提供适当的服务。因此，通过全科医师的守门人作用，不仅可以以比较经济的成本解决，还可以帮助疑难病症病人及时找到合适的专科医师，减少转诊的盲目性，降低医疗成本。同时，通过实行分级医疗和双向转诊制度，可以合理利用区域卫生资源，最大限度地发挥卫生资源的功能效益，减少不必要的卫生投入。

案例3

台中县东海村的社区志工队

1. 案例介绍

东海村位于台中县龙井乡内，属大肚山台地，为山上四村之一，位于台中县市交界，土地面积不大。早期东海村为贫困地区，居民以种甘蔗、西瓜为主；但因临近台中市，又因东海大学、台中工业区、弘光技术学院纷纷设立，带动了地方发展，吸引了许多外来人口聚集。社区总人口 7 433 人，社区内人口大多为商人，也有一部分为医生、公务员、教师等，务农的人口极少，而医生、公务员、教师大多住在社区中的高级住宅区，较少和社区中其他人员来往。居民经济能力落差大，生活形态也不同。在社区沟通方面，一般村民对社区问题多直接向村长反映，但并非所有的居民都如此。社区居民常会利用运动或休息的形式互相沟通，有少数热心人士会协助社区沟通。社区组织方面，东海村社区内有社区发展协会、长青老人会、环保志工队、东海村社区志工队等。

东海村是早期由政府协助做规划，后期由居民共同参与规划的典型社区。2002 年 9 月，东海村村长为了维护社区健康，发起社区居民参与志愿服务的计划，由台中荣民总医院推动社区居民健康照顾及医疗服务，训练该社区志工队的志愿者照顾和关心社区居民，由此促进了社区人际网络的建立和凝聚。

东海村志工队是社区重要的志愿服务力量。东海区志工队的志愿者在社区居住了十几年，他们希望为社区尽一己之力。他们因为本人或亲人生病，对医疗服务也有所认识，所以希望把这些经验应用到实际行动中。同时，由于宗教信仰的感召，志愿者希望通过志愿服务可以积功德，结善缘。在这些因素的影响下，当志工队成立之时，正好满足了大家想服务社区居民的需求。志工队在形成的过程中，人际互动的影响力是关键因素之一：在参与志愿服务过程中，可以扩展人际网络，丰富个人生活；有一些社区，老年人由于儿女成家或在外地就业、求学，他们没有照顾子女的压力，开始重新规划自己的人生，也乐于加入志愿服务活动中，扩大自己的生活圈。所以，东海村志工队拥有庞大而且热情的志愿者队伍。

在志工队发展到一定规模之后，冲突开始发生。东海村志工队在成立将近一年的期间，经历了 SARS 疫情及部分志愿者的出走，对志工队造成了极大的冲击。志工队的成员认为在志工队的运作过程中，成员容易因为个人期待、理念价值观及团体目标不同，缺乏共同意识，导致冲突发生。这包括：权力分配不均、目标与利益不相符合及交互行为不平衡，以及个人目标和集体不一致等因素，导致部分志工队成员离队，另外成立性质相似的协会，想与社区志工队一较长短。志工队的冲突源于个人，也可能源自志工队，或是个人与志工队的不协调所致。冲突是一种变化的动力，也是促使志工队变迁的手段，所以冲突未必只产生负面的影响。以东海村社区志工队来看，正面的影响包括增加团队的向心力及带动志工队的改变，并激发志工队寻求更适合的服务目标；负面的影响则有降低志愿者士气，导致人际关系的破裂，对于凝聚社区意识也有所阻碍，冲淡个人参与团体的意愿。

当冲突事件发生之后，志工队曾经停滞了两个月，之后由组长联系，并征询志愿者对未来发展方向及活动意见后，重新将志工队分组。志工队的冲突与变迁是成长的前提，最后带来志工队的成熟。志工队为了适应外界环境及内部成员的变化，重整的内容包括：关系的改变及结构的调整。建立了新的社区健康网络，形成志愿者联络网及培养新成员的部门。结构调整部分则包括服务再设计、志工队资源联结及外援训练单位的抽离。根据研究发现，志工队在重整阶段，除了重新调整服务项目，以符合社区需求与人力配置，更自行联结社区及外界资源；让志愿者参与活动规划，提升志愿者的参与成就感。志工队在经过冲突与重整后，随着时间的推移而成长、发展。在志愿者成长方面，体现在专业知识、规划能力及内在心理满足。在志工队的发展方面，志工队已争取到志愿者背心，象征团队的团结与精神；另外在志工队中也培养出种子干部，赋予他们责任，对内踩稳脚步，再慢慢引入外来资源。

东海村志愿者对目前服务及未来目标有了更多的看法，包括：服务的扩展、知识的训练、成果的分享、资讯的流通、经费的筹措、安全的保障、资料的管理。在服务扩展方面，志愿者建议可以增加社区托儿或老人送餐等服务；在知识训练方面，志愿者仍希望继续在职训练，但训练内容包括医疗或人文方面，以聚集共同兴趣的居民参与；在成果分享方面，借助志工队的会刊，将服务成果呈现给大众，同时也是很好的宣传；在资讯流通方面，可以借助大型活动或村民大会宣导社区志工队的服务，招募更多有心服务的民众；在经费筹措方面，不要只有领导者在负责，应有固定的经费来源来支付志工队所需；在安全保障方面，希望增加午餐费或是保险，以维护志愿者的基本安全；在资料管理方面，则希望能训练一批志愿者，负责文书处理与资料建档工作。

经过这一阶段，东海村志工队得到了进一步的发展，在社区内得到了居民的好评，组织自身得到了进一步的成长。

2. 案例分析

从东海村志工队的发展历程看，志愿服务类社区社会组织有自己的生长周期。根据组织周期理论，我们可以看到，在志愿服务类社区社会组织发展的不同阶段，需要把握不同的因素，促进社区社会组织的发展。

（1）搭建平台、拓宽资源，促进组织形成。

在社区志愿服务类社会组织成立初期，要搭建平台促进志愿者的招募。东海村志工队较其他社区社会组织，年轻人所占比例较大，这有赖于其招募方式主要通过网络平台进行。社区社会组织可以借鉴此经验，通过社区论坛、QQ群等网络平台吸引社区内部年轻成员加入组织。同时，通过各种媒体，积极宣传组织的日常工作、重大活动，提高社会知名度，增加组织吸引力。社会组织要独立、健康地发展，除了接受政府支持之外，要拓宽自身的物质资源、人力资源与组织资源渠道，充分整合社区内外资源，形成发展合力。

（2）明确定位、完善机制，避免组织冲突。

首先，在组织成立之后，要确定组织核心理念，将组织成员的思想统一到核心价值层面，倡导奉献、服务、助人的理念，避免由于兴趣或英雄主义观而产生的短期行为。要根据成员的特长、组织理念、实际服务效果不断完善服务项目。其次，要进一步加强组织的机制建设。要完善招募机制，在确定服务内容和服务对象后，有选择地进行社会招募和组织招募。开展有影响的志愿服务要尽可能地采取社会招募的形式按需招募，充分发挥志愿者的特长和作用，逐渐形成规范的招募制度，实行规范管理。再次，完善组织管理机制，明确组织网络。有条件的组织可以开展小组负责制，制定项目申报、费用审批、财务公开等各项制度。最后，完善表彰奖励机制。以服务业绩认可为重点，对志愿服务进行考核、评价、表彰，逐步实现标准化、规范化，从而通过约束、评价、表彰机制的建立，确保志愿服务工作取得实效。

（3）提供培训，政策支持，扶助组织成长。

要完善培训机制。按照服务岗位需要对志愿者进行分级培训，基础培训以培养、强化志愿者服务理念为重点内容，技能培训以培养志愿者志愿服务技能为重点内容，使培训成为吸引成员加入的因素之一。对骨干成员要加入组织管理、心理学等培训课程，提高骨干成员的领导力。政府也要为组织的发展搭建平台，邀请专业的社区社会组织培育机构针对社会组织的发展阶段开设培训课程，从理论和实践操作上促进组织的发展完善，提高组织的专业化程度。地方政府应当支持社区社会组织的发展，在做好社会组织评估工作的前提下，对达到一定标准、有资格为社区提供专业服务的组织，政府可以向其购买服务。政府以项目管理方式，通过购买服务为社会组织提供资金等支持，引导不同类型、不同状况的社区社会组织不断改善内部治理结构，招揽人才，提升其提供公共服务的能力。同时，通过有效的运作机制把社区各种社会组织有机联系起来，形成相互促进、联动发展的网络体系，更好地提高社区社会组织的质量，更好地服务于和谐社区建设的根本目的——逐步形成以核心型社会组织为龙头，层级合理、门类齐全、功能互补、覆盖广泛的基层社会组织网络，不断在社区网格化管理中提高参与度，以获得更大的发展空间和更好的发展平台。

人大版公共管理类教材

公共管理类专业教材——学科基础课教材

书名	作者
现代管理学原理（第三版）（“十一五”国家级规划教材）	娄成武　魏淑艳
一般管理学原理（第三版）	张康之　李传军
管理学基础（第三版）	方振邦
管理学教程	方振邦
政治学原理（第三版）	景跃进　张小劲
现代政治学原理（第四版）	石永义　刘玉萼　张　璋
政治学教程	舒　放　刘琼莲
公共管理学（第二版）	陈振明
公共管理学——一种不同于传统行政学的研究途径（第二版）	陈振明
公共管理学（“十二五”国家级规划教材）	王乐夫　蔡立辉
公共管理学（精编版）	王乐夫　蔡立辉
《公共管理学》学习指导书	王乐夫　蔡立辉
公共管理概论（第二版）	朱立言　谢　明
公共管理学概论	曹现强　王佃利
公共管理学导引与案例（第二版）	王丛虎
公共管理案例	中国人民大学公共管理学院
公共政策导论（第四版）	谢　明
公共政策概论（第二版）	谢　明
公共政策学——政策分析的理论、方法和技术（“十一五”国家级规划教材）	陈振明
政策科学——公共政策分析导论（第二版）	陈振明
公共政策学导引与案例	陈季修
公共政策案例	中国人民大学公共管理学院
公共政策案例：分析与思考	谢　明
公共经济学（第三版）（“十二五”国家级规划教材）	高培勇
《公共经济学（第二版）》学习指导书	高培勇　崔　军
公共经济学教程	秦立建
政府经济学（第四版）（“十一五”国家级规划教材）	郭小聪
政府经济学（第四版）	潘明星　韩丽华

公共管理类专业教材——方法课教材

书名	作者
管理定量分析：方法与技术	刘兰剑　李　玲
公共管理的方法与技术（第二版）	魏　娜
公共管理实用分析方法	汪明生　胡象明

公共管理类专业教材——行政管理、公共事业管理专业教材

书名	作者
行政法学导论	姜晓萍
行政法学	朱新立　唐明良　李春燕
公共部门人力资源管理（第四版）	孙柏瑛　祁凡骅
公共部门人力资源开发与管理（第四版）（“十二五”国家级规划教材）	孙柏瑛　祁凡骅
公共部门人力资源开发与管理（第三版）	孙柏瑛
公共部门人力资源管理（第三版）	滕玉成　于　萍
公共部门人力资源管理	方振邦

书名	作者
公共部门人力资源管理与社会保障案例	中国人民大学公共管理学院
公共人事制度	刘俊生
行政管理学（第四版）	郭小聪
公共行政学（第五版）	彭和平
公共行政学	张康之　张乾友
行政学导论（第三版）	齐明山
行政管理学导引与案例	陈季修
管理心理学	范逢春
公共组织行为学（第三版）（“十一五”国家级规划教材）	孙　萍　张　平
公共组织学（第三版）	李传军
行政组织学	张　昕　李　泉
公共事业管理概论（第三版）	朱仁显
公共事业管理概论（“十一五”国家级规划教材）	娄成武　李　坚
公共组织财务管理（第三版）（“十一五”国家级规划教材）	王为民
《公共组织财务管理》学习与实训指导书	王为民　博　迪
国家公务员制度（第三版・数字教材版）（“十二五”国家级规划教材）	舒　放　王克良
国家公务员制度概论	郗永勤　刘碧强
公务员制度概论	李如海
公务员制度导论	孙德超
行政领导学（第三版）	朱立言　李国梁
领导学（第四版）	邱霈恩
领导学	王自亮
领导学：理念、行为与艺术	祁凡骅
现代市政学（第四版）	王佃利　张莉萍　高　原
市政管理学（第四版）（“十一五”国家级规划教材）	杨宏山
市政学导引与案例（第二版）	李燕凌
社区管理（第三版）	汪大海　魏　娜　郇建立
社区管理原理与案例	魏　娜
电子政务教程（第三版）（“十一五”国家级规划教材）	赵国俊
电子政府与电子政务（第二版）（“十一五”国家级规划教材）	张锐昕
电子政府概论（第二版）	张锐昕
管理信息系统	张维明　黄金才
行政伦理学教程（第三版）（“十二五”国家级规划教材）	张康之　李传军
公共危机管理导论（“十一五”国家级规划教材）	肖鹏军
公共危机管理概论	王宏伟
公共危机与应急管理：原理与案例	王宏伟
应急管理导论	王宏伟
行政决策学	许文惠　张成福　孙柏瑛
公共决策导论	王佃利　曹现强
中国公共政策（“十一五”国家级规划教材）	陈振明
非营利组织管理	吴东民　等
非营利组织管理	康晓光
非营利组织管理导引与案例	崔向华　张　婷
当代中国政府与政治	景跃进　陈明明　肖　滨
当代中国政府与行政（第三版）	魏　娜　吴爱明
当代中国政府（第二版）（“十一五”国家级规划教材）	吴爱明
地方政府学概论（第二版）	方　雷
地方政府管理（第二版）	陈瑞莲　张紧跟
管理秘书实务（第三版）	赵锁龙

书名	作者
行政秘书学	唐　钧
公文写作与处理	赵国俊
机关管理的原理与方法（第三版）	赵国俊　陈幽泓
政府绩效管理	方振邦　葛蕾蕾
政府绩效评估	蔡立辉
公共关系概论（第二版）	邹正方
政府公共关系（第二版）（“十一五”国家级规划教材）	廖为建　张　宁
社会管理	汪大海
社会管理——理论、实践与案例	陈振明
西方行政学理论概要（第二版）（“十一五”国家级规划教材）	丁　煌
公共行政学经典理论导引与案例	付小均
西方公共管理名著导读	汪大海
管理思想史教程	方振邦　葛蕾蕾
文化管理学（第三版）（“十二五”国家级规划教材）	孙　萍
文化创意产业导论	魏鹏举
卫生事业管理（第二版）（“十一五”国家级规划教材）	李　鲁
教育经济与管理（第二版）（“十一五”国家级规划教材）	娄成武　史万兵
现代公用事业管理	崔运武

公共管理类专业教材——劳动与社会保障专业教材

书名	作者
社会保障概论（第五版）（教育部推荐教材）	孙光德　董克用
《社会保障概论》（第三版）学习指导书	孙光德
社会保障管理（“十一五”国家级规划教材）	邓大松　刘昌平
劳动经济学（“十一五”国家级规划教材）	董克用　刘　昕
社会保险学（第二版）	孙树菡
社会保险精算原理与实务	王晓军
社会保障国际比较	仇雨临
国际社会保障制度教程	穆怀中
员工福利概论（第二版）（“十一五”国家级规划教材）	仇雨临
医疗保障	王虎峰

公共管理类专业教材——土地资源管理专业教材

书名	作者
土地经济学（第七版）（“十一五”国家级规划教材）	毕宝德
《土地经济学》学习指导书	吕　萍　况伟大
土地法学	王守智　吴春岐
土地科学导论	叶剑平
土地资源管理学	张正峰
土地利用规划学	张占录　张正峰
不动产估价（第二版）（“十一五”国家级规划教材）	叶剑平　曲卫东
土地信息系统	曲卫东　韩　琼
地籍管理（第五版）（“十一五”国家级规划教材）	谭　峻　林增杰

公共管理类专业教材——城市管理专业教材

书名	作者
城市管理学（第二版）	杨宏山
城市管理法	王丛虎
城市总体规划原理	郐艳丽　田　莉

公共管理硕士（MPA）教材——核心课教材

书名	作者
全国公共管理硕士（MPA）核心课程教学指导纲要	全国公共管理专业学位研究生教育指导委员会
社会主义建设理论与实践（第三版）	李景治　蒲国良
公共管理英语（修订版）	顾建光
公共管理学（修订版）	张成福　党秀云
公共管理学原理（修订版）	陈振明
公共政策分析	陈振明
公共政策分析导论	陈振明
公共政策分析概论（修订版）	谢　明
政治学：基本理论与中国视角	任剑涛
公共部门经济学（第三版）	高培勇　崔　军
公共经济学	唐任伍　王华春
行政法学（修订版）	皮纯协　张成福
行政法学概论（第三版）	胡锦光
非营利组织管理概论（修订版）	王　名
非营利组织管理	王　名　王　超
公共管理伦理学（修订版）	张康之
社会研究方法	陈振明
定量分析方法（第三版）	谭跃进
电子政务理论与方法（第四版）	金江军
电子政务	吴爱明　何　滨
信息技术及其应用（第三版）	张维明

公共管理硕士（MPA）教材——专业方向必修课、选修课教材

书名	作者
公务员制度教程（第五版）	舒　放　王克良
《公务员制度教程》学习指导书	舒　放　王克良
比较政府与政治（修订版）	卓　越
当代中国政府与政治（第三版）	吴爱明　朱国斌　林　震
公共部门人力资源管理及案例教程（修订版）	陈天祥
领导学	祁凡骅　刘　颖
领导学教程	常　健
领导理论与实践	邱霈恩
西方公共行政管理理论精要	丁　煌
社会管理概论	唐　钧
公共部门绩效评估（修订版）	卓　越
公共危机管理（修订版）	王宏伟
公共部门危机管理（第三版）	张小明
公共部门战略管理（修订版）	陈振明
城市管理理论与实务	杨宏山
公共冲突管理	常　健
MPA 学位论文写作指南	汪大海

图书在版编目（CIP）数据

社区管理原理与案例/魏娜主编. —北京：中国人民大学出版社，2013.2
公共管理案例系列教材
ISBN 978-7-300-17088-6

Ⅰ.①社… Ⅱ.①魏… Ⅲ.①社区管理-中国-高等学校-教材 Ⅳ.①D669.3

中国版本图书馆 CIP 数据核字（2013）第 038670 号

公共管理案例系列教材
社区管理原理与案例
魏　娜　主编

出版发行	中国人民大学出版社		
社　　址	北京中关村大街 31 号	**邮政编码**	100080
电　　话	010－62511242（总编室）		010－62511398（质管部）
	010－82501766（邮购部）		010－62514148（门市部）
	010－62515195（发行公司）		010－62515275（盗版举报）
网　　址	http://www.crup.com.cn		
	http://www.ttrnet.com（人大教研网）		
经　　销	新华书店		
印　　刷	北京昌联印刷有限公司		
规　　格	170 mm×228 mm　16 开本	**版　　次**	2013 年 5 月第 1 版
印　　张	15.75	**印　　次**	2017 年 5 月第 4 次印刷
字　　数	269 000	**定　　价**	32.00 元

教学支持说明

（教学课件）

中国人民大学出版社政治与公共管理出版分社秉承“出教材学术精品，育人文社科英才”的出版宗旨，多年来，出版了大批高质量的公共管理、教育学、政治学、政治理论公共课教材和学术著作。

为服务一线老师的教学工作，我们为本教材制作了相应的 PowerPoint 教学课件，任何一位采用本书为授课教材的老师都可免费获得课件。为保证这些课件仅为授课教师获得，烦请您填写如下材料并邮寄或传真给我们，我们将在收到信件或传真后 48 小时内通过 E-mail 给您发送有关课件。关于人大出版社政治与公共管理出版分社的其他图书信息，请登录 http://www.crup.com.cn/gggl 查询。

我们的联系方式：

地址：（100872）北京市中关村大街甲 59 号文化大厦 1202 室

中国人民大学出版社政治与公共管理出版分社

电话：（010）82502724　62514775（传真）

E-mail：ggglcbfs@vip.163.com

兹证明____________大学/学院____________院/系____________专业____________学年第____________学期开设的____________课程，采用中国人民大学出版社出版的____________（书名、作者）作为本课程教材。授课教师为____________，授课班级共________个、学生________人。授课教师需要与本书配套的教学课件。

联 系 人：________________________

通信地址：________________________

邮　　编：________________________

电　　话：________________________

E-mail：________________________

系/院主任：____________（签字）

（系/院办公室章）

________年______月______日